# 国民党
# 建军演义

Narrative of the Founding
of the Kuomintang Army

谭一青 著

中国青年出版社

（京）新登字 083 号

图书在版编目（CIP）数据

国民党建军演义／谭一青著．－2 版．－北京：
中国青年出版社，2012.4
ISBN 978－7－5153－0640－7

I. ①国… II. ①谭… III. ①国民党军－军队史－史料
IV. ① E296
中国版本图书馆 CIP 数据核字（2012）第 042111 号

责任编辑：刘　杨
内文设计：■■ 设计
封面设计：宋立芬

出版发行　中国青年出版社
社　址：北京东四十二条 21 号
邮　编：100708
网　址：www.cyp.com.cn
营销中心：010－57350370
编辑电话：010－57350420
印　刷：中青印刷厂
经　销：新华书店
规　格：710×1000 1/16
印　张：19
字　数：196 千字
印　数：6001－11000 册
版　次：2012 年 7 月北京第 2 版
印　次：2012 年 7 月北京第 2 次印刷
定　价：35.00 元

本图书如有印装质量问题，请凭购书发票与质检部联系调换 联系电话：010－57350337

# 目　录

## 第 5 章　陈炯明忘恩负义　蒋介石时来运转　　/ 077

蒋介石说：总理在广东的唯一力量，就是陈炯明的部队。总理为求联系密切，一定要本人去主持陈部的作战业务。陈炯明突然发动武装叛乱，以4000兵力包围了孙中山的总统府，并炮轰孙中山在观音山的住所粤秀楼。孙中山对蒋介石说：兄能代我在军中多持一日，则我之信用可加多一日。

## 第 6 章　黄埔学生露锋芒　北伐八军显威风　　/ 099

黄埔军校的校门两侧，高悬一副对联曰：升官发财行往他处，贪生怕死勿入斯门。广州第一公园大门口，竟有人写了一副对联：上联是"精卫填海"；下联是"介石补天"。蒋介石出任北伐军总司令，又兼任国民党中央组织部长、中常委主席等职，党、政、军权集于一身，可谓八面威风。

## 第 7 章　汀泗桥血战吴佩孚　南昌城三攻孙传芳　　/ 115

恼羞成怒的吴佩孚亲坐火车到前线督战，眼见自己的部队兵败如山倒，气得两眼血红，手持大刀随同督战队屠杀溃兵。他还下令把被枪毙的军官头颅挂到电线杆上。溃兵们索性掉转枪口，互相厮杀，阵地上乱作一团。蒋介石在南昌一败再败，一筹莫展，竟然几次在军事顾问加伦面前歇斯底里地拍手、痛哭。

## 第 8 章　郭沫若著文斥蒋　总司令叛变"清党"　　/ 129

清党的阴谋，是在蒋介石把他的军事大本营移到南昌以后开始密谋策划的。不过，蒋介石也没有想到，他的阴谋没能瞒过他身边的政治部主任郭沫若。郭沫若在1927年初写下的《请看今日之蒋介石》，第一个振聋发聩地喊出了"打倒蒋介石"的口号！

## 第 9 章　冯玉祥誓师五原城　阎老西悬挂白日旗　　/ 139

1926年9月17日，冯玉祥召开国民军全体将领会议，议决全体加入国民党，成为国民革命军的一部分。石友三乘汽车赶到五原，扑通一声跪在冯玉祥的面前，放声大哭，说：总司令惩治我吧！我对不起您的栽培！阎锡山见北洋军阀气数将尽，国民党军日益壮大，遂毫不迟疑地接了国民党的委任状，把太原的五色旗换成了青天白日旗。

蒋介石与宋美龄结婚当天，写下感言："余确信今日与宋女士结婚以后，余之革命工作必有所进步。余所安心尽革命之责任，即自今日始也。"婚后的蒋介石春风得意，又一次执掌国民党军政大权。权力和美人一时竟让他魂不守舍，在一份因作战失误请示惩办失职军官的报告上，批了"准假一周"；在另一份请假结婚的报告上，批了"立即枪毙"。

张宗昌的鲁军听到南京国民党军北进的消息后，当官的无心指挥，当兵的无心作战。总司令张宗昌专门从德国购来一辆铁甲车，停在济南车站，只等前方有难拔腿便跑。孙传芳在前线听到张宗昌半夜撤军的消息后，大骂："张宗昌你这混小子，招呼不打就跑了，你这不是成心坑害老子吗？"日本人虽然炸死了张作霖，但事态发展并未如他们所愿，张学良宣布服从国民政府，改易旗帜。

蒋介石与冯玉祥结为金兰之好，嘴里赶着叫"冯大哥"，心里却只把冯看作"小弟"，还生怕这个"小弟"犯上作乱。阎锡山留心观察蒋冯二人动静，暗下工夫，一有机会，就来个渔翁得利。桂系军队打到唐山一带就不走了，盘算着在北方立下脚来再图发展。蒋介石看着各路诸侯各自盘算地盘，不由得怒火中烧，决心先削去他们各自手中的兵权。

蒋介石的得力谋臣杨永泰悄悄地向蒋献上了著名的"削藩策"，即：军事解决第四集团军；政治解决第三集团军；经济解决第二集团军；外交解决东北军。李宗仁得到"湘案"的消息后，跺脚长叹：殊不知蒋先生半年来的各种布置，其策略便是激人成变，使中央有"讨伐"的口实。夏、胡、陶三人的鲁莽干法，正中了蒋先生的圈套。

何支援，形势不断恶化。当年湖南大旱，赤地千里，桂军无处购得军粮，部队几乎断了给养。加上部队只顾轻装跃进，缺乏重武器，屯兵于衡阳城下，竟无力迅速攻下城池。蒋军增援部队陆续云集衡阳，李宗仁终于招架不住，不得已，撤了围攻衡阳之兵，向着广西老巢狼狈逃窜。

# 武昌起义成功　北洋军阀摘果

孙中山领导的革命党人立志推翻清王朝，一次又一次地发动武装起义，屡仆屡起，积蓄起一股军事力量。这些最早的军事力量正是国民党军队的前身。武昌起义成功后，革命党人推举黎元洪任都督，黎元洪抱头痛哭一场后，说道："好了，我已下了决心，不计成败利钝，与诸君共生死！"袁世凯在给冯国璋的电报中说："不得汉阳，不足以夺革命之气；不失南京，不足以寒清廷之胆。"

清朝末年，山雨欲来风满楼。

南方，孙中山领导的革命党人立志与清朝统治为敌，一次又一次地发动武装起义，屡仆屡起，积蓄起一股推翻清王朝的军事力量。这些最早的军事力量正是国民党军队的前身。

北方，袁世凯招兵买马，小站练兵，编制起北洋六镇兵力，共七万余精兵，羽翼渐丰，成为清王朝内部的心腹之忧。这支部队正是后来称霸一时的北洋军阀最初的"资本"。

武昌起义，一呼百诺，结束了清王朝近 300 年的封建统治。各省纷纷宣布"独立"，一时群雄竞起，百喙议政，中国进入了兵祸频仍，军阀逞威的战乱年代。

# （一）

孙中山是中国国民党和国民党军的创始人。在我们描述这支初起于革命风潮的军队历史时，不能不对这位领袖人物创建军队的基础作一番历史的观照。

1866 年 11 月 12 日，广东香山县翠亨村农民孙达成家添了一个男孩，取乳名帝象，稍长又取名文，号日新。广东土语"日新"与"逸仙"谐音，故后有孙逸仙之称。后来，孙文在日本从事革命活动时曾化名中山樵，革命党内咸称其孙中山。

1878 年，12 岁的孙文随母亲登上了 2000 吨的英国铁汽船，前往美国檀香山去投奔在那里经营农场发了财的哥哥孙眉。这个广东乡下土生土长的孩子，从此开了眼界。声称："始见轮舟之奇，沧海之阔，自是有慕西学之心，穷天地之想。"

在檀香山，孙文进了教会学校，接受了不少西方资产阶级的民主主义思想，遂立下了改造中国的志向。

1894 年，中日甲午战争爆发，孙文曾上书李鸿章，要求清政府立即实行政治改革，使"人能尽其才，地能尽其利，物能尽其用，货能畅其流"。

17 岁的孙中山

孙中山草拟《上直隶总督李鸿章书》时的书房

位于美国檀香山的兴中会宣誓地点——李昌宅

当时，李鸿章没有理睬这个名不见经传的小人物。

甲午战争失败后，孙文满腔悲愤，"知和平方法无可复施"，对清王朝彻底失望，准备用武力来推翻这个封建腐败的政权。1894 年，他在华侨中建立了秘密的反清组织"兴中会"，取"振兴中华"之意，着手募集起义军费，准备武装起义。

随后发生的两件事，使孙中山一举成名，成为海内外公认之革命领袖。

一件是 1895 年的广州起义。

兴中会成立后的首要任务，即是组织人马，策动武装起义。孙中山的基本战略是：先在广州起义占领省城，然后率师北伐直捣幽燕。

当时，兴中会的成员以华侨居多，因在国外目睹中国对外战争中一败再败，深受外国人的歧视，痛感清政府之腐败无能，因此，孙中山推翻清王朝的活动颇能受到激进者的欢迎，不少华侨为武装起义解囊相助。不久，孙中山即在海外集得起义人员 3000 余人，募得捐款港银数万元，购买了 600 多支新式手枪，还在广东省内各地的兵营、水师、会党中联络了一批响应起义的人员。

1895 年 4 月，孙中山在香港召集兴中会的几位头脑人物陈少白、陆皓东、杨衢云、郑士良等，共同商议起义事宜，决定于 10 月 26 日（农历九月初九）发动起义。这一天是重阳节，利用回乡群众来省城扫墓的机会，派会众混入人群，炸毁两广总督署，夺取广州。计划先由香港方面运来广州 3000 名决死队员，再与广州会众里应外合，一举成事。

起义经过了半年的酝酿时期，孙中山、陆皓东往来于香港、广州之间，风尘仆仆。杨衢云则坐镇香港"乾亨行"（兴中会香港总部的掩护机关），负责起义经费与饷械之分配。

就在起义一切准备就绪，部队蓄势待发之时，兴中会领导层中却出人意外地发生了一起内讧。

一天，杨衢云对孙中山说："香港乃起义发起之中心，我在此主持事宜，若无会长之衔，名不正言不顺，难以支撑大局。况你来往于两地，行踪不定，总须有人将两处兵马统一调动起来。"

孙中山一听，知是杨衢云拿捏着军饷、武器来要权了。这位少年时期在广州一同上学的老同学，竟是一个热衷于权位的人物，真是看错了人。

一旁愣怔着的郑士良，听了杨衢云的话，遂勃然大怒，这家伙竟在这时候"逼宫"，是可忍，

香港兴中会总部——乾亨行故址

孰不可忍！拔出刀来向杨砍去。

孙中山一把拉住郑士良的手，冷静地说："士良住手！岂能自相残杀起来？衢云说得也有理，会长就由衢云担当起来，起义由他总指挥，我们到广州就地指挥，就这样定了！"

其时，陆皓东已在广州做好了起义的一切准备。10月25日晚，各路起义首领齐集起义总机关待命，只等香港决死队一到，第二天即行起义。可是，26日清晨，忽然接到杨衢云电报，说："须推迟二日，人械始能前来。"这对望眼欲穿的广州起义者来说，不啻是晴天霹雳！

原来，杨衢云虽得了会长和总指挥的头衔，却并未能指挥顺畅。决死队人多枪少，因武器分配不公闹得不可开交，竟延误了到达广州的时间。

孙中山得到杨衢云的密电，顿时感到起义前途凶多吉少。香港决死队不能如期到达，广州会员聚集省城十分危险，决定立即遣散广州起义队伍，保存实力，伺机再动。于是，立刻回电香港，要杨衢云"止办"。

恰在这时，起义消息也已泄露。参加广州举事的兴中会会员朱淇，向他的哥哥说起了武装起义的秘密。他的哥哥朱湘是个清朝的举人，忠君思想极为浓厚，听说弟弟参加了会党，要造清廷的反，大为反对，拉着其弟向朝廷自首，密告了孙中山策划广州起义的全部情况。

杨衢云（1861－1901），名飞鸿，字肇春，别号衢云，福建海澄人。

消息传到清朝两广总督谭钟麟处，谭根本就不相信，视为无稽之谈，并未采取任何防范措施。结果，不一会儿，又有香港英国殖民当局的密报到，称香港有人策动广州起事，秘密运往广州的枪械已被海关搜出扣留云云。谭钟麟这才大惊失色。他做梦也没想到有人会在广州发动武装暴动，要占领省城。总督府急调军队加强广州防备，另派兵员包围兴中会秘密据点，搜捕起义人员。起

陆皓东

由陆皓东设计孙中山手绘的青天白日旗

义领袖陆皓东被捕。

这里广州城已是戒备森严，张网以待。香港的杨衢云却不听孙中山"止办"的指示，仍旧组织人械向广州运出，并在 27 日向孙中山发电："货已下船，请接。"结果，27 日晚，200 多名决死队员所乘泰安轮一达广州码头，就被预伏岸边的清军捕去了 40 余人，其余人因察觉苗头，拨转船头逃去。

孙中山辛苦酝酿半年之久的第一次武装起义，没放一枪就这样被清廷收拾了。

孙的挚友陆皓东在监狱中受尽各种酷刑，坚不吐实，表现了革命党人忠于事业的高尚品德。他在供词中写道："今事虽不成，此心甚慰。但我可杀，而继我而起者不可尽杀！"

事败之后，孙中山男扮女装逃出广州城，流亡日本。不久，收到了陆皓东从监狱中托人捎出的遗物，其中有一面青天白日旗。这是陆皓东为起义军设计的旗帜，想在起义成功后用来取代清廷的黄龙旗。旗帜上沾满了烈士的鲜血，孙中山拿着这面旗帜不由失声痛哭。后来他称陆皓东为"中国有史以来为共和革命而牺牲者之第一人"。

此后，这面旗帜成了国民党的党旗。

广州起义虽然失败，孙文却因清廷的大肆通缉成了家喻户晓的"名人"。

使孙中山名闻海内外的另一件事，则是他在伦敦的被捕与获释，即所谓"伦敦蒙难"。

为了躲避清政府的追捕，孙中山由日本辗转来到伦敦。他去拜访了在香港学医时的英国老师康德黎夫妇，受到了热情接待，安排在康家附近的葛兰旅社居住。

当时，孙中山化名为陈载之，但很快还是被清朝使馆的密探认了出来。密探邓某三人，在路上以认同乡为名缠住孙中山，要他到家里"吃茶"。谈话中，孙中山摸出手表看时间，金表上刻有"孙"字，密探们遂认准了人，一左一右把孙中山挟持住，强行绑架至波兰德广场清朝驻英公使馆。其时为1896年10月11日。

他们把孙中山关押在使馆三楼一个窗子上装有铁栅的小房间里。驻英公使龚照瑗立即向英国轮船公司高价租出一艘轮船，准备用一只木箱装下孙中山，秘密押回国内，由清政府发落。

关在铁窗小屋中的孙中山，自然也知道自己的处境十分危险，若被押往中国，那只有死路一条了，而这次被捕纯系自己粗心大意，竟无一个同志知晓，要想脱身真是难上加难啊！当时，能够进入小屋的只有一位叫柯尔的英国老仆人，孙中山只能利用他了。

一天，见柯尔又进屋里为炉子添煤，孙中山用英语对他说："恳请您以主的名义救救我，他们要杀害我！"

柯尔十分惊奇，这位几天来一句话也不说的中国人，竟然会说一口流利

孙中山伦敦蒙难时被幽禁之处——清驻英使馆

三楼囚房

的英语。于是，他问："他们为什么要杀你？"

"因为我是基督徒，在中国信仰基督是要被抓的。"孙中山权且说了个谎。

设法营救孙中山的康德黎

"上帝啊！"显然，这一招很灵验，柯尔立即满脸露出了同情，"可我怎么救你呢？现在这儿到处都设了岗哨，连苍蝇也别想飞出去呀。"

孙中山立即从怀里掏出一封信，请柯尔想办法尽快送到康德黎家。

柯尔终于把信送出去了。

康德黎得知孙中山被囚禁的消息后，立即四处奔走，设法营救。他跑到英国外务部和伦敦警察署再三交涉，都不得要领。最后决定约见记者，向英国公众揭露中国使馆侵犯人权的行为。因为当时英国法律规定，未经英国政府许可，外国使馆不得在英国境内随意捕人，故逮捕孙中山的事是在极秘密的情况下做的。另一方面，康德黎还雇用了两名私人侦探，日夜监视中国使馆，防

孙中山被幽禁时仓促写给康德黎的求救卡片

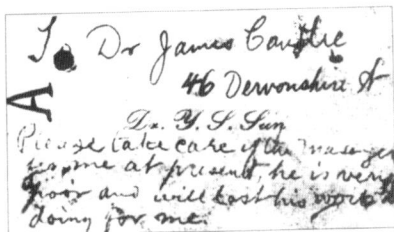

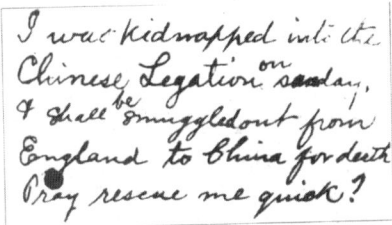

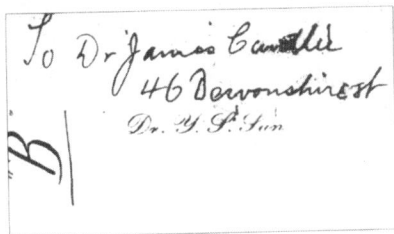

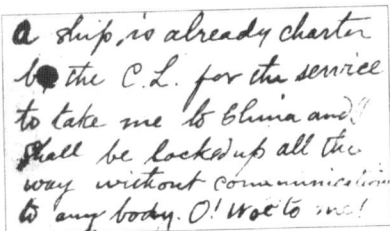

止他们把人偷偷带走。

10 月 21 日清晨，英国《地球报》第一版登出了一条触目惊心的消息："革命家孙文被诱捕于伦敦。"当天，其他报社记者纷纷访问康德黎，不久，各种报纸先后以《可惊可骇之新闻》《公使馆的拘囚》等为题，发出了新闻稿。许多英国市民同情中国革命，纷纷到中国使馆要人，甚至有人号召捣毁清使馆。

清使馆官员感到十分被动，狼狈不堪。英国政府在公众舆论的压力下，出面与清公使交涉，要求释放孙中山，清使馆被迫同意放人。

23 日，当孙中山从使馆出来时，伦敦街头人山人海，热情的英国老百姓纷纷向这位中国的革命家挥手致意。孙中山无限感慨，无限激奋。

从此，孙中山就以"中国的革命家"驰名全世界。

1905 年 8 月，华兴会、光复会等在东京组成中国同盟会。图正中坐者为华兴会会长黄兴。

同时，孙中山也以革命为己任，把武装推翻清王朝作为革命的基本目标。

1905 年，孙中山又一次潜回日本，建立了革命组织"同盟会"，着手组织新的武装起义。

在武昌起义前的五六年内，由同盟会发起的武装起义多达十余次。其中影响较大的有：1906 年萍浏醴起义，1907 年镇南关起义，徐锡麟、秋瑾起义和 1911 年广州黄花岗起义。

1911 年的广州黄花岗起义，由孙中山得力的军事助手黄兴主持。黄兴早年留学日本，参加革命组织华兴会。孙中山的同盟会在日本成立时，黄兴被选为执行部庶务，在会内地位仅次于孙中山，负责具体组织国内的武装起义。

黄兴在广州城布下 30 多处秘密机关，另以 800 名敢死队为先锋，分 10 路进攻两广总督衙门。

4 月 27 日，起义打响了。起义部队顺利攻入总督衙门，两广总督张鸣岐穴墙而逃。黄兴下令放火烧了总督衙门，部队继续向督练公所挺进。途中遇上了清军前来增援的大队人马，双方展开激烈巷战。当时，这些革命军战士大多没有经过正规军事训练，与清军比较起来，战斗力稍逊。但是，这些革命军战士都置生死于度外，英勇战斗，杀伤大量清军，自己的损失也极惨重。

在作战中，黄兴的右手断去两指，腿脚均受轻伤，但他仍然领着敢死队员奋勇杀敌，且战且走，一直打到还剩下他一个人，这才避入一家小店，换了衣服，逃入同盟会一位女同志的家里，后转到香港治伤。

起义部队一直打到第二天，革命军损失惨重，牺牲者很多。事后，有人收殓死难的革命者尸体，得 72 具，把他们合葬于广州

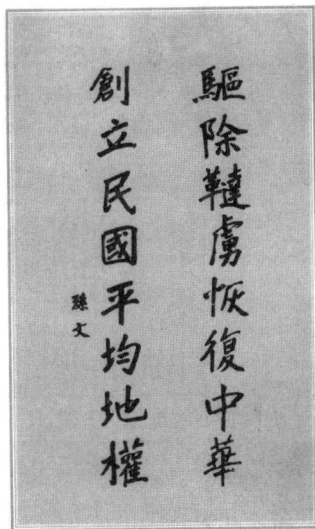

孙中山亲笔书写的中国同盟会誓词

1909 年 5 月，孙中山赴欧洲筹款，图为抵达法国巴黎时的留影。

黄花岗。从此，"黄花岗七十二烈士"之名传遍天下。

孙中山高度评价了这一仗。他说："是役也，碧血横飞，浩气四塞，草木为之含悲，风云为之变色，全国久蛰之人心，乃大兴奋，怨愤所积，如怒涛排壑，不可遏止，不半载而武昌之大革命以成，则斯役之价值，直可惊天地，泣鬼神，与武昌革命之役并寿。""是役也，集各省革命党之精华，与彼虏为最后之一搏。事虽不成，而黄花岗七十二烈士轰轰烈烈之慨，已震动全球，而国内革命之时势，实以之造成矣。"

# （二）

　　武昌起义的成功，实在是孙中山麾下的革命党人艰苦努力的结果。当时，由于革命屡屡失败，革命党人感到策动新军暴动是一条革命的捷径，比革命党人自己充当敢死队战斗力更强，因为新军士兵毕竟是受过军事训练的战士。所以，许多革命党人不辞艰险，纷纷打入新军，去做军队的宣传和策反工作。

　　到了1911年7月，湖北革命党人在新军中已经吸收了5000余成员，形成了一股比较有力的军事力量。4月广州黄花岗起义时，湖北革命党人曾想率新军暴动以为响应，但黄花岗起义很快失败，武昌起义也就作罢了。

　　9月，四川保路风潮鼎盛，武昌革命党人遂决定发动武装起义。他们成立了起义指挥机关，由蒋翊武任总指挥，孙武为参谋长。起义原定在10月6日（中秋节）举行。结果，消息竟被新闻记者探去，把起义的日期登上报纸，因而使"中秋杀鞑子"成了武汉城内街谈巷议的话题。革命党人不得不决定将起义延期至10月16日。

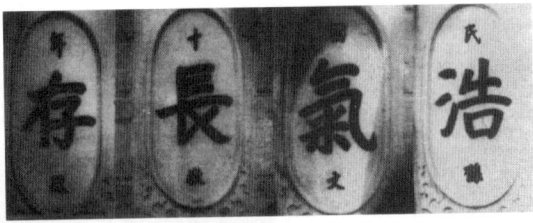

孙中山为黄花岗七十二烈士墓书写的题词

黄花岗七十二烈士墓

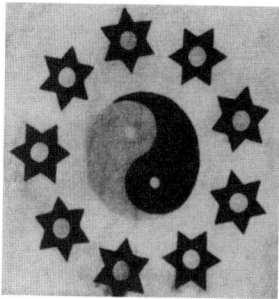

革命军起义时的军旗

熊秉坤（1885—1969），字载乾，原名祥元，又名忠炳。湖北江夏人，早年经商。后投鄂军第八镇第八营当兵，加入"共进会"，任该营总代表，秘密发展会员200余人。武昌起义时，率工程兵首先发难，有"打响辛亥革命第一枪"之誉。

　　然而，就在起义时机一天天逼近之时，又出了一件意外。10月9日，孙武等人在汉口俄租界宝善里机关装配炸弹的时候，不小心引起了爆炸，孙武的头部被炸伤，机关人员不得已立即撤出。但爆炸声还是引来了租界里的巡捕，搜走了机关里收藏着的起义军的旗帜、符号、文告、印信等重要物件。

　　眼看起义计划已经暴露，拖延时间只会造成更大的损失，蒋翊武便以总司令的名义于9日下午5时发出紧急命令：起义于9日午夜发动，以南湖炮队的炮声为信号。

　　蒋翊武的命令发出后，起义军总部和一些重要机关相继被破获，革命党首脑人物彭楚藩、刘复基、杨宏胜等十余人遭逮捕。蒋翊武本人也在总部机关被破坏后逃离武昌。接着，各军营、学校都奉命禁止出入。这样一来，蒋翊武的命令只传达到一部分起义士兵，多数人不知道，连负有发出起义信号任务的南湖炮队起义人员也没有得到消息。

　　10月9日晚间终于在恐怖气氛中寂然度过了。

　　10月10日清晨，湖广总督瑞澂下令把前一天逮捕的革命领袖彭楚藩、刘复基、杨宏胜三人押往督署门前处以极刑斩决，想以此震慑其他革命党人。

临刑之际，三位革命领袖高呼"民国万岁！""孙中山和未死同志万岁！"的口号，充分表现了革命党人坚贞不屈的英雄气概。

与此同时，瑞澂下令紧闭城门，禁止出入，拿着从革命党起义机关搜出的花名册逐个搜捕起义士兵。一时人心惶惶，谣言大起。不说革命分子人人自危，就是平时与革命党人有杯酒之交、一面之缘的人也栗栗不安起来。

所有士兵被禁闭在兵营里，不断听说各营长官已奉到上头的命令，马上就要下营搜捕革命士兵了。这时候，那些参加革命党的士兵除了铤而走险，死里求生外，已没有其他退路了。

当晚 7 时，驻扎武昌城内的新军第八镇工程第八营后队革命士兵熊秉坤、金兆龙正在商议行动计划，被排长陶启胜发觉，熊、金当即开枪打死陶启胜，大声疾呼："集合！革命！"一时间，全队士兵齐声响应。反动军官或被击毙，或闻风逃逸。

于是，熊秉坤即带着 40 余名士兵直奔楚望台向军械局进攻。平时部队长官害怕士兵造反，发放枪弹有限，所以起义士兵第一步进攻军械局是很聪明的行动。士兵们很快就占领了军械局，起义人员的枪支弹药立刻充实起来。这时，武昌城内各处的革命党人均已听到枪声，他们纷纷起义奔赴楚望台军械局。

士兵们在楚望台重新推出了临时总指挥吴兆麟，割断电线，立即向总督署进攻。瑞澂从督署后门逃出，上了兵舰。其余清朝官吏也在枪炮声中溜得干干净净。

10 月 11 日上午，武昌已为起义军完全占领。此时之革命军斗志极为旺盛，当天下午又一举拿下了汉阳，次日拿下了汉口。起义发动后仅两日，武汉三镇均已在革命党人手中了。

起义成功了，谁来当头呢？

这些斗志昂扬的士兵们都是无名小卒，官阶最高的是一个排长。此刻，革命党的领袖人物一个都不在武昌，总得推一个有名望的人来当"都督"吧。

正在为难之际，忽然有人报告："协统黎元洪恐怕还在城内，刚才见到他的马夫向协统参谋家送东西，黎协统很可能就在那里。"

革命军占领汉阳

清军协统相当于旅长，这在武昌算得上高级军官了。故而众人闻言大喜，当下议定，就请黎元洪出来当都督。于是马上派人去请黎元洪。

黎元洪何许人也？此人身材魁梧，颇有些应变钻营的本事。19岁时考入北洋水师学堂，毕业后往炮舰任职，甲午海战，他的炮舰触礁沉没，他本人却死里逃生被人救起。后来投奔两江总督张之洞门下，很受张的器重，多次派他去日本考察，学到了一些日本军队的操练之法。到了湖北以后，他带的部队经常在操练比赛中受到嘉奖，他本人也就经常博得上司的青睐，刚过不惑之年，就被提拔当上了协统，成了湖北的名将。此外，他在下级士兵眼中也还是一个比较开明的军官，对士兵还算温和，不像那些如狼似虎的清军将领和土匪军阀。这也是士兵们比较愿意由他牵头的原因。

其实，黎元洪根本不赞成革命。他不仅过去视革命党为仇敌，即是起义的那天晚上，他还手刃了一名送信的起义士兵。此时，他看到武昌城内大势已去，逃跑也困难了，遂躲入他的随从参谋刘文吉的家中，心里一直惴惴不安，深怕被革命党人抓了去开刀。

派去请黎元洪的士兵们敲响刘文吉的大门时，黎元洪立即"机警"地钻入床下。当口口声声寻找都督的士兵把他从床底下拉出来时，他浑身发抖，说不出完整的话来。

不久，黎元洪终于闹明白了。士兵们不是捉他去算账的，而是请他出来当都督，这才慢慢镇定下来。可转念一想，当革命党的都督，造大清的反，此乃谋逆大罪，要诛九族啊！想到这里，不由得一身冷汗，连声哀求："莫要害我！莫要害我！"士兵们也不含糊，用枪对准他的脑袋大声说："不行！死也要让你当都督！"黎元洪不敢再做声了。士兵们拿枪看住他，并强行剪去他的辫子。黎元洪捂住头发痛哭了一场，一言不发地在屋子里待了三天。

这时，武汉老百姓已纷纷庆祝"反正"胜利，人人欢欣鼓舞，士兵们个个斗志昂扬，人心之向背，不言自明。黎元洪感到再这样拖下去也不是办法，不如也铤而走险干一回。于是，他终于对看管他的士兵开口一笑，说道："好了，我已下了决心，不计成败利钝，与诸君共生死！"

此话立刻传到起义士兵的队伍中，大家不由得欣喜若狂。当时他们谁也没去仔细地想一下，革命士兵用鲜血换来的胜利，就这样拱手送给了旧军官黎元洪。黎元洪也因此而摇身一变，成了革命的"元勋"，民国的"英雄"，以至后来竟爬到了大总统的位置上。这在黎元洪本人，也是始料未及的。

武昌起义的成功，像一声平地而起的春雷，震醒了大地。不到两个月，内地 18 个省中便有 14 个省举起义旗，宣告独立。清王朝顿时陷入土崩瓦解的局面。

武昌起义后的第 12 天，湖南首起响应。

早在武昌起义以前，湖北、湖南两省的革命党人就有十分密切的联系。他们曾互相约定，无论哪方率先起事，另一方必在 10 天内起兵响应。

10 月 22 日，湖南革命党人焦达峰、陈作新率领会党，联络新军起义，向长沙城发起进攻。清朝驻长沙巡抚余诚格闻风逃跑，起义军顺利占领了长沙。于是，革命党人和士兵们组织了湖南军政府，推选焦达峰和陈作新分任正、副都督。

此时，清王朝派往武汉镇压起义的清军已到达武汉外围，汉口战火已开。湖南新政权建立以

黎元洪（1864-1928），字宋卿，湖北黄陂人。三任中华民国副总统，两任中华民国大总统。

后，焦、陈二人没有延宕，立即挑选五营精兵开往湖北，支援武昌首义兄弟。然而，也因此造成了湖南新政权的空虚。30日，湖南立宪党人就策动了一次兵变，杀害了起义元勋焦达峰和陈作新，重新推举谭延闿当上了都督。

谭延闿乃是最早镇压孙中山广州起义的两广总督谭钟麟之子。他靠着门第之便，年纪轻轻便已仕途得志。24岁中进士，授清朝翰林院编修。清朝推行"新政"以后，回到湖南倡办学堂、实业和各项新政，很快成为湖南立宪派人的首领，当上了谘议局长。这次利用立宪派人策动的政变，他又不费劲地当上了湖南都督。

焦达峰、陈作新遇害的消息传到湖北前线时，湖南士兵痛哭流涕，人人欲回家惩办凶手，只因前方战事紧急，军官们纷纷劝阻，他们未能成行。可湖北都督黎元洪却公开表示："吾人但贺新都督，不问旧都督。"暗中支持谭延闿。

谭延闿也能见机行事。上台后，他立即把杀害焦达峰等人的罪行推到"乱兵"的身上，表示要严惩凶手。接着又亲自至焦、陈灵柩前祭奠，下令公署一律下半旗志哀，又为焦、陈二人建祠铸像，煞有介事。另一方面，他

10月11日，湖北革命党人在武昌成立中华民国湖北军政府。图为武昌军政府旧址。

孙中山与湖北都督府黎元洪等欢迎人员合影

却在湖南军政府内大力排挤革命党人，把立宪党人一个个安排到重要的位置上。

就这样，湖南革命的成果也被官僚谭延闿这样的人物夺走。

江西新军于10月23日在九江起义，清朝道府两署闻风丧胆，逃之夭夭。起义军推举新军五十四标第一营管带、同盟会员李烈钧当了都督。李烈钧下令控制九江炮台，封锁长江，拦截上行船只，断绝了汉口清军的水路供应，大大支援了武昌起义军，也使清廷大为震动。

安徽11月11日宣布独立，清朝军机大臣孙家鼐的族孙孙毓筠当上了都督。

云南独立后，新军协统蔡锷当了都督。

广西革命党人起义后，政权被原清朝广西提督、手中握有重兵的陆荣廷夺走，这个地道的旧军阀竟也当上了民国的都督。

贵州起义后成立的军政府被清军管带唐继尧推翻，唐大肆杀害起义有功人员，自为都督，控制了贵州政权。

广东独立后，原由同盟会骨干人物胡汉民担任都督，后孙中山抵南京建立临时政府，要胡汉民随行，广东都督一职则由同盟会另一头面人物陈炯明担当。

江苏的独立很有"特色"。原清朝江苏巡抚程德全在众人的劝说下宣布独立。他举行了一个独立仪式，让人把巡抚衙门大堂前的瓦用竹竿挑下两块，以示革命必须有"破坏"。随后，他的巡抚衙门里的原班人马一个不换地都成了都督府的官员，把巡抚衙门的招牌换成了"都督府"。于是，江苏的"革命"就成功了。

其他各省的独立情形也都与上述几个省大同小异，旧派力量占了优势。山西推出了阎锡山，东北出了个张作霖。

武昌起义，一呼百诺，各省独立，群雄竞起。辛亥革命造就了一大批民国初年的"风云人物"，其中有不少人后来成为国民党军的高级将领，如谭延闿、李烈钧、陈炯明、阎锡山等。南方各省的起义军队，后来也有不少成了国民党军的基本力量。

就在各省代表为选举"大总统"争议纷呈，莫衷一是之时，孙中山于12月25日自美国回到上海，受到了革命党人和起义群众的热烈欢迎，革命力量为之大振奋。独立各省的17名代表，以16票压倒多数选举孙中山为中华民国临时政府的大总统。

1912年元旦，孙中山在南京宣誓就职。中华民国临时政府成立，宣布

1911年12月26日，孙中山在上海行馆召开同盟会最高干部会议，商讨组织临时政府方案。图为孙中山（前排左二）与黄兴（前排右三）等合影。

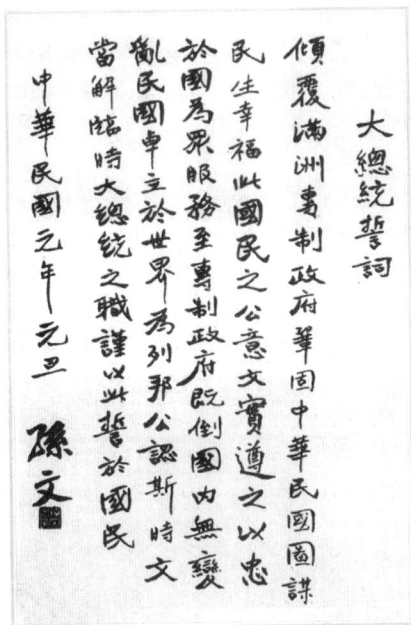

大总统誓词

1912 年 1 月 1 日夜 10 时，在南京总统府举行中华民国临时大总统就职典礼。图为就任中华民国临时大总统的孙中山。

孙总山与内阁成员合影，左起：吕志伊、于右任、居正、王宠惠、黄钟瑛、蔡元培、海军代表、马君武、王鸿猷。

了中国数千年来封建帝制的终结。这不能不说是孙中山领导的民主主义革命的伟大胜利。

孙中山当上临时大总统以后，立即任命黄兴为陆军总长，并着手整编军队。1912年1月16日，孙中山批准颁布了陆军编制表，对起义部队的建制单位及其兵力配置作了详细规定。

新建陆军取消了清末新军的建制名称，如军、镇、协、标、营、队、大排、小排等，改为军、师、旅、团、营、连、排、班的建制。从而完全摒弃了清朝旧军队的名称，使军队面目一新。

兵力配置上，以每军辖两师、每师辖两旅、每旅辖两团，团辖三营、营辖四连等。

临时政府还建立了一支拥有34艘军舰的海军，控制了长江流域。

对于军队的指挥机关，孙中山采取了西方国家的"一长制"制度，只设师长、旅长等正职，不设副职。实行军衔制，以劳绩战功、学术才智选拔和晋升军官。

孙中山的军制改革，标志着中国军队制度的近代化。以后国民党军的基本建制也就是在这一基础上发展起来的。

# （三）

袁世凯是北洋军阀的创建人，辛亥革命成果的头号窃贼。孙中山在临时大总统的位置上坐了不到两个月，就被迫将权力交给了袁世凯。

1859年，袁世凯出生在河南项城一个封建官僚地主的家庭里。他家占地40余顷，又是大高利贷主。一家30多口人，四世同堂，是一个典型的封建地主大家庭。

袁世凯的祖辈、父辈都受过传统的封建教育，中过科举，任过官职。他的叔父们多为清朝进士、举人，在朝中任事。叔祖父袁甲三早年在安徽办团练，以镇压捻军起家，官至漕运总督，又与清王朝的中兴重臣曾国藩以师兄

袁世凯（1859-1916），字慰亭，号容庵，河南项城人。清末投身行伍，自道员、督抚至入值军机，后至内阁总理大臣，成为清末头号权臣。

弟相称，过往甚密。

　　袁世凯的父亲袁保中为家里的长房长孙，未参加科举，捐得一个附贡生，一直在家经营田产，是袁家的"管家人"。袁保中虽未入朝做官，却也在项城办团练以防捻军，平时鱼肉乡民，作威作福，是当地一霸。

　　袁世凯出生后，正值太平天国的余部捻军在河南一带活动时期。袁家筑起了防守的大寨——"袁寨"，袁保中为寨长，家中15岁以上者都持兵器上寨。袁世凯5岁那年，捻军进攻到袁寨附近，家里有人带他到寨垣上眺望打仗，他竟然"面无惧色"，因此而受到家人的大大夸奖。

　　袁世凯在兄弟中排行老四，7岁时过继给了在山东济南做候补知府的二叔父袁保庆。袁保庆膝下无子，对袁世凯极为疼爱。所以，袁世凯从小娇生惯养，形成了一种浮嚣之气。尽管嗣父母为他选了当地最有名望的举人做他的启蒙老师，但他仍以读书为苦，不愿舞文弄墨。

　　后来，袁保庆当上了江南盐巡道，是督销官盐的肥缺，公私进款都不少。袁世凯随嗣父到南京后，过上了

1905年9月，袁世凯与北洋新军将领合影。前排右起：王士珍、冯国璋、袁世凯、铁良、曹锟、言敦源。第二排右二为段祺瑞。

锦衣玉食的阔家公子生活。他的家庭教师兼精武艺，见袁世凯对读书没有兴趣，就教他练了些拳脚武艺。1876年和1879年，袁世凯参加过两次乡试，结果全都名落孙山。于是，他又羞又愤，决定弃文从武，另辟"发达"的蹊径。

1881年，袁世凯到山东登州，投靠嗣父袁保庆的结拜兄弟淮军统领吴长庆。吴长庆看在世交情谊上，留下袁世凯，让他在署中帮办文案。结果，袁世凯对于文字功夫不感兴趣，倒是办起事来头头是道，加上善于逢迎拍马，居然得到不少人的赞扬，不久就被吴长庆提拔为营务处帮办。

第二年，吴长庆奉命到朝鲜镇压那里的农民起义，袁世凯随往。在朝鲜的12年中，袁世凯逐渐崭露头角。他越过吴长庆，直接巴结上了淮军首领李鸿章，一步步向上爬，从一个不知名的小帮办，当上了"会办朝鲜防务"、"钦命驻扎朝鲜总理交涉通商事宜"的重要官职，把当初提拔他的恩人吴长庆甩到了一边。

甲午战争失败，中国军队的无能暴露无遗。袁世凯抓住机会上书朝廷，力陈练兵之必要，大谈练兵之方法，遂得以委派至天津小站操练新军。从此，民国政坛上横行达 16 年之久的北洋军阀势力开始发轫。后来，在民国政治舞台上风云一时的著名人物徐世昌、冯国璋、段祺瑞、王士珍、曹锟、张勋等，都是袁世凯一手提拔起来的北洋军重要将领。

袁世凯在仕途官场中之所以一帆风顺，与他善于耍弄两面手法，玩弄权术，善于投靠实权势力的作风和"智慧"有很大的关系。

戊戌变法的后期，袁世凯曾有过一次出卖维新党人的"绝妙"表演。

当时，光绪皇帝与慈禧太后的矛盾已经白热化了。慈禧与直隶总督荣禄商量，准备在 1898 年 10 月 19 日，帝后同往天津阅兵时发动政变，扣押皇帝，逮捕维新派人士康有为、谭嗣同等。急切之中，维新派的首脑们决定向袁世凯求救。因为在维新期间，光绪帝曾亲自接见袁世凯以示笼络，袁世凯也在拜见皇帝时信誓旦旦，表示为了皇上的意愿，任何事万死不辞。故而，维新派在危急关头想到了他，希望袁世凯能在慈禧阅兵之时起兵勤王。

9 月 18 日，维新派的重要人物谭嗣同亲自来到袁世凯寓中，把皇帝的密诏拿给他看，并向袁世凯说明了来意。当时，谭嗣同曾以言语相激，说：

西太后慈禧　　　　　　　　　　　谭嗣同（正中）

"今日可以救我圣主者，惟足下；足下欲救则救之，苟欲不救，请至颐和园自首而杀仆，可以得富贵也。"

袁世凯听了这话，立即正色厉声答道："君以袁某为何人哉！圣主乃吾辈共事之主，仆与足下同受非常之遇，救护之责，非独足下。若有所教，仆固愿闻也。"

于是，谭嗣同当下与他密谋，建议他在阅兵时先擒住荣禄，只有除去荣禄，才能保住皇上。谭嗣同知道荣禄是袁的顶头上司，因而试探道："荣禄与足下素厚，足下何以待之？"

袁世凯立刻朗声答道："诛荣禄如杀一狗耳！"

话已至此，天真的谭嗣同以为大局已定，怀着对袁世凯的一片感激之情离开了袁府。

谭嗣同走后，袁世凯立刻陷入了沉思。起兵勤王，当然是一个立功进阶的机会，可光绪皇帝一边实力有限，远非太后的对手，要是站错了队，可就连老本也丢了。这么一想，袁世凯的心中立刻一片开朗。第二天清晨，他就向荣禄告了密，出卖了维新派与皇帝的秘密。荣禄听得消息后大惊失色，立即挂专车进京到颐和园向慈禧报告。

于是，慈禧当即发动政变，夺了皇帝的权，把光绪幽禁起来，又在全国范围内大肆搜捕追杀维新党人。谭嗣同就在这一事变中被慈禧诛杀于京城菜市口。袁世凯却因"才堪大用"，在事变后飞黄腾达起来。当时，京城内流行过一首三字谣：

"六君子，头颅送，袁项城，顶子红，卖同党，邀奇功，康与梁，在梦中，不知他，是枭雄。"

辛亥革命中的袁世凯仍然耍弄他的两面派花招，从革命党人同清王朝的激烈斗争中渔利。

武昌起义爆发以后，已被清王朝以权势过重而罢了官的袁世凯，在一片"非袁莫属"、"非袁则亡"的声浪中，又回到朝廷重掌军权。这一次，他不准备效忠朝廷了，他想利用这次机会一举夺得最高权力。他的夺权方式就是：对革命党打朝廷的牌；对朝廷打革命党的牌。

袁世凯出山后，立即命令他的北洋嫡系冯国璋军猛攻武汉。由于武昌起义部队刚刚从起义中集合起来，难免仓促应战，又缺乏作战经验。1911年 11 月 12 日，汉口被北洋军攻陷，27 日，汉阳也被攻陷。当时，武昌全城都在北洋军的炮火控制之下，几乎唾手可得。朝廷也自大喜，一再嘉勉袁世凯和北洋军，希望他们能一鼓作气迅速拿下武昌，把革命党人的起义镇压下去。

可就在这个节骨眼上，袁世凯命令他的部下停止进攻，并遣人向黎元洪表示可以进行议和谈判，还放出了袁世凯本人"并不反对共和"的风声。于是，革命党人立即对袁世凯大有好感，在讨论临时政府的"组织大纲"时，决定"虚临时总统之席以待袁君反正来归"。11 月底，袁世凯又放手让革命党人攻下了南京。

他在给冯国璋的电报中解释说："不得汉阳，不足以夺革命之气；不失南京，不足以寒清廷之胆。"

1912 年元旦，孙中山当上临时大总统以后，曾经表示："革命之目的不达，无议和之可言也。"遂组织六路大军预备北伐。

袁世凯得到消息后大怒，立即召回他的议和代表唐绍仪，并唆使他的爪牙冯国璋、段祺瑞等以北洋 40 余高级将领联名通电的形式宣布："若以少数人意见采用共和政体，必誓死抵抗。"英、美、日、德等帝国主义势力也看好袁世凯的军事实力，纷纷公开表示：只有袁世凯出来统一中国，他们才承认中华民国，不承认孙中山的南京临时政府是中华民国的中央政府。这时，革命派内部的一些保守势力和旧官僚们也纷纷出来说项，要求孙中山慷慨让出大总统，以换取袁世凯的"革命"。有人甚至攻击孙中山说："你不赞成议和，难道是舍不得总统吗？"

孙中山终于经不住这种内外夹击，被迫于 1 月 15 日发电报给袁世凯，表示："文不忍南北战争，生灵涂炭。故于议和之举，并不反对。"最后，袁世凯与革命党人达成协议：只要清朝皇帝退位，孙中山就解去临时大总统职位，公举袁世凯为大总统。

袁世凯压迫革命党人作出上述决议之后，立即又转过身来对付清朝皇帝。他指使冯国璋、段祺瑞等扬言"率全军将士入京",要求清帝退位。又用革命军如何如何厉害来吓唬朝廷,到处散布革命党人已遍布京城,无孔不入的谣言。碰巧,1月26日,革命党人彭家珍刺杀了清朝贵族良弼。当时,良弼是皇族内部反对妥协的顽固分子。于是,皇亲国戚们谁也不敢再坚持帝制了。

袁世凯又拿出了与南方临时政府议定的清帝退位的优待条件,如:皇帝尊号不变,以对外国君主之礼相待;岁用400万元,由民国政府付给;暂住皇宫;等等。这时的清朝皇帝手中早已没有了讨价还价的筹码,只得全盘接受了袁世凯的安排。1912年2月12日,清朝末代皇帝溥仪正式宣告退位。

第二天,袁世凯就迫不及待地发电报给南京临时政府,伸手索取大总统职位了。电报中十分"中肯"地说:"共和为最良国体,世界所公认。今由帝政一跃而跻及之,实诸公累年之心血所造成,亦民国无穷之光荣与幸福。"他表示,今后将"永不使君主政体再见于中国"。谁还会想到,几年以后正是这位"拥护"共和的"正人君子"要想自己当皇帝,使"君主政体再见于中国"呢!看了袁世凯的电报,南京政府上下一片欢腾,他们都

宣告退位的宣统皇帝溥仪和他的父亲摄政王载沣

被袁世凯这些冠冕堂皇的话蒙得晕头
转向。他们一致把袁看做是创造共和
政体的"功臣"。

14 日，孙中山即向参议院提出辞
呈，辞去临时大总统职。15 日，南京
临时政府立即召开总统选举会，到会
17 省代表，以 17 票全票选举袁世凯
担任中华民国政府的临时大总统。代
表们还于当天发电报把消息告诉袁世
凯，并在电报中肉麻地吹嘘他为"中
华民国第一华盛顿"。

就这样，袁世凯以他丰富的"政
治斗争经验"，骗取了革命党人的信
任，摘走了辛亥革命起义战士们用鲜
血换来的胜利果实。

孙中山咨文南京临时参议院辞去临时大总统职务后，在
南京水西门内胡氏花园留影。

令示

临时大总统咨参议院辞职文

前後和議情形並昨日伍代表得北京一電本處又接北京一電又接唐紹儀電均經杳

明貴院在案本總統以爲我國民之志在建設共和傾覆專制義師大起令國景從清帝

鑒於大勢知保全君位必然無效遂有退位之議今既宣布退位贊成共和承認中華民

國從此帝制永不留存於中國之內民國目的亦巳達到常締造民國之始本總統被選

爲公僕宣言誓以傾覆專制鞏固民國圖謀民生幸福爲任審至專制政府既倒國

內無變亂民國卓立於世界爲列邦公認本總統即行解職現在清帝退位專制政府既已除南

北一心更無變亂民國爲各國承認日夕可期本總統常踐誓言辭戰引退爲此咨告貴

院應代表國民之公意速舉賢能來南京接事以便解職附辦法條件如左

一臨時政府地點設於南京爲各省代表所議定不能更改

一辭職後俟參議院舉定新總統親到南京受任之時大總統及國務各員乃行辭職

一臨時政府約法爲參議院所制定新總統必須遵守頒布之一切法制章程此咨

臨時政府公報

令示

第十七號

一

1912 年 2 月 13 日临时大总统
孙中山咨参议院辞职文

1912 年 4 月 1 日孙中山在临时大总统解职典礼后与临时参议院合影

宋教仁说:"选举的竞争,是公开的,光明正大的,用不着避什么嫌疑,讲什么客气的。我们要在国会里头,获得过半数以上的席位,进而在朝,就可以组成一党的责任内阁。"袁世凯怒道:"太藐视我了,我岂能容你!"

孙中山等南京临时政府官员虽被袁世凯一时蒙蔽，交出了大总统的职权，但对于袁世凯并不十分放心，因为袁世凯毕竟是旧政权里出来的人物。遂布置了一道虚弱的防线，准备制约袁世凯。南京临时政府向已经当选大总统的袁世凯发去电报，要求袁必须履行三项条件：

1. 临时政府设于南京；

2. 袁世凯亲到南京受任之时，临时大总统及国务各员始行解职；

3.《中华民国临时约法》为参议院所制定，新总统必须遵守。

这三项条件，前两项为"调虎离山"计。北京为袁世凯长期经营之势力范围，革命党人的势力则主要在长江以南，因此，只有让袁世凯到南京来就职，革命党人方能从周围监督和制约袁世凯。《中华民国临时约法》则是孙中山主持下的南京临时政府制定的一个重要法令，其中吸收了西方国家三权分立的原则，对于大总统的个人权力作了种种限制。革命党人重申《临时约法》，意在防止袁世凯走向个人独裁。

袁世凯哪能看不出孙中山的心思？他立即回电孙中山虚与委蛇，说他本人极想赴南京就职，无奈北京政局不稳，北方军民意见分歧，隐患颇多，怕自己离开北京以后引起变故，事情反而不美，等等。

孙中山对于袁世凯的申述不以为然，一边再电袁世凯促其早日南下就职；一边派出南京临时政府迎袁专使立即北上敦请袁世凯南下。

孙中山派出的迎袁专使为蔡元培、宋教仁、汪精卫、钮永建等人。他们于1912年2月27日到达北京后，受到了袁世凯的盛情接待。北京正阳门外国旗招展、军乐齐喧、礼炮轰鸣。当晚，袁世凯设盛宴为专使们洗尘。

蔡元培老成持重，宴会之上，即向袁世凯婉转进言道："现在江南军民，极思一睹袁总统风采，快聆元首高论。如果袁公迟迟不欲南下，恐南方人士还以为袁公别存意见，反会生出许多烦言呢？"

袁世凯听着满脸堆笑，连连点头答道："蔡专使请放心，我并非不欲南下，只是北方有些事情需要妥为布置，一旦稍有头绪，我即刻南下，请专使尽可放心。"

迎袁专使们见袁世凯态度极为诚恳，迎袁重任转眼之间即可告成，心中

孙中山派出以教育总长蔡元培为首的迎袁专使赴京，请袁世凯去南京就职。
这是迎袁专使等到达北京后的合影。

大为快慰，一个个不由得多喝了几杯。

就在专使们静候袁世凯一同南下的几天中，一天夜里，专使们被门外的枪炮声、爆炸声惊醒。

蔡元培披上衣服，推窗一看，只见前方熊熊火起，照得院中如白昼一般。忽听得不远处有人喊道："这里是南方专使住处，弟兄们不要骚扰。""什么专使不专使，越是专使越是要击他……"

"啪"的一声，一颗流弹竟自窗口飞入屋内，惊得蔡元培一身冷汗。这时，宋教仁、汪精卫也从隔壁房间跑入，人人惊慌无措，不知发生了什么事。最后，三人竟翻过院墙，直接到袁世凯的家中询问情况。

夜里的兵变，正是袁世凯指使北洋第三镇曹锟导演出来的一场"闹剧"，意在吓唬迎袁专使们，北方离不开袁世凯，袁世凯一走，北方必会大乱。

看到眼前三位迎袁专使惊慌失措的样子，袁世凯心中暗自得意，脸上却露出一片关切，说："不料今夜有此变乱，累得诸公受惊，实在抱歉。"

蔡元培不解地问："目下北方军队均在袁公控制之下，怎么会有如此兵变呢？"

正在这时，一位军官向袁世凯报称："东安门外及前门一带，兵士哗扰不堪，到处纵火，尚未罢手呢。"

袁世凯怒道："这班混账东西，清帝退位，还有我在呢，难道就好无法无天了吗？……"

言犹未止，又有人进来报道："禁兵听说大人即将南下，故而闹起来……"

袁世凯故意大声喝道："不必说了！立即派第三镇前去弹压。"

三位迎袁专使在这出"闹剧"中尚未转过神来，已被袁世凯派人护送回府，并为他们派出重兵"保护住地"。

第二天，迎袁专使们又得到来自袁世凯处的密报：天津、保定也发生兵变，日本拟派兵入京保护公使馆，其他各国公使，也有增兵迹象。

三位迎袁专使被袁世凯布置的一片恐怖气氛吓坏了，对于袁世凯宣称的"北方局势不稳"深信不疑。当即打电报给孙中山说："北京兵变，外人极为激昂，日本已派兵入京。设想再有此等事发生，外人自由行动恐不可免。培等睹此情形，集议以为速建统一政府，为今日最要问题，余尽可迁就，以定大局。"

这时，其他方面也纷纷向南京临时政府施加压力。副总统黎元洪带头发电南京说："舍南京不致乱，舍北京必致亡。"恫吓革命党人放弃要求袁世凯南下的主张。冯国璋等北洋军阀将领则更为嚣张地通电全国说："临时政府必应设于北京，大总统受任必暂难离京一步。"

在一片威胁声中，孙中山不得不再次妥协。

1912年3月10日，袁世凯在北京宣誓就职。他在新政权的较量中，首先赢得了一个回合。

袁世凯就职总统后，南方革命党人还拥有约40万军队和七八个省的地盘。这就成了袁世凯的"心病"，亟欲排除这个实行独裁的最大障碍。当时，他下达了一系列命令，要求"统一军令"、"统一政权"、"统一行动"、"统一制度"、"统一秩序"等等。袁世凯针对孙中山为首的革命党人拥有的军队，提出了裁军问题，以"近日军队复杂，数逾常额数倍，耗资过巨，闾阎何以堪此"为理由，下令裁撤南方革命军。

对于袁世凯的裁军要求，孙中山等革命党人并无戒心，为了给中国的民主政治扫清障碍，同时也是对袁世凯的"民主思想"抱有幻想，所以，袁世凯的号令一出，孙中山等人立即行动起来，实行了南方军队的单方面裁军。黄兴把他统辖之下的赣军、浙军、粤军等约 30 万军队几乎裁撤殆尽。湖北武昌首义建立起来的军队也由原来的 8 个师 2 个混成旅，裁减为 1 个师 1 个旅，而且连师、旅长都请袁世凯直接任命。其余四川、湖南、广东、安徽、江西等省也都实行了大量裁军。

在南方裁军的同时，袁世凯的北洋军阀却得到了空前规模的壮大。袁世凯提出练兵百万的口号，大大加强了北洋军的武装实力。

就在南北力量对比产生如此重大变化的时候，孙中山、黄兴等人仍对袁世凯政权信任有加。他们希望《临

1912 年 3 月 10 日，袁世凯在北京就任临时大总统，顺利"摘得了"辛亥革命的成果。

时约法》能够起到制约独裁的作用，即使袁世凯发生不轨行为，也可在法律范围内加以解决。并且，许多革命党人都产生了功成身退的想法，希望以一种政治上的高姿态，来换取国家的统一与安定。

袁世凯眼见着南京政府的头脑们纷纷败于阵下，心头暗喜，但孙中山让给他的这个大总统还是个由17省代表推选出来的临时大总统，根据《临时约法》的规定，不久仍要由国会议员推举出正式大总统。袁世凯当然想继续做大总统，不过，一旦孙中山、黄兴、黎元洪等人与他竞争起来，事情就会复杂起来。因此，袁世凯还是想探探"南方领袖们"的口风。

1912年8月，袁世凯电邀南方"三巨头"来京共商国是。当时，黎元洪因为袁世凯杀了湖北军务司副司长张振武，对袁的毒辣手段心有余悸，不敢贸然进京。

早些时候，张振武受袁世凯之邀到达北京。黎元洪对张振武一向不满，深怕张受到袁世凯的重用，遂向袁世凯发密电打了张振武的"小报告"，说张"蛊惑军士，勾结土匪"。袁世凯收到黎元洪的电报后，一不做，二不休，下令一刀杀了张振武。当时，全国舆论立即大哗，袁世凯则公布了黎元洪发给他的电报，把责任推到了黎元洪的身上，弄得黎元洪哑巴吃黄连，有苦说不出。对于袁世凯的惧怕自是增加了许多，所以也不敢轻易到北京去，闯袁世凯布下的"圈套"。

1912年8月24日下午孙中山抵京。图为孙中山与欢迎者在北京车站留影。

黄兴也因袁世凯不分青红皂白杀害张振武的事，十分气愤，拒绝入京。

唯有孙中山不然。他认为，"无论如何不失信于袁总统"，此时应以团结为重。故不顾众人的劝阻，于 8 月 24 日到达北京。

袁世凯听说孙中山来京，大喜。遂以大总统礼对待孙中山，以皇帝出巡的仪式接待孙中山。

在袁、孙会谈中，袁世凯装出十分恭顺、谦虚的样子，孙中山说什么，他无不表示赞同。孙中山提出将来仍应迁都南京，实行币制改革，袁世凯表示赞同。孙中山说农业改革，应实现"耕者有其田"，原想这个主意袁世凯必定要反对的，不料，他却一边点头，一边说"事所当然"。孙中山说民国要务，在于赶修铁路，改善交通状况，并表示自己对于修建铁路很有兴趣。袁世凯立刻毫不迟疑地授予孙中山"筹划全国铁路全权"，并且因为看出孙中山的兴趣已不再放在政治竞争上，而兴奋地立起身来高呼："孙中山先生万岁！"

袁世凯的"迷魂汤"灌得孙中山也晕晕乎乎了，来时对袁世凯的一点疑虑，这时也已吹得烟消云散。孙中山给黄兴发去电报说："振武案实迫于黎之急电，非将顺其意，无以副黎之望"，为袁世凯杀张振武开脱说项，只是"手续不完备"而已。同时，他还兴奋地劝告黄兴说："弟到此以来，大消北京意见，兄当速来，则南方风潮亦可止息，统一当有圆满之结果。"

黄兴接到孙中山的电报后，也打消了对袁世凯的疑虑，立即整理行装入京。袁世凯免不了又对黄兴献了一番殷勤。

三巨头在北京推杯换盏，漫谈甚欢。孙中山、黄兴都在酒宴中明确表示，他们不再参加总统竞选，只求"在社会上做成一种事业"。袁世凯听得眉开眼笑，简直合不拢嘴来。袁、孙、黄三人在北京交谈甚欢，又频频打电报告知黎元洪此间状况，一时间，祥云瑞雨，民国初年的领袖们，一头扎进了"蜜月"中。

但是，这场由欺骗与轻信而造成的政治"蜜月"并未持续多久，它很快即由国民党首领宋教仁的遇害而告结束。

宋教仁 1882 年出生于一个地主家庭，是湖南桃源县上香冲人。1901 年曾考中秀才，科举制度废除后，投考普通学堂，因在学校从事反清活动，被学校除名。后结识黄兴，一起创建反清政治团体华兴会。1904年因密谋起事败露，逃亡日本。不久，即加入孙中山的同盟会，负责主编同盟会的机关刊物《民报》。1907年，孙中山与黄兴准备赴越南组织武装起义，让宋教仁代理同盟会庶务，从此成为同盟会决策人物之一。

辛亥革命后，宋教仁一度出任南京临时政府法制院长、农林总长，对于民国初年的建设多有规划。

宋教仁（1882-1913），字钝初，号渔父，湖南桃源人。中国近代民主革命家。民国初期第一位倡导内阁制的政治家，国民党的主要筹建人。1913年被暗杀于上海。

1912年8月，宋教仁在征得孙中山、黄兴等人的同意后，把同盟会与其他几个小党合并，组成了中国国民党。当时，虽然名义上仍是孙中山担任理事，但国民党的实权却在代理理事宋教仁的手中。

宋教仁的理想，是在中国建立一个资产阶级的共和国。他花了大量精力，翻译了《俄国制度要览》《日本宪法》《英国制度要览》《各国警察制度》等书籍，并为在中国建立一个资产阶级的共和国草拟了各种文告、约法和中央、地方设施计划等，共有厚厚的三大本，真可算得上是"民国蓝图"的设计师了。

可惜的是，宋教仁与孙中山等人一样，对于中国的国情并不十分了解，对于袁世凯的真面目也未看破。他们都幻想依靠《临时约法》和国会来制约袁世凯，并且幻想以争取议会中的多数来组织"责任内阁"，实现欧美式的资产阶级民主政治。

这一切在袁世凯罪恶的子弹下，显得多么幼稚可笑啊！

宋教仁自从组织了国民党以后，精神振奋，全力以赴地为国民党在国会选举中争取选票。他风尘仆仆地到全国各地施行演说，并亲自参加南方几个区的选举运动。在他的奔走之下，国民党在全国名声大震，很受民众的支持。

1912 年 12 月至 1913 年 2 月，中华民国政府进行国会选举，结果国民党大获全胜，众议员总额 596 名中，有 269 名国民党议员，参议院总额 274 名，国民党占了 123 个席位。国民党一下子成了中华民国第一大党，其他党派所占人数尚不及国民党的三分之二。

对此，宋教仁欣喜若狂，以为可以根据《临时约法》的规定，由国民党出组政府内阁，并且，如果孙中山专心于修建铁路的话，他自己就可能出任内阁总理，在政治上一展平生抱负了。

接着，宋教仁准备再次南下，到处演说，批评时政，发表政见，为组织责任内阁奠定基础。其时，也只有宋教仁敢于在一片颂扬袁世凯的歌声中唱些反调。他在国民党议员的竞选活动中，曾攻击袁世凯专制，其政府是无能和退步的政府。这种竞选过程中的"谩骂"，在国外资本主义国家司空见惯，并不奇怪，但在袁世凯听来却极不受用，不免对宋教仁心生恶意。

不过，袁世凯毕竟是个"政治高手"，尽管他对宋教仁及其国民党一肚

北京湖广会馆旧址。1912 年 8 月 25 日，国民党在此召开成立大会。

子的不满，但仍想收买宋教仁，把这个政治对手变为"朋友"。

得知宋教仁即将南下时，袁世凯在总统府亲自约见宋教仁。相见以后，袁世凯对宋教仁招待极其殷勤，并不谈及政治，只对宋的身体、家庭问长问短，格外关切。当时天气寒冷，宋教仁身上只穿着单薄的帆布西装，不免显得瑟缩。

袁世凯亲切地看着宋教仁，微笑着说："这样冷的天气，你穿这点薄衣裳，受得了吗？你要为国家珍重啊！"他转身对侍从人员嚷道："来，快把我新做的全套西装拿来，让宋先生试试。"

不一会儿，侍从来送来貂皮外套、獭皮背心及哈喇呢裤褂整套高档服装，其价值不下 3000 元。

袁世凯接过衣服说："钝初（宋教仁字），你试试看，合身不？"

宋教仁一再谦让，袁世凯诚恳相劝，最后，宋教仁不得不穿上西装。结果，穿起来不长不短，不大不小，就好像自己定做的一样。这是袁世凯早已派人把宋教仁衣服的尺码都调查清楚后预备下的。宋教仁不傻，他当然也立刻领会到袁世凯的"好意"了。

宋教仁换好西装后，袁世凯关照侍从们说："今天来人，就说有客，一概不见。"接着转身对宋教仁说："今天我要同你多谈一会儿。"遂拉着宋教仁的手，与他坐在一张沙发上，做出一副亲密交谈的情状。其实，袁世凯与宋教仁那天所谈的话，也就是古往今来，人情世故的闲话，并不曾涉及半点政治。

宋教仁起身告辞时，袁世凯从怀中掏出一张交通银行 50 万元的支票，硬塞入宋的手中，说："听说你要出京，少不得到处游历，手边哪里少得钱。这几个钱，不是公家的，是我个人友谊上的一点敬意，你用着吧。"

宋教仁连声道谢，也没有特别推辞。袁世凯看到他慨然收下了钱，不由得暗自高兴：鱼儿已经上钩。他进一步热情地拉着宋教仁说："钝初，你几时南下呢？我好替你饯行啊。"

宋教仁回答："说不定哪一天，也许在京度岁吧。要走的时候，有些事要来请示的。"

"你有意见，尽可以同我直讲，什么事都好商量。"袁世凯摆出一副坦诚相待的模样。他把宋教仁一直送到府外，方才回去。

要是换个人，被袁世凯亲亲热热地灌入这一阵甜米汤，没有不晕乎的，说不定早就神魂颠倒，受宠若惊了。可袁世凯偏偏遇上了宋教仁，在宋的眼中，任何事也不能让他出卖党的利益。

第二天，宋教仁就写了一封信，将支票夹在当中，派一可靠之人送到袁世凯府上。信中说：

慰公（袁世凯字慰亭）总统钧鉴。绨袍之赠，感铭肺腑。长者之赐，仁何敢辞。但惠赐五十万元，笑不敢受。仁退居林下，耕读自娱，有钱亦无用处。原票奉璧，伏祈鉴厚。知己之报，期以异日。教仁百拜。

把信送出后，宋教仁来到他的老同学田桐处。田桐是宋的挚友，此次国会选举当上了众议员，正准备陪同宋教仁一起南下。

田桐问："宋大哥，听说你的事都已办完了，明日是否可以动身南下？"

宋教仁笑着对田桐说："昨天老袁送我一套西服，外加五十万元。衣服，是不好退的，钱，我今天已经退还了。我们要走，也应该进去道谢，再顺便辞行，才是道理。"

田桐听了这话，皱起眉头说："这叫做受餐返璧，处置倒很得体。不过袁世凯的钱，是含毒素的。用呢，固然不容易用；但是退，也不容易退。你不知道吗？凡是被他瞧得起的人，他总是用两种方法对待。第一步用钱收买，不买账呢？就要用计杀害。你既是将钱退还，非赶紧出京不可。否则，会惹麻烦的。"

宋教仁听罢，不以为然地笑道："你把他说得那样厉害可怕。其实，在我看来，也不过是一个老官僚而已。"

田桐看到宋教仁一副掉以轻心的样子，深为忧虑，只好一个劲地催他赶快离京。宋教仁拗不过田桐，最后还是于当晚搭上了直达汉口的火车。

其实，田桐的顾虑绝非多余，袁世凯的确不是好惹的。

当天中午，袁世凯正躺在烟榻上与八姨太聊天，侍从送上宋教仁托人送来的信。拆开一看，原来是宋教仁送还的支票。

袁世凯冷笑道："他藐视我了，他显然表示要和我作对。"

八姨太伸手拿过信来一看，说："你的主意打错了，也不想想宋教仁是何等的人物。他有党、有政策、有夺权的野心和计划。区区五十万元，如何放在他的眼里？我认为拿钱收买他是件笨事。他要是肯收呢，就会用你的钱做害你的工作；不收呢，那就表示拒绝你、鄙视你……"

"你给我住嘴！"袁世凯一声大吼，吓得姨太太赶紧打住话头。只见袁世凯满脸怒容，站起身来在屋子里来回走了起来。

到了晚上，袁世凯正在吃饭，一个侍从进来报告："车站来了电话，宋教仁、田桐、张继三人，由西站出京了。"

袁世凯听罢大怒道："谢也不来谢，辞也不来辞，太藐视我了。我岂能容你！"

当天晚上，直到睡在床上，袁世凯还在生宋教仁的闷气。一旁的八姨太小心翼翼地劝道："别生气了，堂堂的大总统要解决一个宋教仁，还不容易吗？"

这句话竟说到了袁世凯的心坎上，他不由得深深松了一口气，在床上睡直了身子。

3月初，宋教仁一行抵达汉口。宋在欢迎会上发表演说："选举的竞争，是公开的、光明正大的，用不着避什么嫌疑，讲什么客气的。我们要在国会里头，获得过半数以上的席位，进而在朝，就可以组成一党的责任内阁；退而在野，也可以严密监督政府，使它有所惮而不敢妄为。应该为的，也使它有所惮而不敢不为。那么，我们的主义和政纲，就可以求其贯彻了。现在我们的选举运动极为顺利，袁世凯看此情形，一定忌恨得很，说不定要设法来破坏我们，陷害我们。我们要警惕，但是我们也不必惧怯。他不久的将来，容或有背叛民国的时候。到了那个地步，我们再起来革命不迟。"

宋教仁的演说受到了国民党群众的热烈欢迎。自然，传到袁世凯耳中，令大总统更为烦躁，坐立不安。

随后，宋教仁又一路到了南京、浙江、安徽等地，最后来到上海。此时，他已决定尽早回北京参加国会，着手组织责任内阁了。

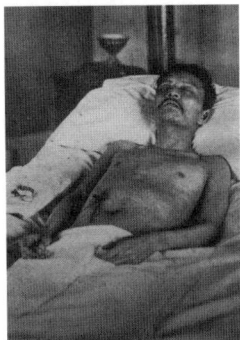

宋教仁遇刺身亡

刺杀宋教仁的主使者赵秉钧

3月20日晚，上海车站人迹寥寥，一阵阵寒风吹起，满地都是灰尘。车站上除了少数几个等车的乘客外，还有两个烟贩，抄着手东张西望。

一会儿，火车进站了。入口处拥进一群人，宋教仁走在中间，送行的全是国民党中坚人物，有黄兴、廖仲恺、于右任、陈其美等。他们人人喜形于色，一路说笑而来，都在为国民党在国会选举中的胜利兴奋不已。

火车鸣起了汽笛，众人恋恋不舍地与宋教仁握手告别。宋教仁在大家的祝福声中迈着轻快的脚步向火车走去，他一只脚刚踏上车门，忽然从旁边冲出一个着黑呢军服的矮汉，在离宋教仁不远处，对准他放了一枪，子弹从背后击中了他的腰部。

宋教仁立即倒在地上，黄兴等人马上冲过去扶起他来。那杀人的凶手向黑暗中逃去，一路滑倒了又爬起来，竟也没有人追上他。

宋教仁被送入沪宁铁路医院就医，医生从他的身体里取出了一颗带毒的子弹。伤口很快恶化，剧痛一直无法止住，黄兴、于右任等人看着他在病床上挣扎，各人脸上都挂满了泪珠。

临终之际，宋教仁仍要求黄兴为他向袁世凯发出一份遗电："伏冀大总统开诚心、布公道，竭力保障民权，俾国会得确定不拔之宪法，则虽死之日，犹生之年。临死哀言，尚祈鉴纳。"

3月22日清晨，宋教仁在医院去世，终年32岁。国民党失去了一位杰出的领袖人物。

袁世凯得到宋教仁遇刺的消息后，立即表演了一出"贼喊捉贼"的把戏。他一方面立即回电给上海，声称："岂意众目昭彰之地，竟有凶人，敢行暗杀！人心险恶，法纪何存？"另一方面，他又命令江苏都督程德全，"穷究主名，务得确情，按法严办！"

这一切都做得义愤填膺，煞有介事。

结果，江苏都督程德全真的认真办起案来。他们会同上海租界的洋巡捕，很快就在租界内抓获了凶手武士英和直接指使人应桂馨，并从应宅内搜出大量文件，其中有应桂馨与袁世凯的内务部秘书洪述祖、内阁总理赵秉钧的来往电报。

电报里竟有"转达极峰"，"总统阅后色颇喜"，"嘱既有把握，即望进行"等语。一时宋案真相大白，袁世凯就是暗杀宋教仁的幕后指使者。

程德全公布了这些密电，顿时全国舆论大哗，人人都以此为骇人听闻之事。国民党人更是怒火冲天，陈其美连连大呼："真不甘心啊！真不甘心啊！"遂一起商议如何处置这一重大变故。

那里，袁世凯也做好了破釜沉舟的打算。4月底，宋案已然大白于天下，上海地方审判厅传案犯洪述祖、赵秉钧到庭受审。

一日，赵秉钧垂头丧气地来找袁世凯，送上自己的辞呈。

袁世凯冷笑着说："辞什么？这也理他吗？他传他的，你干你的，看他其奈你何。暗杀一个人，他们就这样闹。马上我大举南征，少不得整千整万地杀，看他们其奈我何。"

这时的袁世凯，终于彻底撕去了恭谦、民主的伪装，露出了军阀独裁的真面目来。

就在袁世凯当机立断，向国民党人举起屠刀之时，国民党人仍在为是否起兵讨袁争论不休。

孙中山是在得知宋教仁遇害的消息后，匆匆由日本赶回的。到上海后，宋教仁已尸陈棺内，孙中山由不得悲从中来，抚棺痛哭。不久，宋案真相大白，也使孙中山对袁世凯有了深刻的认识，力主起兵讨袁。

4月底，孙中山召集在沪国民党首脑人物讨论对付袁世凯的办法。他在会上说："钝初死在官僚派袁世凯的手中。官僚派没有整顿中国的能力，看见有能力整顿中国的人，就用残忍卑劣的手段暗杀了他。今后的斗争，是官僚派与国民党的斗争。过去，我看错了袁世凯，是我的过错。现在，袁世凯想使专制的制度死灰复燃，辜负国民的付托，必须将他除去，应该乘着反袁之声举国若狂时，起兵讨袁。若有两师军队，我当亲率问罪。"

黄兴不同意孙中山的想法，说："此时正在全国愤怒中，诉诸舆论、诉诸法律，不能说没有力量。我们暂时以冷静态度持之，以待正当解决，何如？"

戴季陶说："袁世凯心目之中，哪里还有法律？还有舆论？"

黄兴又说："南方武力不足恃。苟或发难，必致糜烂大局。依我之见，不如诉诸法律为好。"

孙中山说："袁世凯手握大权，发号施令，遣兵调将，行动极称自由。我们只有出其不意，攻其无备，迅雷不及掩耳，先发始足制人。现在宋案证据已经确凿，人心激昂，民气愤张，正可及时利用！否则，时机一纵即逝，后悔终嗟无及！"

黄兴依然坚持己见，说："民国元气未复，仍不如用法律解决比较好。"

当时，上海都督陈其美也颇赞同黄兴的意见。

孙中山见在党内高层领导中意见不能统一，遂向握有兵权的南方诸省都

孙中山与黄兴等人在上海横滨正金银行内商讨反袁问题时的合影

李烈钧（1882-1946），原名烈训，又名协和，字侠如，号侠黄，江西武宁罗溪人。中国国民党早期党员，中国近代著名将领。

督征求意见。江西都督李烈钧、安徽都督柏文蔚都表示赞成出兵讨袁。而广东都督胡汉民与陈炯明正因争夺地盘暗中争斗，根本无暇考虑反袁问题。湖南都督谭延闿则持观望态度，一时并不明确表态。

国民党内部的纷争与拖延，使袁世凯获得了从容布置镇压国民党人的时间。1913年4月26日，袁世凯同俄、英、法、德、日五国签订了所谓《善后借款合同》，以盐税收入做抵押，借了2500万英镑。于是，袁世凯有了钱，又摸清了国民党内部不统一的情况，贼胆益壮，决定先下手为强了。

1913年6月，袁世凯下令解除江西都督李烈钧、安徽都督柏文蔚、广东都督胡汉民的职务，罪名是"不服从中央"，同时，下令北洋军大举南下，向孙中山为首的国民党人发起了进攻。

国民党人面临如此严重的威胁，方才真正感到，对袁世凯来说，法律是不起任何作用的。不得不仓促起来应战。

在孙中山的指导下，李烈钧于7月12日宣布江西独立，组成讨袁军。15日，南京起义，孙中山准备亲往主持，黄兴担心孙中山不善军事，万一失败，影响甚大，遂自己亲自去南京，迫使江苏都督程德全宣布独立，并进一步组织了讨袁军。不久，上海、安徽、广东、福建、湖南、四川等地也先后宣布独立，举兵讨袁。由国民党人发动的讨袁战争（又称"二次革命"）拉开了帷幕。

当时，国民党的讨袁军约有七万余人，声势不在袁世凯之下，但由于各省情况不一，军事上也缺少统一的指挥，仓促应战，故而各自为战，不能形成对北洋军的有力打击。

袁世凯却胸有成竹地一步步收拾国民党。他以北洋军的主力部队段芝贵首先进攻江西李烈钧的讨袁军。因江西反袁态度最坚决，国民党军的力量也最强大。从 7 月 13 日起，北洋军与江西国民党军在湖口激战十余日，李烈钧在袁军的水陆夹击下，抵抗不住，于 7 月 25 日败退。

北洋军大将张勋率军进攻南京，不久夺下徐州，江苏国民党军守不住徐州，退守浦口。7 月底，袁世凯花了 300 万元策反国民党南京讨袁军。南京国民党军官均无斗志，黄兴也无法统一指挥战事。恰逢江西湖口国民党军败绩传来，黄兴遂丧失斗志，独自乘船离开南京逃往日本，后更远走美国，从此不想过问政治。

黄兴一走，对于南京国民党军方面的作战影响极大。程德全原本也是被迫宣布独立的，黄兴一走，他就立即讨好袁世凯，宣布取消独立。8 月 8 日，国民党何海鸣率军进入南京，凭险死守，与北洋军血战十余日，伤亡相当惨重。至 9 月 1 日，张勋攻入南京。

上海讨袁军总司令陈其美率领一批国民党人进攻上海制造局，企图夺取枪支弹药，支援南京守军，结果久攻不下。不得已坚守吴淞口炮台，不久，也被北洋军攻破。陈其美等人也逃亡日本。

广州国民党军在袁世凯花费 400 万元的策动之下发生兵变，陈炯明逃往香港，广州讨袁军瓦解。

安徽柏文蔚的部下胡万泰被袁世凯以 200 万元收买，率部倒戈，柏文蔚措手不及，遭受重大损失，率残部退守芜湖。

湖南谭延闿见各地讨袁军相继失败，就见风使舵，宣告取消独立。9 月中旬，四川讨袁军也宣告失败。

在这次讨袁战争中，孙中山始则坐镇上海督战，上海不行后转向广州，企图以广州为根据地，与袁世凯作长久斗争。结果，广州又发生兵变，只好怅然转往台北，直到各地讨袁军纷纷失败后，才黯然离开台北抵达东京。

就这样，国民党军第一次很有声势的"讨袁战争"失败了。袁世凯立即着手大肆镇压国民党势力。原本中国第一大党的国民党，不久即被摧残殆尽。国民党的领袖人物全都成为通缉要犯，流亡国外。在北京的国民党党员不是受监视，就是遭逮捕、枪杀，也有不少国民党人变节附袁。各省国民党党员也大都销声匿迹，不能活动。

10月6日，国会大选，国民党未能提出自己的竞选代表。袁世凯顺利当上了正式大总统。随后，他将北洋势力全部安插于南方各省：湖南都督汤芗铭、江西都督李纯、安徽都督倪嗣冲、广东都督龙济光、江苏都督冯国璋、湖北都督段祺瑞、福建都督刘冠雄。从此，北洋军阀势力独霸中国十余年，国民党人则在南方继续酝酿艰苦的武装斗争。

国民党讨袁军失败后，袁世凯杀害了武昌首义功臣蒋翊武。蒋在临死前留下绝命诗说：斩断尘根感晚秋，中原无主倍增愁！是谁支得江山住？只有余哀逐水流！

宋教仁的理想在袁世凯的屠刀下迅速破灭，袁世凯对于制造"宋案"的走狗们却也没有留情。

宋案的凶手武士英在监狱中被人毒杀。

主犯之一的应桂馨趁上海国民党军与北洋军打仗之际，越狱脱逃。袁世凯当选大总统后，应桂馨十分高兴，马上从青岛打电报给袁世凯，要求为他"昭雪平反"。袁世凯没有搭理他。

不识相的应桂馨还不死心，于1914年1月间窜入北京，在大街上招摇过市，向袁世凯直接邀功。19日，就在火车上被人枪杀，遭到了与宋教仁同样的下场，老百姓无不称之为"报应"。

应桂馨之死，引起了还在当直隶都督的赵秉钧的同情，所谓兔死狐悲，他立即通电各处严拿杀应的凶犯。自然，凶犯是拿不到的。于是，赵秉钧也略有所悟，给袁世凯直接打了一个电话。

"谁杀死了应氏？"赵秉钧问。

袁世凯回答："总统杀了他！"

赵秉钧稍表不平地说："这样做，以后还有谁肯替总统做事！"

说完就挂了电话。

不久，赵秉钧忧郁成疾。袁世凯派他的医生为赵治病。不几日，赵竟忽然七窍流血死了。赵秉钧临死也没有料到袁世凯这么快就对他下了手。

辛亥革命后，张作霖青云直上，当上了奉天国军 27 师中将师长。经过一段内部权力的斗争，张作霖又被袁世凯任命为奉天都督，成了东三省举足轻重的人物。段祺瑞在责任内阁的幌子下，大肆扩张皖系军阀势力，段的部下更是飞扬跋扈，为所欲为。

袁世凯当选中华
民国大总统

# （一）

　　袁世凯当上正式大总统后，立即向民主政治的象征
物——《临时约法》和国会开刀。1914 年 1 月，正式
解散国会；5 月，废除《临时约法》，改责任内阁制为总
统制。这样，袁世凯就从组织上、法律上彻底击败了以
孙中山为首的国民党人，基本上破坏了辛亥革命建立起
来的各种民主制度，实现了独裁统治，仅仅留下了"中

1913 年 10 月 10 日，袁世凯就任中华民国正式大总统。图为袁世凯当日就任大总统后与各国驻华使节的合影。

华民国"这样一个空头招牌。然而，即使是这样的空头招牌，袁世凯不久也腻味了，想要拿掉它。

1915 年，在袁世凯的授意下，全国各地出现了许多恢复帝制的请愿团，他们纷纷向袁世凯"请愿"，要求他出来当皇帝。接着，袁世凯的亲信爪牙们又到各省选举所谓"国民代表"，让"代表"来表决中国是否实行君主政体。结果，各省选出的"国民代表"一致同意实行君主政体，并集体向袁世凯发出了推戴书，说："余等国民代表，代表国民之真意，劝今大总统袁世凯，进位为帝，并授以国内至大至尊之君权，天许以此位，传其子孙，以至万世。"同年 12 月，参政院也向袁世凯递上了"劝进书"。袁世凯经过一番假模假样的"谦让"，终于迫不及待地穿起了黄袍，宣布 1916 年改行帝制，年号为"洪宪"。

袁世凯当上皇帝以后，立刻杀气腾腾地宣布："今日名分已定，天泽凛然，正宜严君臣上下之分，生乱臣贼子之惧，去共和之余毒，复古国之精神。"袁世凯的复辟帝制十足是掩耳盗铃，逆历史潮流而动，最终也将自己放到了"火炉"之上。

袁世凯穿着古老的服装，在天坛演出祭天的丑剧。这是在向人们宣传君权天授的神话，表明他要当皇帝了。

辛亥革命虽然失败，但民主意识深入人心，中国人民决不愿意在推翻清王朝的腐朽统治以后，再来侍奉另一个新的皇帝。袁世凯的复辟遭到社会各种力量的反对。孙中山又一次发表《讨袁宣言》，重新组织讨袁军队，立宪派人如梁启超等也起来声讨袁世凯，原云南都督蔡锷秘密潜回云南，组织了"护国军"，发表了反袁通电。帝国主义看到袁世凯形势不妙，也纷纷换出一副冷面孔，表示不赞成中国恢复帝制。更有甚者，袁世凯一贯视为支柱的北洋军也变了样。段祺瑞在一旁冷眼相看，冯国璋则与"护国军"暗通声气。因为这些北洋将领们原本是等着接班的，复辟以后，皇位成了世袭，把他们排除出权力核心，他们自然就不给袁氏卖力了。

袁世凯在积极筹划当皇帝的时候，绝未料到形势会变得这样快。此时，他见大势已去，不得已于3月22日宣布取消帝制，总共当了83天的短命皇帝。不过，在宣布取消帝制的布告上，袁世凯竟又厚着脸皮署上了"本大总统"的字样，意思是皇帝当不了，再回过头来当总统吧。结果，全国舆论哗然，群情汹汹，袁世凯竟在一片唾骂声中一病不起，丧了性命。

袁氏在中国政治舞台上的表演，正可以用得上《红楼梦》中的一首曲子来加以概括，即所谓："气昂昂，头戴簪缨；光灿灿，胸悬金印；威赫赫，爵禄高登——昏惨惨，黄泉路近。"

袁世凯死后，中国进一步陷入军阀分裂的混乱局面之中。东北由"东北

討袁宣言一九一五

壬子之二月，國民憤慰英之憾，許清室舊臣自析，遽滅志以隨時遷就付袁世凱。四海之内，莫不走相告曰，息兵安民，以串建設，是大仁大義事也。辛亥之役，流血萬里，人者好生，何鑿而然。苟知袁之暴虐，更甚于滿，則又何苦膏血萬戶，以博一人息帝之播戲。嗚呼曾死而不悔者，冀與共和相始終耳。今袁背棄前盟，暴行帝制，解散自省會，而閑間憲變民類，解散國會，而國家無正論矣，蹂用公款，謀殺人才，而貽國家於危險之地位矣，假囹患獄，而良懦多為鷹奏，假民懲戮，而郊武之奥壇未忠。萬戶沾淚，一人冠冕。自袁氏為總統，國亡則民奴。與袁與三附從之奸，寧可桃議咄嘿，以保富貴於於戰。國無不亡。國家生命於袁氏成，其心肖有共知二字耶低此共知，知稱民賊，春民何率暴斯已暗受艱戰，唐創以待，一旦義敢起呼，義斃天民，令長江大河萬里之地，武遠京畿挺起諸軍，結此鉅霜，又不恕恕慘死，三軍既興我洵絕滄一軍，拖揚子江口，定盛浙以樹東前之威，黎庭巢穴，共襲圍城，期可指日待追。地。當以秦隴一軍，出隴右江以内，規隸中原，合齊魯以塔京左。而稱民賊，如稱民賊，吾儕巷既以大仁大義。侯，民権邦本，本固邦寧。父曰，封有囵億萬，惟億萬心，正涙何不，何堅不，即與愛國之雅漫其闇之。孫父。

1915 年 12 月孙中山为反对袁世凯窃国称帝发布的《讨袁宣言》

王"张作霖统治；中央政权则由以段祺瑞为代表的皖系军阀所把持；另有冯国璋为首的直系军阀控制着江苏、江西、湖北、直隶等省。西南各省的小军阀也各不统属，矛盾重重；孙中山的国民党仍在广东一带策划武装活动。

（二）

独霸东北一方的张作霖，是中国旧军阀中的一个传奇式人物。他由一个土匪头目，经过投机钻营，扶摇直上，先后当过民国师长、奉天督军、东三省巡阅使，后又引兵关内，问鼎中原，攫取北京政权，爬上"中华民国陆海军大元帅"的宝座，也真是威风一时。

张作霖 1875 年生于辽宁海城，其父嗜赌，故而从小也染上了好赌的习惯。张母为人勤俭，亟盼儿子成人，故曾送他入私塾学习，可他不到一年就再也学不下去了。张母只得为他准备了一副货郎担子，让他做点生意。

张作霖家里虽然贫穷，却好攀高枝儿。19岁上，看中了村里财主赵占元的女儿。

很有些心计的张作霖，就主动往赵家下工夫。有事没事到赵家找活干，赵占元要给工钱，还坚决顶着不肯收。时间一长，赵占元不由得喜欢上了这个小伙子，把他收为干儿子，人前人后总是夸奖他。

于是，看看火候差不多了，张作霖就借了几块银元，求人上赵家说亲。自然，赵家看不起他，一下子就回绝了。媒人给张作霖扔下话来："大热的天，到河里扎个猛子，醒醒神，别总是白天做梦。"

这年的夏天，张作霖憋着心里的一口气，决定出去闯天下。临走时，对赵家姑娘说："你等着我！少则一年，多则三年，我必来堂堂正正地娶你。"

其时，中日甲午战争爆发，辽东半岛兵荒马乱。张作霖来到营口，正逢朝廷招募新兵。他就投到宋庆标下当上了骑兵。

张作霖短小精悍，机警过人，善相马，粗通医马术，并且擅长骑射。当兵不久即得到管带官赵得胜的赏识，常派他深入敌后，刺探日军情报。张作霖因此而多次立功，获得勋章数枚，不久即被提升为哨长（排长）。

本来，张作霖在军队里混下去，是很有前途的。但他不愿离开奉天，心里也惦着赵家姑娘。故而在宋庆的部队向山海关进发，准备撤回河北时，张作霖开了小差，带着枪回家了。

张作霖腰里别着手枪，穿着清军哨长的号服，披着一件褂子在村子里招摇过市。虽然哨长的官不算大，可他那神气却是十足，对于赵家庙村的人来说，也就很威风了。于是，张作霖再次请人向赵占元说亲时，赵家没什么二话，就答应了。

结婚后的一段日子里，张作霖在岳父家里过了一段闲散的日子。时间一长，他又觉得无所事事，技痒难熬，便弄了几个钱，到赌局鬼混。

有一次，张作霖赌输了钱，没钱还债。寒冬腊月，赌徒们扒下了张作霖的衣服，要揍他。张作霖见势不妙，拔腿便逃。

穿着单衣，在寒风中冻得哆哆嗦嗦的张作霖，遇上了村里卖豆腐归来的钟三。钟三为人慷慨，见张作霖如此模样，便脱下自己的羊皮背心给其御寒。

钟三回村后，赌徒们问他见到张作霖没有，钟三如实相告。赌徒们都大喊："这混账东西，欠债不还，冻死他活该！"并立即逼着钟三要回羊皮背心。

钟三骑着毛驴赶上了张作霖，告诉他说："村里暂时不回去的好，那些人不整死你不痛快。我看你还是到远处去避一避的好。"

钟三不仅没向张作霖要回背心，而且将当天卖豆腐的钱送了他，连毛驴也一并给了张作霖。喜得张作霖恨不能趴下来磕几个响头。后来，张作霖在北京当上了"中华民国海陆军大元帅"时，终究不忘旧情，把老钟三请到北京，待为上宾。

张作霖离家后，就投奔了土匪董大虎。不久，又自立门户，建立了一支"保险队"。一方面为地方豪绅做保镖，一方面出外"打野食"。

张作霖机警狡猾，胆大心细，靠着本地往来四乡的眼线，消息灵通，昼伏夜出，一连做了几桩肥买卖。作案之后，马上把到手的金钱财物、枪支弹药连夜运回赵家庙，分赃窝藏，从不拖泥带水。所以，他的队伍竟迅速壮大起来，远近的零散土匪纷纷向他投靠，很快就发展到千余人的部队，俨然成了辽西一霸。

势力一大，野心也跟着大起来了。张作霖不愿久居小地方当胡子头，还是想弄个正式的军官当当。也是天遂人愿，不久就来了机会。

有一天，放远线的探子来报："大当家的，我给你老恭喜了！来了一票肥买卖。盛京将军增祺的家眷回奉天，要从咱们的地皮上过，带着不少金银财宝，这真是肥猪拱门哪！"

张作霖听了，眼珠一转，确实是机会来了，遂命令手下人：不准打伤增祺家的一个人，也不许动人家一吊钱。亲自带着一批人马到路上迎候增祺家人。见到增祺的老婆后，张作霖扑通下跪道："夫人，我们是八角台一带的大团，是保境安民的。夫人的安全包在小人身上，有什么吩咐只管告诉小人。"

一路从荒野中行来，很有些提心吊胆的增祺夫人，看到来了这么多身强体壮的保镖，心里自然是欢喜的。张作霖一路护送，殷勤备至，为增祺夫

任清军巡防营统领时的张作霖

人一行十几辆马车安排最好的住处，并以昂贵的鸦片烟来招待，弄得增琪夫人，嘴上不说，心里不知道多么感激。

临分手时，张作霖向增琪夫人说道："夫人不用感谢，我张作霖日后若能带着众兄弟投到将军麾下为国效命，有生之年决不忘夫人的恩典。"

到了奉天以后，增琪夫人将路上情形一五一十地向丈夫说了一遍，并不住地夸奖张作霖的为人。增琪一时大为动容，考虑再三后，向朝廷奏明了招抚张作霖之事，遂将张作霖部众收编为省巡防营。

从此，张作霖就步入"正途"，成了清政府堂堂的营官了。

辛亥革命后，张作霖青云直上，当上了奉天国军 27 师中将师长。经过一段内部权力的斗争，张作霖又进一步被袁世凯任命为奉天督军，成了东三省举足轻重的人物。

张作霖对部下既飞扬跋扈、专横武断，又善施小惠，笼络人心。

他曾经对其文武官员们说："听说过去汉高祖曾经有约法三章，我对你们只有约法一章。你们要好好办事，否则对其施行约法。"

部属们问他："是何约法？"

张作霖答道："就是一个'毙'字。"吓得部属们毛骨悚然。

与此同时，张作霖也经常做些别人想不到的"好事"。

有天夜里，张作霖回家晚了，叩门不应，大喊道："我是大帅啊！快开门。"

守门的更夫没听清，回道："你是谁也不行！大帅有话，过了午夜子时，任何人不得进出。"

张作霖无奈，只好绕行后门，费了些手脚，才翻墙进得家来。第二天，那更夫得知昨晚将大帅关在了门外，惊得魂飞魄散，一早慌忙到大厅里来赔罪，跪着说："报告大帅，奴才昨夜确实不知真是大帅，才不敢开门。"

张作霖笑着说："起来，你小子不开门，真是听我的话，是个好看家的，本大帅不怪罪你。这样吧，你去接任省监狱的所长吧！"

更夫急忙叩头谢罪道："大帅不怪罪奴才，奴才已是感激不尽了，让我做官，怎么敢当啊！"

张作霖笑骂道："他妈的，你做官不行，难道我当大帅就行吗？我他妈叫你行，你就行！"

张作霖戎装像

就这样，那更夫就当上了省城的监狱所长。像这样的官，张作霖送出去不少，培养了一批唯命是从的奴才部下。因而，这个土匪出身的张作霖竟也在东三省的"交椅"上坐得稳稳当当，颇为适意。

之后，他心犹未足，两次率兵入关，与中原的直系军阀打得不可开交，最后竟也主持了一阵北京的政权。1928 年，张作霖被日本人炸死，奉系军阀就由其子张学良接手。

这是当时中国土地上实力较强，并有强大"根据地"的一股军阀势力。奉系的一举一动都对其后的中国政治产生了极重要的影响。

# （三）

袁世凯死后，黎元洪由副总统升为大总统，其实幕后还是有过一番计较的。袁世凯生前曾经交代下来，他在"金匮石屋"中指定了"接班人"。

所谓"金匮石屋"，是袁世凯秘密存放大总统候选人名单的地方。根据民国三年袁世凯制定的《修正大总统选举法》规定，大总统候选人只能由大总统本人推荐，也就是他袁世凯本人才能推荐。

《选举法》中说："被推荐者之姓名，由大总统先期敬谨亲书于嘉禾金简，钤盖国玺，密贮金匮，于大总统府特设尊藏金匮石屋尊藏之。"

金匮的钥匙由大总统掌管，石屋的钥匙由大总统、参政院院长、国务卿分掌，非有大总统命令不得开启。

这个"接班人"的候选人名单显得如此神秘，很有东方专制制度的封建色彩。从这里我们似乎也可以找到袁世凯复辟帝制的思想渊源。

袁世凯死后，去取金匮的是副总统黎元洪。黎元洪从石屋中找到一个黄布包裹着的金盒，打开盒子一看，里面有一张长方形一尺多长的泥金纸。只见纸的上方写着"兆民托命"四个字，下面写着"民国万年"四个字，中间写了三个名字：黎元洪、徐世昌、段祺瑞。

黎元洪看着这份遗命甚是为难，总统候选人成了三个人，谁当总统呢？

黎元洪

徐世昌

段祺瑞

黎元洪不敢擅自做主，只得把徐世昌、段祺瑞一起请来商量。三个人看了名单以后，都陷入沉思，谁也不愿开口先说出自己的主张。

对黎元洪来说，原本继任总统的呼声很高，几乎是顺理成章的事，现在半路上杀出个程咬金来，事情就复杂了。黎元洪的根基在南方，而他本人又是个赤手空拳的军人，比起段祺瑞的实力来，要相差一大截。他的心里没法不怕段祺瑞，因为他知道北洋将领大多数反对南方人任总统，要是段祺瑞翻了脸，对他极为不利。

挤掉黎元洪，段祺瑞也想过，也并不是什么难事。但是，段祺瑞也有他自己的难处。社会舆论会怎样对待这件事？南方革命党和地方军阀会如何反应？恐怕都不会赞成他段祺瑞出来当总统。况且，就是北洋军内部，现在也很麻烦，如果他当总统，冯国璋能答应吗？这家伙已经开始与皖系对着干了。这也是个问题。段祺瑞不得不接受袁世凯的教训，这最高的位置不那么好坐，得反复地想一想。

最后，还是徐世昌开口说了话：“我先声明，我是不做总统的，资格与能力均不及在座的二位。我以为，总统还是由黎副总统继任为好。按照约法，由副总统继任，理由似乎充分些。如果段总理任总统，恐怕南方的气不顺，战争也无法结束。”

“不过，这只是我个人的意见，段总理总揽全局，最好还是由他拿意见。”徐世昌最后又补充道。

足足过了十几分钟，段祺瑞终于开口了。

“很好。”他沉着脸说。

1916 年 6 月 7 日，黎元洪宣誓就任大总统，段祺瑞仍被任命为国务总理，并获权组织责任内阁。实际上，北京政权的实权掌握在段祺瑞的手中，黎元洪只是一个摆设而已。

段祺瑞内阁成立后，中国实现了所谓"南北融合，气象一新"的局面，国内暂时笼罩在一派虚假的和平景象之中。段祺瑞在责任内阁的幌子下，大肆扩张皖系军阀势力，段的部下们更是飞扬跋扈，为所欲为。

孙中山曾最早提醒国人，警惕再出现"袁氏第二"式的人物。他说："袁氏未去，当与国民共任讨贼之事；袁氏既去，当与国民共荷监督之责，决不肯使谋危民国者复生于国内。惟父老昆弟察之。"

可是，当时南方军队的实权操纵在西南军阀唐继尧、陆荣廷等人的手中，国民党内部自二次革命后也处于分裂状态，孙中山在南方政权内很受排挤与打击，他的话自然也很难起到很大的作用。其时，南方军队和国民党中的某些派别，都开始拥护和投靠段祺瑞政权，从而使得段政权得以不断充实巩固。

实际上，段祺瑞向南方政权示好，也只是权宜之计。他的本意仍然是在政权巩固之后，以武力统一南方政权。因为，自辛亥革命以后，南方的军队和政权一直与北京政府格格不入，且具有较大的自由度，动不动就闹"独立"，所以，从北洋的利益来看，最终仍是要以武力来实现统一的。控制了北京政权以后，段祺瑞在用人、裁军等一系列重大问题上，便公开或不公开地推行对南方和国民党的敌视和排斥政策，以便为将来的武力统一打下基础。

1917年，段祺瑞利用"张勋复辟"，赶走了黎元洪，由冯国璋继任大总统，段仍任国务总理，掌握实际权力。

8月，段祺瑞政府宣布参加第一次世界大战，对德、奥宣战。于是，段祺瑞借"参战"为名，大借外债，购买军火，组织和扩充"参战军"，实行"对外宣而不战，对内战而不宣"的政策。

看着段政府一步步的叛逆行径，孙中山进一步主张以武力对付北京政权，提出了"打倒假共和，建立真共和"的口号，发起了武装的"护法运动"。9月，南方成立了护法军军政府，孙中山任大元帅，陆荣廷、唐继尧任元帅，积极准备以武力对付段祺瑞反动政府。

护法运动兴起后，段祺瑞决定对西南各省用兵，以实现其"武力统一"的主张。1918 年初，他以曹锟为前敌主帅，并从各地不断调集军队向湖南境内开进。

谁也没有想到，这次湘战却让吴佩孚这个北洋军中的小字辈出足了风头。

吴佩孚早年毕业于保定陆军速成学堂，属于段祺瑞的学生。辛亥革命前，段祺瑞在北洋第三镇任统制时，他还只是个下级军官。1914 年，吴佩孚升任北洋第三师第六旅旅长。1918 年，段祺瑞下令攻湘时，吴佩孚才刚刚升任第三师师长。不过，北洋第三师系北洋军中的精锐之师。它的前身即是威赫一时的北洋陆军第三镇。因此，在攻湘作战中，吴佩孚一直是打头阵的。

吴佩孚为人胆大而有心计，颇有用兵韬略和政治手腕。他自己也一向以知兵善战而傲世。故而，在北洋军中，他的官虽不大，可心气儿十足，总想着有朝一日能够出人头地。

1917 年 7 月 14 日，军阀段祺瑞再任国务总理，拒绝恢复国会和《临时约法》，实行专制独裁。7 月 17 日孙中山自上海抵广州，举起护法旗帜。

吴佩孚入湘以后，打了一系列胜仗，可谓"战功卓著"。3月上、中旬，他先克临湘，再破岳阳；紧接着长驱直入，先后夺得长沙、湘阴；4月24日，他又把北洋军的旗帜插到了衡阳城上。

吴佩孚使湖南的战局顿时改观，北洋军占了极大的优势。所谓吴大帅的威名也开始震撼湘鄂。对此，吴佩孚踌躇满志，占领衡阳后曾写诗一首，内中有："元首余威加海内，偏师直捣下衡阳。寄汝征南诸将士，此行关系国存亡"等语。对于吴佩孚立下的功劳，段祺瑞也十分满意，当时曾对人说："子玉（吴佩孚号）是个将才。"

攻下湖南以后，吴佩孚以为自己至少可以弄个湖南督军当当了，可段祺瑞却把这个美差派给了跟在后面的张敬尧，给吴佩孚派了个前敌副总司令的职务，要他继续向广东进军。这一点，可真让吴佩孚感到极大的不满意了。攻湘流血流汗的是我吴佩孚，凭什么他张敬尧却吃这口现成饭。于是，下决心回过头来与段祺瑞斗一斗。

恰在此时，北洋军内部的分歧也愈演愈烈。直系军阀的头领冯国璋原就反对打仗，攻下衡阳后，主和派的力量不断增加，许多将领不愿再向南进攻了。与此同时，国内人民的反战情绪也不断高涨。吴佩孚权衡之下，觉得可以利用这个有利局面，下一番工夫，左右政局，抬高自己的地位。

于是，吴佩孚一不做，二不休，一方面立即与湘军赵恒惕秘密接触，进行停战谈判；另一方面发出公开主和通电。

1918年8月7日，吴佩孚突然给江苏督军李纯发了一份电报。在电文中，痛斥"武力统一"是"亡国政策"，北京政府"误听宵小奸谋，坚持武力，得陇望蜀，援粤攻川，直视西南为敌国，意以和议为逆谋"。他还大胆抨击段祺瑞政府的亲日政策，说："日本乘我多难，要求出兵，而丧权协定已成。……内争年余，以借款杀同胞，何异饮鸩止渴。"

这一篇电文锋芒毕露，直似一篇讨段檄文，措辞之尖锐、激烈，为北洋军内部斗争中从未有过。在国内简直就有石破天惊的影响。

紧接着，8月21日，吴佩孚又致一电给冯国璋，请大总统"颁布全国一体停战之明令，俾南北军队留有余力一致对外"。他还故作姿态地宣称，

吴佩孚（1874—1939），字子玉，山东蓬莱人。晚清秀才，北洋军阀中实力最雄厚的军阀之一，直系军阀的首领。

自己"今生今世不做督军、不住租界、不结交外国人、不举借外债"，显出为国为民一片忠诚的模样来。

其实，吴佩孚心里十分清楚，自己手下的兵都是北方人，"离乡愈远则思归更切，苦征不已则军心涣散"，如果部队继续留在湖南，为段祺瑞卖命，那不仅消耗了实力，而且一旦西南各军联成一体，自己不败则已，一败就不可收拾，老本也会全部赔光。如今这个政坛上，若是没有军权，那就什么也谈不上了。于是，在湘督不就的怨恨中，吴佩孚趁势发出了攻击段祺瑞和"罢战主和"的通电。

自然，吴佩孚的忽然反目，段祺瑞是绝没有想到的，气得段祺瑞恨不能立刻枪毙了这个"祸根"。原打算以"大人不计小人过"的姿态，对吴佩孚采取不理睬的态度。结果，吴佩孚一个电报接着一个电报，还把电文送交全国各报刊登，使得他的反对武力讨伐、和平解决时局的主张，得到全国人民热烈的反响，把个吴佩孚炒得跟"和平天使"一般，就连西南各省的军队也随声附和起来。吴佩孚一时竟成了和平阵营中的主帅，而段祺瑞却立即成了民众谴责的目标。

8月24日，段祺瑞忍无可忍，直接发表通电谴责吴佩孚。作为总理，专门通电谴责部下的一个师长，这在北洋军的历史中也是绝无仅有的一件事。段祺瑞的电文说："该师长军人也，军人应尽服从之天职，不然，尔将如何驭下？……师长职位卑小，不应对时局妄发议论，必须有大勋望之人方能对时局有所主张。……尔从予多年，教育或有未周，予当自责。嗣后勿再妄谈政治。"字里行间，以极为蔑视的态度"教训"了吴佩孚。

到了这个地步，吴佩孚也就只有硬着头皮干下去了。他也知道，自己手握重兵，"将在外君令有所不受"，段祺瑞也不能把他怎样。于是，索性又发出一份电报回应段祺瑞，说："君有诤臣，父有诤子"，你段祺瑞身边没有"诤臣诤友"，他就要以学生的身份充当一回"诤子"。气得段祺瑞半死，又奈何不得。接着又听说吴佩孚擅自从湖南撤出了军队。

半路上杀出吴佩孚这匹"黑马"，使段祺瑞的"武力统一"计划无法进行下去了。段祺瑞一方面催派皖系军队前去接收吴佩孚撤防的地区，另一方面与冯国璋相约一同下野以息国内纷争。10月，段祺瑞辞去国务总理职务。

这一时期的吴佩孚俨然成了一个"爱国军人"，取得了舆论的好评。从此，吴佩孚就像刚刚吹起来的氢气球，扶摇直上，步步青云，成为了北洋军阀中的风云人物。

在中国近现代历史交会的舞台上，枪杆子里面既出政权，也出军阀。袁世凯死后，北洋军阀内部经过了若干次的分裂与战争，各式军阀头目在中国政治舞台上窜来窜去。他们直以战争为能事，以争权夺利为目标，给中国百姓带来了深重的灾难。

以孙中山为首的国民党人，目睹中国人民在军阀政治的蹂躏下，过着水深火热的生活，立志为民驱除军阀统治。为此，孙中山不断地组织军队，推动南方的武装斗争，真可谓不屈不挠，勇往直前。

国民党军在艰难困苦中孕育成长，一开始就肩负着打倒军阀，统一国家的历史重任。

孙中山终于建立起一个反对北方军阀政权的军政府，开始了南北两个政权对立的局面。但是，孙中山手中除了海军的几艘舰艇以外，并无任何军事实力，他所依赖的军阀陆荣廷、唐继尧都在暗中与他作对。孙中山悲愤地说：他们不是听其自生自灭，而是只许军政府自灭，不许军政府自生！

辛亥革命以后，长江以南各省的军队，多与国民党有密切关系。袁世凯死后，除了滇、黔、粤、桂四省以外，其余各省几乎都有北洋军队驻扎。孙中山手中没有真正属于自己的军队，只能依靠西南几省的军事力量与北方抗争。

在西南几省中，军事力量较强的要算滇系军阀唐继尧和桂系军阀陆荣廷。

唐继尧早年曾是同盟会会员。武昌起义爆发后，参加蔡锷领导的云南起义，任云南军都督府的军政次长兼参谋次长。1912年初，唐继尧奉蔡锷的命令，率领滇军入黔，占领贵阳，宣布贵州独立，并任贵州省临时都督。1913年，袁世凯调蔡锷进京，唐继尧继蔡锷之后任云南都督兼民政长，开始统治云南。袁世凯复辟帝制时，蔡锷潜回云南组织护国军，唐继尧任留守。

唐继尧逐渐在云南培养起一支自己的军队，并以此作为保存云南地盘的资本。他对一手将他重用提拔起来的蔡锷，采取阳奉阴违的政策。蔡锷回云南组织"护国军"时，唐只给他3000人和两个月的给养费。蔡锷军开往前线与北洋军接仗后，屡次发电报给唐继尧请求援兵，唐均以空言相搪塞，不肯出一兵一钱一械。当时，唐继尧就是害怕把自己保守云南地盘的力量掏空了无法自存。及至袁世凯死了，战争也结束了，唐继尧却接二连三地向四川增派军队，同时又将不少滇军调往贵州，以便将四川、贵州逐渐纳入势力范围之中，成就一个"大云南"的军事梦想。

由于滇军与蔡锷"护国军"的渊源关系，自然与北洋军阀是对立的。因而，唐继尧既是北洋政府要扫除的

唐继尧

陆荣廷

对象，同时也就是孙中山要争取来统一中国的力量了。

西南军阀中另一个势力人物就是桂系的陆荣廷。陆荣廷却是靠着镇压孙中山早年发动的镇南关起义发家的。1907 年，孙中山、黄兴等人在镇南关发动起义，占领了镇南关南中北三座炮台。陆荣廷奉清政府之命猛攻镇南关炮台三天不下，遂采用阴险的计谋，断了革命军的水源，迫使孙中山的起义部队不得不撤出战斗。于是，陆荣廷因此而被朝廷提升为左江镇总兵。1911年 6 月，广西提督龙济光调任广东，陆荣廷又被提升为广西提督。

陆荣廷具有近代军阀的共同特征，翻手为云，覆手为雨。辛亥革命成功以后，他立即转到"进步"方面来，通电劝告清帝退位，表示拥护革命派。但当孙中山派人与他联系，希望广西派兵参加北伐时，他却又以各种借口相推托。孙中山发动"二次革命"的时候，他竟又转到袁世凯一方，杀害了到桂林活动的武昌起义元勋蒋翊武。1916 年蔡锷起兵反对袁世凯称帝时，陆荣廷称病不起，静观形势变化。1916 年 3 月，看到袁世凯大势将去，已陷入极其被动的境地时，陆又宣布广西独立。陆荣廷在柳州发布护国讨袁通电后，加入讨袁行列，率军一万入湖南，配合云南护国军向袁世凯进攻。

袁世凯死后，陆荣廷被黎元洪任命为两广巡阅使，陆将他的心腹把兄弟陈炳焜推荐为广东督军，谭浩明为广西督军。于是，陆荣廷基本上控制了两广地区，成为西南一带炙手可热的人物。

1917 年，当段祺瑞政府决定"武力统一"政策时，陆荣廷宣布两广"自主"。同年夏天，孙中山受到广东省长朱庆澜的邀请，到广州建立"护法运动"的根据地。孙中山带着应瑞、海琛两艘军舰到广州，并策动前海军总长程璧光率北洋海军第一舰队起义，不久也南下广州。

孙中山到广州后，许多被段祺瑞政府非法解散的国会议员，也纷纷响应号召奔赴广州。到 8 月初，已有 130 余名议员到了广州，于是，孙中山决定重建广州政权，与北洋军阀把持的北京政府相抗衡。

1917 年 8 月 25 日至 9 月 1 日，孙中山在广州主持召开了国会非常会议。因为 130 余名代表不足法定人数，不少代表在段祺瑞政府的阻挠下，未能

1917 年 8 月 25 日，国会非常会议在广州开幕。图为开幕时孙中山与议员合影。

到广州参加会议，所以，这次的国会会议被称为非常
会议。

非常会议通过了《中华民国军政府组织大纲》，恢
复辛亥革命胜利后制定的《临时约法》，宣布成立中华
民国军政府。9 月 1 日，国会议员们推选孙中山为军政
府大元帅，又在大元帅下设两个元帅，分别选举唐继尧
和陆荣廷担任。当时，军政府的组织者们希望以此换取
唐继尧、陆荣廷等地方军阀的支持。

9 月 10 日，孙中山发表就职宣言，表示要"攘除
奸凶，恢复约法，以竟元年未尽之责，雪数岁无功之
耻"。就这样，孙中山终于建立起一个反对北方军阀政
权的军政府，开始了南北两个政权对立的局面。这是孙
中山第一次建立自己的政权，以与北洋军阀相对抗。

由于孙中山手中，除了部分海军的支持以外，并
无任何军事实力，所以他特别希望得到像唐继尧、陆

荣廷这样的地方实力派的支持。可是，唐继尧、陆荣廷等人虽与孙中山一样反对段祺瑞的北方政权，但在本质上却与孙中山有着极大的区别，他们都不是孙中山的真正同志，相反，他们在某种意义上还是孙中山军政府的敌人。

陆荣廷宣布两广"自主"只不过是桂系军阀玩弄的一种政治投机手腕。他们把"自主"解释为"半独立"，即对于北京政府的命令，可以根据自己的利益来决定接受与否。符合他们利益的命令就接受，不符合他们利益的命令就拒绝。

譬如，当北京政府宣布对德宣战时，广东督军陈炳昆就将这个命令转发下来，并在转发的布告上用了"奉大总统令对德宣战"的字眼。

孙中山就任军政府大元帅时的戎装照

当时，广州的国会议员就质问他说："广东既已'自主'，怎么又来奉大总统令？"

陈炳昆强词夺理地说："我们反对非法内阁，并不反对代理总统。传达总统命令，并不违反自主精神。"

国民党议员代表邹鲁站起来说："大家知道，北京政府现在采取的是责任内阁制，总统的命令都是内阁的决定发布的。"

一番话驳得陈炳昆哑口无言，不欢而散。

不久，陈炳昆又招待广州报界人士，进一步解释所谓"自主"与独立的区别。他说："自主与独立有区别，独立是与中央政府断绝一切关系，形成国内之国；自主就是自治，对于中央政府不合理的部分可以反对，但不反对它的合理的部分。"又说："冯代总统的地位是合法的，段内阁的地位是非法的，所以我们反段而不反冯。"

对于孙中山组织的广州军政府，陆荣廷也有他对付的招数。最初，陈炳昆曾向陆荣廷请示，是否不让孙中山在广州组织政府。

城府很深的陆荣廷表示：孙中山组府问题已经快要成熟，既不应施加压力阻止它产生，也不应采取放任的态度。让它产生，可以借以对付段祺瑞的北方势力；限制的目的，是不让这个政府拥有任何的军事力量，以防构成对

军政府外景

桂系势力范围的侵害。

因此，就陆荣廷的态度来看，孙中山企图联络西南军阀共同对付北京政权的想法，是根本不现实的。军政府选举唐继尧、陆荣廷当上元帅以后，他们二人都不表示接受。陆荣廷还特地发表一项声明表示："以后广东无论发生何种问题，概不负责。"

孙中山的军政府在如此艰难的环境下还是建立起来了。当时的情形就是：军政府有"政府"而无"军"；军阀势力有"军"而无政府。因此，孙中山也感觉到，争取军队是巩固政权的必要条件，然而，在争取军队的问题上，又必然与陆荣廷为首的军阀势力产生难以调和的矛盾。南方军政府内部风风雨雨，难以一致对外。

军政府成立后，孙中山多次派胡汉民、汪精卫与广东省长朱庆澜密谈，希望朱将过去收编的 20 营警卫军，移交给军政府指挥。当时朱庆澜已与广东督军陈炳焜势同水火，他不仅收编了 20 营警卫军，而且还收编了其余广州地方军的十多个营，手里颇有些"资本"。

对此，桂系军阀亦十分忌恨。他们大力在广州排挤朱庆澜，阻挠孙中山的军政府建立自己的军队。在政权问题上，鼓吹"省长民选"、"粤人治粤"，以迫使朱庆澜下台；在军事问题上，则大力鼓吹"军权统一"，要求把省长节制下的军队交由督军统率，逼迫朱庆澜交出兵权。于是，国民党与桂系军阀对广东军政大权的争夺斗争达到了白热化的程度。

在桂系军阀的煽动下，地方派军人首领起来反对朱庆澜，朱被迫辞去省长职务。在辞职的同时，朱庆澜将 20 营警卫军交给了陈炯明，委任陈炯明为亲军司令。但是，这个做法遭到陈炳焜的坚决反对，他要求朱庆澜将全部军队交给他处理，而改聘陈炯明为督署顾问。

针对桂系军阀咄咄逼人的架势，朱庆澜又与孙中山、陈炯明等人商量，打算将亲军改为海军陆战队，仍以陈炯明为司令，名义上归程璧光节制指挥。程璧光是国民党内著名的"好好先生"，桂系对他没有恶感，而且又是海军领袖，国民党人想通过程璧光的掩护，使这支军队不致落入桂系手中。

朱庆澜辞去省长职务以后，不理睬桂系军阀的种种要求，愤然去了香港。陈炳昆却以广东督军的身份派人到省议会，夺去了省长印，并接收了省长亲军。

这样一来，惹得国民党人大怒，纷纷谴责陈炳昆不得人心，"劫收"省长亲军。恰在此时，段祺瑞已发兵攻入湖南。桂系陆荣廷也感到，为了后方的安全，必须进一步与国民党调整关系。于是，在11月10日，陆荣廷在梧州召集国民党、广州地方派军人联席会议。国民党方面派出胡汉民、程璧光、王正廷等出席了会议。

会上，国民党代表要求解决陈炳昆非法"劫收"军政府20营军队的问题。陆荣廷表示可以让步，决定由程璧光接任广东督军，20营省长亲军交陈炯明指挥，受程璧光节制。但条件是国民党军必须出兵福建，开辟第二战场，共同对抗北洋军。

当时，程璧光知道桂系不是真心让出广东督军的位置，因此也就不肯接受这个位置。国民党代表为了取得桂系军阀的信任，就推举陆荣廷以两广巡阅使的身份兼任广东督军。陆荣廷表示年老多病，遂让桂系干将莫荣新代理广东督军。

西南军队北上以后，不久，北洋军阀内部纷争，吴佩孚在湖南罢战，与桂系暗中联络，战事停顿下来。吴佩孚等直系军阀一直暗示陆荣廷，要求桂系取消"自主"，解散军政府和非常国会，并以此作为南北统一的条件。

陆荣廷不敢贸然动作，一方面北方部队尚未撤走，随时可能卷土重来；另一方面也忌讳孙中山手中还有一些军事力量，一旦下起手来也有困难。于是，陆荣廷决定采取软的一手，暗中排挤孙中山的军政府。桂系表面上向国民党不断表示要加强团结，共同抵抗北方，暗地里却勾结西南各省的实力派，组织所谓"护法各省联合会"，与孙中山的军政府唱对台戏，以拆广州军政府的台。

孙中山当然也看透了桂系的两面手法，心中十分不快。他也知道，在广州立足的唯一出路是扩张军队，取得枪杆子。于是，孙中山除竭力争取地方

1918 年 3 月，孙中山与大元帅府职员合影。前排左起：周应时、蒋介石、邹鲁、冯自由、徐谦、宋庆龄、孙中山、林森、黄大伟、邵元冲、胡汉民、廖仲恺。

派军人为同盟军外，还派人到各县招收民军，以扩充自己的实力。

桂系军阀岂容国民党扩充实力。代理广东督军莫荣新，接到各县有关军政府招兵的消息后，并不向孙中山提出抗议，却通令各县，指这些招兵人员为土匪，一律就地枪决。单是增城一县就枪杀了孙中山派出去的招兵人员 69 人。

孙中山忍气吞声，在如此困境下，准备另求发展，要求自己亲自带兵到福建前线去，也遭到桂系军阀的拒绝。

12 月下旬，又有军政府的两名招兵人员在广州被捕，孙中山立即写信派人到莫荣新处要求保释。结果，莫荣新连信也不回，就把这两个人枪决了。

这一事件使孙中山忍无可忍，决定不顾一切，驱莫荣新出广州。

1918年1月3日，孙中山以军政府大元帅的名义密令海军、滇军和地方派军人向莫荣新举行军事突击，推翻桂系在广东的统治。

海军豫章、同安两舰接到命令以后，按照指定地点开出广州，向莫荣新住地观音山发炮作为起事信号。炮弹打到观音山上，莫荣新急忙传令熄灭灯火，不予还击，防止事态扩大。与此同时，莫荣新连忙打电话给海军总长办公室，请程璧光迅速出面调处。

程璧光从来反对广东内部破裂，以前就多次反对孙中山对桂系军阀采取强硬态度，故而这次举动，孙中山事前没有与程商量。程璧光得到消息以后，立刻命令海琛号向豫章、同安两舰传达停火命令，要求两舰迅速开回省城。

事前，孙中山曾征得地方派军人的同意，及至起事后，那些地方派军人又迟迟不予响应，一个个采取坐山观虎斗的态度。

豫章、同安两舰起事后，得不到陆军支持，又接到长官的命令，遂不得不撤出战斗，把军舰开回省城。结果，两艘军舰的舰长都受到撤职处分。

孙中山的报复举措遭到失败以后，国民党元老和一部分桂系人物出面调解。孙中山向莫荣新提出五个条件：1．承认军政府为护法各省的最高领导机构；2．承认大元帅有统率军队的全权；3．承认广东督军由广东人选任，必要时大元帅得加以任免；4．被捕民军代表交军政府处理；5．广东外交人员由军政府任命。

莫荣新回答说：第1、2、3条须向陆巡阅使请示；第4、5条修改为"须得军政府的同意"。

事实上，孙中山提出的条款一条也未得到接受。

1月9日，孙中山在大元帅府招待各界人士，说明事变经过。他强调："军政府是中华民国唯一的合法政府。如果不承认军政府而又不承认北京政府，岂不是一个无政府的国家！"他谴责桂系军阀，自军政府成立以来，始终不给予合作，从而使得军政府"形同虚设，贻误讨逆戎机"。

孙中山还说："他们不是听其自生自灭，而是只许军政府自灭，不许军

1918 年 5 月，由于受军阀和政客排挤，孙中山向非常国会辞去大元帅之职。5 月 21 日孙中山离开广州过梅县时，与胡汉民等游松口铜盘谢氏爱春楼。

政府自生！"其悲愤之情溢于言表。

　　孙中山对于桂系军阀的公开谴责，促使桂系军阀最终决定，将孙中山赶出广东。他们又暗中策划改组军政府，用"合法"的手段打倒孙中山。桂系以各种手段收买国会议员，提出了"修正军政府组织法案"。

　　1918 年 4 月 10 日，在桂系军阀的操纵下，非常国会决定改组军政府，取消大元帅一长制，改为七总裁合议制。稍后，选举唐绍仪、唐继尧、孙中山、伍廷芳、林葆泽、陆荣廷、岑春煊等七人为总裁，并选岑春煊为主席总裁。不仅剥夺了孙中山的职权，而且在军政府内彻底孤立了孙中山。

　　孙中山无法在广州立足，被迫于 5 月 4 日向非常国会提出辞去大元帅职务的呈文。5 月 5 日，孙中山发表辞职通电，痛斥滇桂两系军阀"态度暧昧，置根本大法于不问"。同时，他沉痛地总结了与西南军阀合作的刻骨教训："吾国之大患，莫大于武人之争雄，南与北如一丘之貉，虽号称护法之省，亦莫肯俯首于法律与民意之下。""军政府虽成立,而被举之人多不就职,即对于非常会议亦莫肯明示其尊重之意。"

5月10日,陈炯明也发出通电支持孙中山,对改组军政府表示愤慨。通电说:"奉大元帅辞职通电,其言光明,其意沉痛。当战局危急之秋,忽有此根本动摇之举,三军闻命,殊深惶骇。……西南号称护法,自应尊重民意,不当崇拜武力。"他指责七总裁制说:"此种合议制之组织,不伦不类,将来结果,适当其反。凡此厉阶,不过流氓政客播弄时局所致。"

此时的陈炯明却也慷慨激昂,颇有些正义气概。

21日,孙中山怀着"时变亟矣"、"国将不国"的沉重心情,黯然离开了广州再到上海。孙中山的护法运动遂也告失败。

蒋介石说：总理在广东的唯一力量，就是陈炯明的部队。
总理为求联系密切，一定要本人去主持陈部的作战业务。
陈炯明突然发动武装叛乱，以4000兵力包围了孙中山的
总统府，并炮轰孙中山在观音山的住所粤秀楼。孙中山对
蒋介石说：兄能代我在军中多持一日，则我之信用可加多
一日。

# （一）

由孙中山从"桂系"手中争取过来的 20 营省长亲兵，是国民党自己掌握的军队。1917 年底，孙中山曾以军政府海陆军大元帅的名义，任命陈炯明为"援闽粤军"总司令。孙中山对这支军队寄予很大的希望，在其发展之初努力为它创造生机。

对待国民党的粤军，桂系军阀的方法如同对待军政府一样，也是"只许自灭，不许自生"。拨给陈炯明的 20 营亲军，多系老弱病残，枪械也很窳旧。粤军的服装军饷，桂系从不发给，处处加以限制。

孙中山在窘困万端之中，仍按月为粤军筹饷 6 万元。为了使粤军有一个立足发展之地，孙中山还亲自去莫荣新的广东督军署，与莫荣新商量粤军援闽作战事宜。

当时，莫荣新认为，粤军既缺乏军事训练，又装备不良，到了作战前线，即使不被北军消灭，亦必溃不成军。因而，让粤军援闽可以一箭双雕，既缓和了桂系与孙中山的矛盾，又借刀杀人，拔去广东桂系的"眼中钉"。

几经波折以后，孙中山终于向莫荣新争取到一些枪支弹药和军饷，为粤军开赴福建取得进一步发展的机会创造了条件。

1918 年 1 月 12 日，陈炯明在广州东郊主持了粤军誓师大会，发表了《援闽誓师词》。陈炯明表示："今受任援闽，吾粤人三千万，实为本军之后盾。后方接济，自不虞缺乏。所望同心一德，成为父子兄弟之师，以破犬羊凶逆之众。"

1 月 15 日，孙中山特地在军政府会议厅为全体粤军军官饯行。在宴会上，孙中山表示：希望粤军担负起"再造共和"的使命。他分析了敌我双方的作战形势，指出"北方现在兵多械足，又经教练，比较南方，则南方诚不如彼"。但"我士气发扬，我正彼邪，我直彼曲"，所以，我军"出师援闽，决无不克。更有望者，诸君须建再造共和之奇勋，世界

陈炯明

绘画作品：陈炯明光复惠州

未有之事业，为吾粤增无上之光荣"。

孙中山亲手培植着这支国民党的军事力量，对它寄予无限的希望。

为了给陈炯明扩大军队提供条件，孙中山又于1918 年 2 月任命陈炯明为惠、潮、梅三属军务督办。从而使惠州、潮州、梅县一带全部成为粤军的势力范围，为援闽粤军提供了整顿和扩编的基地。

陈炯明进驻汕头以后，立即抓紧时机，着手扩充部队。他先对原有的 20 营军队进行了整顿，补充了青壮年人员，裁撤了一些老弱病残者。其次，他收编了一些地方团队，如陈炯光（陈炯明之弟）的一个营，驻潮属地区的警卫军第 5 营营长杨坤如也带领部队，加入粤军，被编为第 21 营。

扩充后的援闽粤军有个特点：它不是从一开始自己招募、重新组建的军队，而是由各个小部队集体组合而成的军队。各个小部队多来源于军阀部队，加入粤军后，其人事关系基本上没有多少变化，这就使得部队官兵之间的上下级关系、乡亲关系、亲属关系等原有人事依附网络，得以保存和加强。从而也使粤军最终不能脱离中国近代军阀部队的深刻影响，易于受到个人的控制，并蜕化为军阀军队。

这是孙中山始料未及的一件事。

为了使粤军能够在逆境中生存下来，孙中山绞尽脑汁想方设法地扶持这支部队。一方面，他动员国民党党员向华侨募款；另一方面，孙中山不时找桂系据理力争，迫使桂系把部分关税、盐税拨给陈炯明使用。

陈炯明自己也尽量争取地方人士的支持，向他们借了2000多支枪、几万发子弹。这样，粤军的军饷和军械问题，总算能够勉强得到了解决。

经过三个多月的苦心经营，援闽粤军被扩充为五个支队、两个预备队，共一万人左右，成为一支具有一定影响的武装力量。

粤军的编制如下：

第一支队司令，李炳荣；

第二支队司令，许崇智；

第三支队司令，罗绍雄；

第四支队司令，邓本殷；

第五支队司令，洪兆麟。

预备队司令、游击司令分别为熊略、徐连胜。

为了充实粤军领导力量，孙中山还特别委派中华革命党（国民党的核心组织）军务部长许崇智，以及国民党内的骨干分子吴忠信、蒋介石、蒋国宾等到粤军中工作。

蒋介石就曾在他的回忆文章中提到："总理在广东的唯一力量，就是陈炯明的部队。总理为求联系的密切，一定要本人去主持陈部的作战业务。"

孙中山派去的干部虽然有力地充实了粤军的领导力量，但是，他们都程度不同地受到陈炯明的排挤。许崇智原为国民党中著名的军事领袖人物，职务原在陈炯明之上，许到陈部后，陈炯明却将他放在了第二支队司令这样一个比较低的位置上。其他人，如蒋介石等自然就更受排挤了。陈炯明这样做的目的，仍然是要将粤军改造成他的私有部队，而不是国民党的军队。因此，当时的粤军主要还是听从陈炯明的意旨，孙中山的影响受到了一定的限制。

1918 年 5 月，孙中山被迫辞去护法军政府大元帅职务以后，把希望更多地寄托在粤军身上。在离开广州前夕，孙中山电告许崇智，如果粤军一旦进入福建，应当立即推举陈炯明为福建督军。

5 月下旬，粤军进攻闽南，已不断取得战果，攻占了闽南武平等地。孙中山闻讯后十分欣慰。他在去上海途中，特意于 5 月 26 日前往大埔三河坝粤军总司令部视察，就军事问题，向陈炯明面授机宜。当时，粤军的其他主要军事负责人，也都从前方赶回司令部，听取孙中山的指示。孙中山还不辞辛苦，亲自到松口、梅县、潮安等粤军驻地巡视慰问，勉励粤军将士牢记护法职责，奋勇杀敌，以完成革命事业，极大地鼓舞了粤军官兵的作战士气。

7 月，孙中山抵达上海后，又进一步写信给陈炯明，恳切分析粤军面临的军事形势，提出以占取闽中为目标的战略计划。信中说："兄身当敌冲，后援难恃，强敌在前，所部又饷械俱乏，处此局势，万难操全胜之算。若审慎求全，则我之兵力有限，敌之增援无穷，潮汕一隅，势必陷入重围，不特战无可战，亦恐守无可守。为兄今日计，惟有奋力前进，冒险求胜，窥取闽中而已。"

在孙中山的指示下，粤军兵分三路向福建发动全面进攻。经三个月战斗，粤军先后夺得闽南 26 个县，建立了以漳州为中心的"闽南护法区"。从此，粤军终于避开了桂系压制的锋芒，有了一个独立发展的根据地。

在闽南漳州，陈炯明对粤军进行了整顿与改编。他将近两万粤军分编为两个军，陈炯明自己为总司令兼任第一军军长，许崇智为第二军军长，邓铿为总司令部参谋长，每个军各辖五个支队。但是，第一军的支队司令、统领，无一例外的都是陈炯明的亲信、亲属和老乡。

陈炯明极力以封建宗法关系为纽带，使第一军完全成了听命于他个人的私有武装。其余孙中山派入粤军的领导干部，如蒋介石、吴忠信等人，则全都被打发到第二军中去了。陈炯明还在以后的扩军活动中，有意识地加强第一军的力量，为第一军增加盐警队等特种部队。

粤军的改编为日后陈炯明与孙中山的分裂埋下了伏笔。

# （二）

1920 年 7 月中旬，正当北方爆发直皖战争之际，孙中山指示国民党人周之贞、何克夫等在江门起事，组织了五路救粤军，并与闽南粤军商定，里应外合，扫除桂系在广东的势力。

桂系首领陆荣廷则在龙州召集军事会议，决定以进攻福建北军为名，向粤军发起进攻。8 月 11 日，由桂系军阀所把持的广州军政府下达了进攻福建的动员令。

陈炯明得到桂军动员令之后，决定主动出击，兵分三路回师广东，迎击桂系军队。12 日，粤军在漳州举行誓师大会，以洪兆麟为第一路司令，许崇智为第二路司令，陈炯明兼任第三路司令，即日起出发向南作战。

粤桂战争爆发。

桂系军阀在西南五省中拥有最多的兵力。在历年战争中，陆荣廷惯于使用别人的军队冲锋陷阵，而将桂军置于阵后，故而桂系军队愈积愈多。许多桂系军阀将领多年来在广东地方搜刮民脂民膏，都已变成了腰缠万贯的富翁。前方大炮一响，战事一起，这些桂系军官们都忙着把自己的财富运往后方安全之地，哪里还有心思策划战争？

相反，在粤军一方，战争一开始人人思归，士气十分高昂。8 月 16 日、17 日两日，蕉岭、大埔、饶平等地均入粤军之手。多年来一直养精蓄锐的桂军，竟然不堪一击，望风披靡。18 日，粤军以破竹之势占领潮安，20 日，又占汕头。

26 日，孙中山以无限喜悦的心情，从上海致函陈炯明给粤军以嘉奖。贺电称："粤军讨贼，数日之间，收复潮、梅，神速至此，真令桂贼破胆；扫彼妖孽，还我河山，可预贺也。"他鼓励陈炯明继续向惠州进发，并急汇 3.5 万元供粤军使用。

由于桂系军阀多年来在广东一带为非作歹，广东人民恨之入骨。陈炯明的粤军在发动进攻时又以"粤人自救"相号召，所以，粤军所到之地颇得人民群众的热烈欢迎。广东各县民军纷纷揭竿而起，参加战斗，使广东境内的桂军陷于四面受敌的人民战争之中。战争中的强弱之势不断改观。

粤军占领潮汕以后，桂系大为震动。广东军政府主席总裁岑春煊，立刻以军政府的名义劝告双方停止战争。

粤军胜利在望，哪里还能听从这个桂系傀儡的"调停"。陈炯明兵分两路，一路由梅县、长乐、兴宁向龙川、河源进攻；一路由揭阳、普宁向陆丰、海丰进攻。桂军余部困守惠州待援。

8月底9月初，粤军与桂军在龙川、河源一带激战。9月7日，粤军攻克河源。随后战局中心移至惠州。在粤军作战的强大气势之下，桂军士气极为低落，反正的部队接二连三。10月22日，粤军攻占惠州城。

就这样，粤军经过三个多月的战斗，所向披靡，共缴获桂军步枪7000余支，机关枪2000余挺，大炮20余门。当陈炯明到达广东汕头、惠州时，受到当地居民的热烈欢迎，海外华侨纷纷捐款接济粤军。

粤军官兵以2.5万之兵力，战胜了号称10万之师的桂系军队，取得了回粤驱桂的重要胜利，显示了年轻的国民党军队的蓬勃朝气。

1920年10月24日，岑春煊、陆荣廷等见大势已去，被迫宣布撤销军政府。

对于陈炯明指挥粤军所取得的军事胜利，孙中山极感欣慰。10月29日，他在致蒋介石的信中说："竞存（陈炯明字）此番回粤，实举全身力气，以为党为国。吾人亦不惜全力以为竞兄之助，同德同心，岂复寻常可拟？我望竞兄为民国元年前之克强（即黄兴），为民国二年后之英士（即陈其美）。我即以当时信托克强、英士者信托之。我所求者，惟期主义政策，与我一致。"

11月10日，孙中山在上海以中国国民党总理的名义宣布裁撤广东督军一职，派陈炯明担任广东省长兼任粤军总司令，节制水陆各军。陈炯明于11月10日通电就职。

随着粤军回师广东，陈炯明也自以为羽翼丰满，个人野心逐渐膨胀，对孙中山也不大买账了。

陈炯明在回师宣言中说道："粤军今日，系为乡为国而战，其一切党派及其他问题，均非所知。"这与孙中山所希望的"惟期主义政策，与我一致"

的想法，相去何止万里？

陈炯明与孙中山的政治隔阂自此也逐渐明朗。

11 月 28 日，孙中山由上海重回广州，再建军政府。陈炯明与孙中山的矛盾首先在争取军队指挥权的问题上表现出来。

陈炯明虽然兼任国民党军政府的陆军总长，却居功自傲，从不参加军政府的政务会议。他以广东省长兼粤军总司令的名义发号施令，不把军政府放在眼里。此外，他还大量收编地方派军队，尽量扩充粤军第一军的军事实力。在第一军中建立一套以他自己为中心的政治体系，从而更牢固地控制这支私人的军队。

为了抑制陈炯明独霸军队的野心，孙中山于军政府建立以后，即任命许崇智为国防军第一军军长，另委黄大伟为国防第二军军长，并将这两个军划归军政府直辖，不受陈炯明节制。

1920 年 11 月 25 日，孙中山偕宋庆龄乘船离开上海赴广州重组军政府。图为孙中山与唐绍仪（左三）等在赴粤轮船上。

与此同时，孙中山还在广东各地设立了不少招兵机构，力图扩充军政府的军事力量，但是，这些招兵机构却经常被陈炯明派兵加以解散。为了进一步削减陈炯明的权力，孙中山划广州为直辖市，任命孙科为市政厅厅长，不受广东省长的管辖。

如此，孙陈的斗争日益尖锐。

其时，孙中山不仅内受陈炯明的骄横之气，同时还受着帝国主义的压迫与限制。以美国政府为首的驻华公使，坚持扣押广东军政府的关税余款，不承认军政府代表西南各省，而把关税余款划归北京政府。对此，孙中山十分气愤，他感到，南方必须成立一个名正言顺的政府，公告全世界，才能在内政外交方面改换局面。

于是，孙中山着手进行组织政府的准备工作。他表示："护法不过矫正北政府之非法行为，即达目的，于中华民国亦无若何裨益。况护法乃国内一部分问题，对内仍承认北京政府为中央政府，对外亦不发生国际上地位之效力。"因此，要达到"完全成功，要平定西南，巩固民国基础，必须建立正式政府"。

当时，孙中山关于建立正式政府的主张，受到国民党内普遍的赞同，南下国会议员和广大海外侨胞也纷纷致电表示支持。

可是，陈炯明却出于自己想独霸广东的念头，极力阻挠孙中山建立正式政府。他借口南下国会议员不足法定人数，说："护法者不能自身陷于违法的地步。"反对孙中山举行总统选举。此外，云南的滇系军阀唐继尧、湖南军阀赵恒惕，也都或者隐蔽或者公开地反对建立南方政府。

当时，孙中山还在粤军是否西进讨伐桂系的问题上，与陈炯明发生分歧。孙中山接收军政府以后，曾经下令通缉岑春煊、陆荣廷等人，希望粤军能够乘胜进攻广西，消灭桂系残余势力，以免后患，巩固广东革命根据地。而陈炯明不愿意。他既害怕进攻广西会削弱自己的军事力量，也害怕率军进攻广西以后失去广东的地盘。因此，他找出种种理由不愿再向广西残敌进攻。

孙中山因在建立政府问题上受到阻碍，遂想退一步，以军政府主席总裁的身份，再加个"大元帅"的头衔，亲自带兵打广西，结果，又遭到陈炯明

1921年5月5日，孙中山在广州就任中华民国非常大总统，建立正式政府。图为他在国会宣誓就职后的合影。

的坚决反对。因为，陈炯明认为，一旦孙中山带兵讨桂，必定要带走一部分粤军，军费军火还需广东负担，故而对于巩固自己在广东的地位不利。

孙中山一再受制于陈炯明，决定不顾陈炯明的阻挠，坚持建立南方政府。

1921年4月4日，孙中山宴请在广东的国会议员，公开建议速选总统，表示如果国会不同意，他就准备一走了之。4月7日，非常国会召开两院联合会，由参议院议长林森主持。会议讨论通过了议员周震鳞提出的《中华民国政府组织大纲》，并投票选举总统。孙中山在222票中，以218票当选总统。其余，有1张废票，3张投陈炯明的票。

孙中山当选总统以后，陈炯明一方面发贺电表示祝贺，说："国会非常会议，以投票最多数选出，我公为中华民国大总统，闻讯之下，欢忻莫名，我公手建民国，肇造共和，全国人民夙深景仰。今复当选，快惬人心，谨为我国前途贺。"另一方面，陈炯明又嗾使粤军

孙中山发表的就职宣言

将领出面劝阻孙中山就任总统，并授意省议会公开反对孙中山就任。他自己也主张孙中山"暂不就职，即使就职，也尽可以大总统的名义赴欧美各国做政治活动"。其实，陈炯明的意思十分清楚，就是要撵走孙中山，实现其独霸广东的野心。

孙中山对于陈炯明的所作所为没有理睬，于 5 月 5 日宣誓就任中华民国非常大总统，发布了对内、对外宣言和施政纲领。此外，为了缓和与陈炯明的矛盾，孙中山仍旧任命陈炯明为陆军部长、内务部长、广东省长兼粤军司令，并进一步让陈担任了国民党广东支部的支部长。

## （三）

孙中山建立的南方革命政府，对于北洋军阀的政治统治是一个沉重打击。为了把这个对立的革命政府扼杀在摇篮之中，北洋政府决定利用桂系军阀充当先锋。1921 年 5 月 20 日，北洋政府下达了讨伐南方令，命令陆荣廷出兵进攻广东。

陆荣廷为了取得北洋政府的支持，宣布取消广西"自主"，就任北洋政府任命的两粤边防督办，6 月中旬率桂军向粤桂边境进袭。同时，陆荣廷又催请北洋军立即派兵支援桂军。

在桂系军阀的猖狂进攻面前，粤军奋起反击。陈炯明终于同意了孙中山早就提出的出兵讨桂的主张，兵分三路，迎击桂军。

粤军中路由叶举指挥，由肇庆进击梧州；左路由翁式亮指挥，由高州南路出发；右路由许崇智指挥，向桂林进发。

迎战桂军的粤军受到了广东人民的热烈支持。当时，宋庆龄和何香凝在广州发动妇女组织"出征军人慰劳会"，宋任会长，何任总干事。她们辛勤奔走，向各方面筹集经费充实军饷，并带领慰劳队赴前线慰劳粤军将士，极大地鼓舞了粤军的战斗士气。

在粤军的猛烈进攻下，桂军节节溃退。6月23日，三路粤军齐集梧州，此时，正值桂军刘震寰部率部倒戈，桂军阵脚大乱，全军尽散。孙中山得到粤军攻占梧州的捷报以后，特别发电鼓励部队，并任命陈炯明为援粤军总司令。

随后，粤军乘胜向桂系老巢南宁进军。7月中旬，南宁守军见大势已去，纷纷逃向龙州方向。桂系首领陆荣廷迫于形势，不得不于7月19日通电辞职。8月初，粤军进占南宁。

9月11日，陈炯明下令向龙州发起总攻。桂军土崩瓦解，纷纷投降。陆荣廷等桂系首领狼狈逃往越南。26日，粤军占领龙州。

历时三个多月的粤桂战争，以桂系军阀集团的覆灭而告结束。

孙中山高度评价了这次驱桂之役，说此役"出桂人于强盗之手，使两粤联为一气，固我所基，进而解决大局"。当然，陈炯明在这次战争中的指挥作用也是功不可没的。

驱桂战争结束后，孙中山决心率师北伐，完成统一国家的大任。孙中山对讨桂归来的粤军将士们说："北伐之举，吾等不得不行。粤处偏安，只能苟且图存，而非久安长治，能出兵则可统一中国。"

10月24日，孙中山就北伐之事，亲抵南宁会晤陈炯明。孙中山诚恳地对陈炯明说："吾北伐而胜，因事势不能回两广，北伐而败，且尤无颜再回两广。两广请兄主持，惟毋阻吾北伐，及切实接济饷械而已。"在孙中山的多方劝说之下，陈炯明勉强答应为北伐军提供饷械。

在筹备北伐的过程中，孙中山曾希望陈炯明能够参加北伐。1922 年 2 月，孙中山任命陈炯明为北伐军左翼总司令，可是，陈炯明拒绝了这个任命，声称广州乃是革命的中心，他很难离开。孙中山不得已只好放弃了要他一同北伐的主张。结果，孙中山调集的北伐军三万人中，除了大本营警卫团邓铿部是从陈炯明的部队中抽调出来的以外，其余都不是陈炯明所率粤军骨干。

因此，当时的美国驻华武官在向政府的报告中也披露："事实证明，陈炯明不仅不赞成北伐，而且也没有给予孙有效的支持。陈部全在广东和广西的西江流域，陈的军队，无一随孙而去，且也无意要他们参加北伐。"

实际上，陈炯明不仅无意帮助孙中山北伐，而且不断从中加以破坏。3 月，陈炯明与湖南军阀赵恒惕暗通声气，不准北伐军取道湖南北上。与此同时，留守广州的粤军参谋长邓铿也被陈炯明指使亲信暗杀。

3 月 26 日，孙中山在桂林召开军事会议，商讨北伐事宜，会上有人主张回师广东，讨伐陈炯明，先清除内患。孙中山拒绝了这一主张，仍对陈炯明采取争取政策。会议决定放弃原定从湖南北上的作战计划，改由广东入赣，由江西北上的路线。

1921 年 10 月 24 日，孙中山抵达南宁，向陈炯明说明北伐的意义。图为孙中山抵南宁与欢迎者合影。

　　4月16日，孙中山率领北伐军抵达梧州，电召陈炯明来梧面商北伐问题。陈炯明拒绝来梧。孙中山又派廖仲恺到广州敦请陈炯明，陈炯明不但拒绝与孙中山见面，并且以辞去本兼各职相要挟。

　　为了打击陈炯明的骄狂气焰，保证北伐出师的顺利进行，孙中山于4月21日发令批准陈炯明辞去内政部长、广东省长和粤军总司令的职务，但仍保留他的陆军部长职务。23日，孙中山返回广州，为了再次争取陈炯明，又任命陈为北伐第一军总司令。陈炯明拒不出任

因陈炯明阻挠北伐，孙中山被迫返回广州。1922年5月6日，孙中山赴韶关督师北伐。

北伐第一军总司令，人也留在惠州，不肯到广州，并致电孙中山称，从今以后，"息影田庐，躬耕养母"。

这时，陈炯明与孙中山的分裂之势已呈明显状态。为了再度争取陈炯明，团结内部共同北伐，孙中山又一次以极其恳挚的言词致电陈炯明，说："革命既无半途而废之理，十年患难道义之交，一旦相弃，纵弟不求谅于人，兄则何忍为之。望兄速取消退隐之志，投袂而兴，终始国事，庶几执信、仲元得以瞑目。"陈炯明不为所动。

1922 年 5 月 9 日，孙中山率领北伐军在广东韶关举行北伐誓师大会，13 日，北伐军分三路向江西发起进攻。经过三个月的英勇作战，6 月 13 日，北伐军占领赣州。随后，一路发展扩军为五万余众的北伐军，又兵分五路准备直捣南昌。然而，就在北伐进展顺利的关键时刻，陈炯明在广州叛变，使得祸生肘腋，气势正盛的北伐之师受到顿挫。

就在孙中山率师激战于江西战场的时候，驻防广西的陈炯明粤军旧部叶举、翁式亮等却在陈炯明的密电下，悄悄回师广东。坐镇惠州的陈炯明则加紧备战，接收兵工厂，不许驻韶关的北伐军擅自回省。一时弄得广东人心惶惶，秩序大乱。

为了稳定广州局势，廖仲恺电请孙中山返回广州坐镇，以震慑邪气。孙中山由北伐前线回到广州以后，陈炯明旧部纷纷要求孙中山恢复陈炯明粤军总司令职务，遭到孙中山的拒绝。同时，孙中山也致电陈炯明，要他"速来省共商大计"，也遭到陈炯明的拒绝。

孙陈之间的矛盾已到了水火不容的程度。

此时的陈炯明已从孙中山完全信任的"革命将领"蜕变为一个封建军阀。他以平定广东、广西之功归于自己，以广东地盘和军队权力为争夺目标，全不以国民党的革命目标为己任。相反，却以广东的主人自居，反对选举总统，反对组织革命政府，反对北伐，处处阴谋阻挠、破坏孙中山的革命活动。

6 月 16 日清晨，陈炯明突然发动武装叛乱，以 4000 兵力包围了孙中山的总统府，并炮轰孙中山在观音山的住所粤秀楼。

陈炯明叛军先在广州城内密布岗哨，断绝交通，占领各要害机关；然后

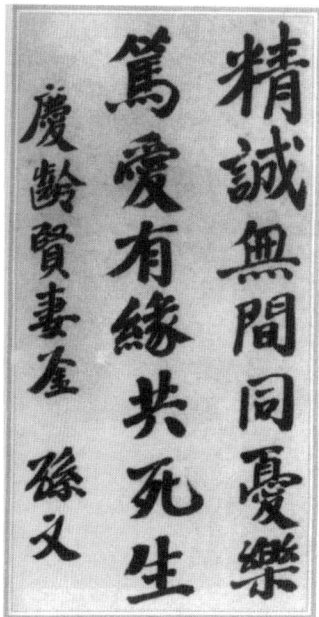

广州脱险后孙中山赠宋庆龄的对联

将总统府团团围住，用大炮、机关枪一起轰击。

孙中山于深夜的枪林弹雨中幸运地穿过叛军的包围，跑到停泊在长堤天字码头附近的宝璧舰上避难。17日，孙中山又转登永丰舰（后改名"中山"号）。在这次叛乱中，孙中山的许多著述手稿及同列宁通电、通信的宝贵底稿，还有许多来往信函，均遭毁弃，殊为可惜。

此后，孙中山随舰移动于珠江水面上60多天，盛暑鏖战，临危不惧，向陈炯明叛军进击。

但是，北伐军奉命回师讨伐陈炯明时，在韶关一带作战失利，不得不向江西、湖南退却。孙中山见孤军无援，留在海上亦无济于事。于8月9日怀着无可奈何的沉重心情，离开广州，经由香港再到上海。

对于陈炯明的叛变，孙中山内心极为痛苦，他说："我率领同志为民国而奋斗，已三十年了。中间出死入生，失败次数甚多。但失败之惨酷，没有大于这次的。"

陈炯明的教训，也使孙中山进一步认识到，国民党军的建立不能依靠现成的军阀队伍，必须从根本上做军队的改造工作，才能建立一支为党为国效力的革命军队。

## （四）

就在陈炯明逐步从国民党内部分化出去的时候，孙中山的身边出现了另一个重要的军事人物。这就是后来的蒋介石。

蒋介石（1887—1975），名中正，字介石，浙江奉化人。国民党当政时期的党、政、军主要领导人。

　　1911 年 10 月 30 日，蒋介石应陈其美之召，离日赴沪，参加辛亥革命。到上海后，他立即被派往杭州指挥光复之役。他没有回乡探亲，只写了一封诀别家书。据毛思诚《民国十五年以前的蒋介石先生》一书载："时公作书诀别王太夫人与其兄锡侯，告以誓为革命牺牲，并劝母勿念儿，及死后家事之处置，语极激凄。"蒋母深明大义，派人至杭州安慰儿子，并告之曰："死生一视于义，毋以家事为念。"

　　蒋介石到达杭州后，担任起义先锋队指挥官，配合起义军八十一和八十二标部队发动杭州起义。11 月 3 日，陈其美在上海发动起义，宣告独立，陈被推为上海都督。4 日，蒋介石于杭州起义，响应上海。他率先锋队及八十二标部队，由望江门进入城内，迅速攻克抚署。巡抚增韫跳后墙逃跑，当场被捉。7 日，宣告杭州光复，推汤寿潜为都督，成立了杭州军政府。

　　杭州起义胜利后，蒋介石返回上海，任陈其美编练的沪军第五团团长。1912 年 1 月 1 日南京临时政府成立，孙中山任临时大总统，宣告中华民国建立。浙江都督汤寿潜调任临时政府交通总长，一时浙江都督成为一些人想要争夺的肥缺。陈其美想当浙江都督，而光复会和浙江的革命党人则"咸推陶成章继位"。陶成章为光复会创始人之一，曾一度参加同盟会活动，后因与孙中山不洽，使光复会分裂出来，自任副会长。杭州起义后被推举为浙江军政府参议会议员，并任光复军司令。

为了除掉竞争对手，陈其美指使蒋介石谋杀陶成章。蒋遂于1912年1月14日，在上海广慈医院亲自主持刺杀了陶成章。陶成章之死引起舆论大哗，孙中山发电追查凶手，上海都督不得不悬赏1000元捉拿，蒋介石则逃亡日本避祸。

蒋介石到日本后，创办了《军声》杂志，旨在阐发其民族独立和富国强兵思想。在这个杂志上，他先后发表的文章有：《征蒙作战刍议》《军政统一问题》《革命战后军政之经营》《蒙藏问题之根本解决》《巴尔干战局影响于中国与列国之外交》等。这些文章就国内的政治、军事、外交问题发表了一系列见解。

1912年底，蒋介石回国，第二年6月准备赴德国留学，临行去上海拜见孙中山。其时正值孙中山着手组织二次革命，急需人手，遂恳切挽留蒋介石。蒋即时留下了，从此他逐步走近孙中山，也逐步走向了权力的中心。

在上海，蒋介石参加了进攻上海制造局的战斗，因敌人及时获得海军增援而失败。与此同时，孙中山的二次革命也在各地宣告失败，孙中山将失败的原因归结为党人不听指挥，行动不一致，为此下决心重组中华革命党，要党员绝对服从他个人。当时孙中山的做法曾受到原同盟会会员的非议，认为其入党形式带有许多封建性质，而蒋介石却非常拥护这一组织形式，积极地加入了中华革命党，并对不服从孙中山领导的干部极为不满，甚至表示要给点颜色看看。

1915年10月，孙中山任命陈其美为淞沪司令长官，在上海组织反袁军事活动。蒋介石积极参与其事，先后参加运动肇和舰、袭取应瑞舰、攻夺陆地各官署的军事活动。蒋不仅主持制定作战计划，而且亲自在前线指挥战斗，表现出色。

1916 年 5 月，陈其美在上海被袁世凯杀害，对此蒋介石悲痛万分。辛亥革命中，他一直受到陈的重用与庇护，两人关系极为深厚，几次生死关头都曾互托后事。因而陈其美的死，对蒋的精神打击很大。同时，陈其美之死也使孙中山失一得力助手，蒋介石很快被任命为中华革命军东北军参谋长。在任内，蒋介石忙于修订操法，整顿队伍，制定各种规章，但不久就因与同僚关系恶化愤而离任。

袁世凯死后，段祺瑞政府非法解散国会，孙中山遂又南下广州发动护法运动，决心举师北上护法。9 月 20 日，蒋介石向孙中山呈上了一份《对北军作战计划》，分析了敌军形势，提出了对北军的作战计划。

蒋介石在军事战略上的独立见解和才华，终于打动了正求用人之际的孙中山。孙中山于 1918 年初电召蒋介石离沪赴粤，参与军事决策。3 月 2 日，蒋介石在应召途中又作《今后南北两军行动之判断》，认为，敌军将全力进攻衡州。衡州失陷后，张敬尧攻桂林，曹锟攻韶关，张怀芝攻赣州，然后取惠州，再与其中路军合攻广州。为此，蒋认为"倘川滇各军于衡州未失之前，克日东下，连定宜荆，以袭其攻衡军之后路，而潮梅之粤军，当张怀芝未抵赣州之前，力克漳龙，以绝其闽赣联络之势。如闽省得胜，则浙江摇动，桂粤闽浙，连成一长围之局。"

3 月 15 日，蒋介石就任粤军陈炯明总部作战科主任，拟定《第一、二两期作战计划》，提出"先谋自立于不败之城，而后再谋制胜之方也"。随后即赴前线黄冈、潮安、三河坝、松口、蕉岭视察，组织对闽军作战。5 月攻克永定城。后来为蒋介石作传的毛思诚说："世人称公善战自此始。"

7 月，蒋介石拟定《粤军第二期作战计划》，提出：第一，以主力集中于右翼，恢复右翼之势力，收复粤境已失之地，巩固潮汕之根据，以待左翼挺进部队之发展，再用

陈其美（1878-1916），字英士，浙江湖州人。辛亥革命初期与黄兴同为孙中山的左右股肱，与蒋介石关系密切，并将蒋介石引荐给孙中山。

主力取海岸道之捷径，向漳州正面进取，以策应左翼挺进部队之前进，与其会师闽江下游，以期于短少时间，迅速占领福州也。第二，以暂守左翼，唯须出一有力部队，向龙岩、延平方面挺进，威胁其侧面之薄弱而又危险之点，以动摇其漳州之策源地及福州之根据地也。

同月，蒋介石在攻闽战役中随军督战前线。大埔一战，敌众我寡，粤军驻守三河坝，敌军跟踪而至，情况紧急，蒋介石遂以总司令名义，急调右翼之洪兆麟部来援，并亲自到前线督战，指挥炮兵登山发射炮击，一一命中。当时，炮兵们将蒋介石视为神人，却不知道蒋介石在日本军校学习时，学的就是炮科。

蒋介石率部攻克大埔，但此役仍在总体上战败，蒋介石又与陈炯明手下大将叶举、翁式亮等人不和，遂于7月底辞职返沪。

蒋之辞职固是因为在军中权力太小，人微言轻，加上他锋芒毕露，招人嫉妒所致，对于这一点陈炯明心中很清楚，陈也想借重蒋介石的才干，所以在蒋介石辞职不久就写信给蒋说："现在诸事纷烦，非得人莫办，弟幕中有几人胜任，兄所深知，惟望早日回埔，共襄大计。"同时，他许诺将发给蒋介石"中孚枪三千"，由蒋自己编练部队，说："此项将官非有道德可信之人，实难倚恃，故三千枪之成功，决定交兄负此重任也。"

蒋介石得此许诺，就于9月重返漳州粤军陈炯明司令部。陈炯明并未像信中说的那样，给他3000支枪，但还是将他升任第二支队司令官，拨其精锐部队梁鸿楷、丘耀西部归其指挥，共千余人。

11月，蒋介石率部自长泰出发，直指福州。26日，与许崇智军会合，分道进击。闽敌李厚基部沿途据险顽抗，向永泰逃窜。12月初，粤军占永泰，李厚基向陈炯明求和，陈竟下达停战令，蒋介石认为机不可失，拒绝停战，命令部队继续向福州挺进，然所部梁、丘二将已接陈炯明命令，不再听蒋的指挥。结果，李厚基的求和乃是缓兵之计，集中兵力以后，李即以5000余人发动反击，蒋介石措手不及，梁、丘争先逃走，蒋几乎只身逃出永泰城。

经此一战，蒋介石对军阀部队的体制有了比较痛切的感受。1919年2月，蒋在前线写《废督裁兵议》，提倡军队为国家之军队，主张全国设一个

"军政检定会"监督军政。从而使"人民有参与军政之权，而兵权不为武人所专擅"。

看起来，这篇东西很有些民主思想，但是，考察后来一旦他得到军权以后的情形，就让人难以相信这是一种发自内心的真诚呼吁。他后来对于军权的专擅，超过了当时的任何一个"武人"。因此，我们只能说当时他比较深切地感受到没有军权的痛苦，军阀部队内部的倾轧与排挤，进一步刺激了他对权力的热烈渴望。

1919 年 7 月，蒋介石辞去支队司令官的职务返回上海。11 月，接到陈炯明派人送来请其回粤任原军职的信，蒋未予理睬。1920 年 4 月在陈炯明与孙中山的一再催促下乃又回到福建漳州的粤军司令部，然而这次陈炯明并未升他的官。不几天，蒋又拂袖而去。

1920 年 10 月，蒋被任命为粤军第二军（许崇智军）

1923 年 4 月 20 日，孙中山督师北伐讨贼与参谋长蒋介石在广州火车上留影。

前敌指挥官，参与指挥讨伐桂军岑春煊部的作战，帮助陈炯明攻克了广州。其间，他又与副军长张国桢闹到水火不容的地步。

在粤军中，蒋介石多次提出具有一定战略眼光的军事建议，并且在指挥战斗中也常身先士卒，使其在军事指挥上很快显露头角，但是他秉性自负，桀骜不驯，很快便与周围的粤军将领水火不能相容，因此也数度辞去军职。

1920 年 9 月 21 日，孙中山的得力助手朱执信为调停虎门驻军与东莞民军的冲突，在虎门遇难，孙中山顿失又一膀臂。从此，对于蒋介石愈加看重。10 月 29 日，孙中山在给蒋介石的信中推心置腹地谈道："执信忽然殂折，使我如失左右手，计吾党中知兵事而且能肝胆照人者，今已不可多得，惟兄之勇敢诚笃与执信比，而知兵则又过之。兄性刚而嫉俗过甚，故常龃龉难合，然为党负重大之责任，则勉强牺牲所见，而降格以求，所以为党，非为个人也。兄以为然耶否耶。"孙中山的信中既包含着信任，也包含着深刻的批评。

1922 年 6 月陈炯明叛变事件又一次为蒋介石接近权力中心创造了绝好的机会。蒋介石与陈炯明素来不和，曾提醒孙中山不可过于信任陈，直至陈在广州叛变，孙中山立即电告在宁波的蒋介石说："事紧急盼速来！"蒋介石接电后立即离沪奔粤，在永丰舰上同孙中山会面，孙中山将海上指挥全权交给了蒋介石。

蒋介石在永丰舰与孙中山共患难，渡过了难关。随后又作《孙大总统广州蒙难记》，记录了从 6 月 15 日至 8 月 15 日的 62 天孙中山在流亡中的各种活动。孙中山为之写序道："陈逆之变，介石赴难来粤，入舰日侍予侧；而筹策多中，乐与予及海军将士共死生。"此后，孙中山在给蒋介石的亲笔信中又说："兄能代我在军中多持一日，则我之信用可加多一日。"由此，孙中山开始委蒋以重任，蒋介石也开始成为广州政府政治权力的中心人物。

黄埔军校的校门两侧，高悬一副对联曰：升官发财行往他处，贪生怕死勿入斯门。广州第一公园大门口，竟有人写了一副对联：上联是"精卫填海"；下联是"介石补天"。蒋介石出任北伐军总司令，又兼任国民党中央组织部长、中常委主席等职，党、政、军权集于一身，可谓八面威风。

孙中山在其艰苦卓绝的奋斗中，深感各种帝国主义势力阻碍中国革命的真实用心，又深知由各帝国主义势力操纵的中国各派军阀势力难以依恃。他将目光转向了新生的红色政权苏联与中国新生的政党中国共产党。

1921 年 8 月，孙中山在复俄罗斯苏维埃共和国外交委员会的一封信中表示了要学习苏联的愿望，信中说："我非常注意你们的事业，特别是你们苏维埃的组织，你们军队和教育的组织。"同年，共产国际代表马林来中国，经李大钊介绍，到广西桂林访问了孙中山。

马林向孙中山提出两点意见：1. 要进行革命，就要有好的政党，这个政党要联合各个阶层，尤其是工农群众；2. 要有革命武装的核心，要办军官学校。孙中山对这些意见表示十分赞成和极大的兴趣。

陈炯明叛变后，孙中山在危难中辗转抵达上海，他重申决心为共和国而斗争，表现了一个革命家百折不挠，不断追求进步的政治气度。与此同时，中国共产党发表第一次对时局的主张，正确评价了孙中山和他领导的国民党，指出："中国现存的各政党，只有国民党比较是革命的民主派，比较是真的民主派。"这就为后来的国共合作打下了一个基础。

从 1922 年 9 月起，孙中山开始了改组国民党的准备工作。他邀请一些共产党人参与了改组计划和宣言、党章的研究与草拟，李大钊等共产党人也于此时应邀加入了国民党。

1923 年 1 月，孙中山与苏俄代表越飞发表《孙文越飞宣言》。宣言充分表示了苏俄对中国革命的支持和对孙中山的友谊，也表明了孙中山开始放弃对帝国主义的幻想，积极地寻求国际革命力量的援助。这个宣言加强了中俄两国革命者的联系，推动了国内的国共合作。

为了进一步学习俄国革命经验，加强联俄国际统一战线，1923 年 8 月，孙中山任命蒋介石为孙逸仙代表团团长，赴俄访问。蒋介石的具体任务是，与苏联领导人讨论军事政治问题，达成关于苏联政府帮助中国建立武装力量的协议。

蒋介石在苏联待了三个月，访问了莫斯科和彼得格勒（列宁格勒），当时列宁重病在床，未能见到。但却见到了共产国际领导人季诺维也夫和维经斯基，参加了共产国际的会议。

他重点考察了苏联红军组织与军事学院。在参观苏军步兵团时，观察到苏军领导体制的基本特点，即团长专任军事指挥，党代表负责监督行政事务和政治教育。这一点对蒋介石启发很大，他后来在黄埔军校的领导体制中就采取了党代表的制度。

他还参观了苏联的高级射击学校和海军大学，对于苏联军队的武器装备、军容风纪赞叹不已。他后来回忆说："军事方面，我们在莫斯科考察红军及其各兵种各级学校与军队党部的组织。我们在彼得格勒，考察海军大学等各级学校，并参观克隆斯达军港及其舰队。我的印象是莫斯科的陆军学校和部队，组织严密，军容整齐。"

蒋介石还考察了苏联的苏维埃制度，得出的结论与他对军队的印象大相径庭。他说："政治方面，我们访问其政府的部会，考察其村苏维埃、市苏维埃，并参加莫斯科苏维埃大会，我参观各级苏维埃讨论与决议等情形，并与其党政要员谈话之间，无形中察觉其各部分，无论在社会中间，或是俄共中间的斗争，正是公开与非公开地进行着；而且更认识了苏维埃政治制度乃是专制和恐怖的组织，与我们中国国民党的三民主义的政治制度，是根本不能相容的。关于此点，如我不亲自访俄，绝不是在国内时想象所能及的。"

蒋介石对苏俄的访问有两方面的重要影响，一方面，他对苏联军事上的强大仰慕不已，决心在中国军队的建立与培养中借鉴苏联人的经验，当然这绝不是要把苏联的政治教育内容拿到中国来，而是学习那一套政治教育的治军方法，使得中国也能有一支"组织严密，军容整齐"的军队，并且这支军队又要像日本军队那样听命于他的指挥。另一方面，他通过对苏联党和苏维埃组织的了解，下定了反苏反共的决心。

蒋介石回国后，向孙中山提交了一份《游俄报告书》，其要点为：第一，对俄党不应过于相信。"俄党殊无诚意可言"，"俄人之言只有三分可信者"；俄国有侵略满、蒙、新疆和西藏，以致染指中原之意。因之应自立而不依人。第二，建立军校。第三，撤换不称职的高级官吏。第四，在全国建立党的基层组织。

1924 年 5 月 2 日，蒋介石被孙中山特任为黄埔军校校长，兼粤军总司令部参谋长。蒋介石充分利用了这一职务，开始培养自己的嫡系军队，为攀上权力顶峰建构基础。

在筹建军校的过程中，苏联政府应孙中山的要求，援助筹建经费 200 万元现款，并运来 8000 支枪和 500 万发子弹，派遣了一批军官来任军事教育工作。孙中山一心想将黄埔军校建成国民党军队的摇篮，成为他实现国民革命的中坚力量。

他在黄埔军校开学典礼的第一天演讲中说："我们今天要开这个学校是有什么希望呢？就是要从今天起，把革命的事业重新来创造。要用这个学校内的学生做根本，成立革命军。诸位学生就是将来革命的骨干，有了这种好骨干成了革命军，我们的革命事业便可以成功。……我们要知道怎样可以做革命军，便要拿先烈做模范，要拿先烈做模范，就要学革命党，要学革命党的奋斗，有和革命党的奋斗目标相同的军队，才叫做革命军。"

孙中山创建军校的目的很明确，就是要由此建立一支党的军队，同时，他也注意用其三民主义的精神作为军校的指导思想。他为军校所写的训词是：三民主义，吾党所宗。以建民国，以进大同。咨尔多士，为民先锋，夙夜匪懈，主义是从。矢勤矢勇，必信必忠。一心一德，贯彻始终。

孙中山在黄埔军校开学典礼上致词

孙中山在主持黄埔军校开
学典礼后与蒋介石（中
立）、何应钦（后左）、王
柏龄（后右）合影。

　　蒋介石在黄埔军校开办之初，是贯彻孙中山的办
校宗旨的。他在开学典礼上说："这个学校就是本党要
培植干部人才，预备将来做本党健全的干部，扩张本党
势力，实行本党三民主义，使中国成为一个真正的独立
国家，使中国的民族成为一个真正的自由民族。"后来，
他又在军校训话中重申："我们这个军官学校，是本党
造就基本人才的学校，本党的成败，本党的生命，在本
校身上。"

　　由于黄埔军校从开办第一天起，就把党的领导和主
义的服从放在首位，从而使得这个学校的学员受到了与

旧式军校迥然不同的政治熏陶，很快成为培养军政人才的重要基地，被誉为"国民革命的中心"。

黄埔军校的校门两侧，高悬一副对联曰："升官发财行往他处，贪生怕死勿入斯门"，横幅为"革命者来"。一时真是热气腾腾，生机勃勃，充满了革命的新气象。

政治教育，是黄埔军校最突出的特点。而这一特点正是中国共产党人为其注入的。

军校成立后，当时在广州参加国民党第一次代表大会的国民党代表和共产党代表，都曾受托回各地后选拔优秀学生来报考军校。毛泽东就曾在上海负责过黄埔军校学生的考试和接送工作。据统计，黄埔本校在大革命时期先后五期共招生7300多人，武汉分校在1927年2月开学时即有学生3800多人。这是一所国共合作的学校，中国共产党输送了大批优秀人才到军校学习。

1924年1月国民党第一次全国代表大会在广州举行

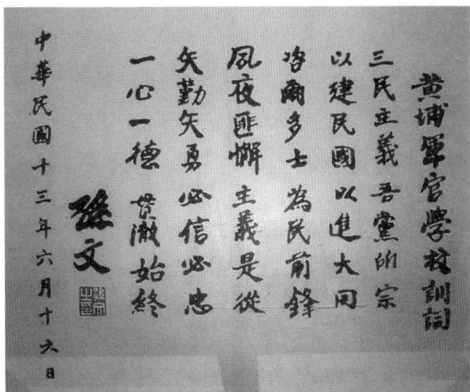

孙中山手书的黄埔军校训词

　　自然，蒋介石也利用军校培养了一批日后他倚为重臣的军政人才，如胡宗南、桂永清、关麟征、黄杰、戴笠、陈大庆、胡琏、罗列、刘玉章、邱清泉等都出身黄埔。这些人也基本上是蒋介石嫡系部队的将领。

　　当时，还有不少共产党人在黄埔军校中担任党政领导和政治教育工作。其中有著名共产党人周恩来、萧楚女、恽代英、聂荣臻、熊雄、包惠僧等；恽代英还是武汉分校的三人常委之一，主持学校经常性工作，施存统为政治部主任，陈毅为党委书记，李富春、李达、蔡畅、陈潭秋、项英、徐向前、张国焘等都在武汉分校担任过各方面的领导工作。

　　聂荣臻后来回忆说："黄埔军校是在我们党和苏联的大力协助下创办的，党在军校中有很高的威信。黄埔军校的政治工作，更是我们党一手建立起来的，所以党在政治工作方面威信很高。"

　　黄埔军校根据苏联红军的经验，建立了党代表和政治部制度。开始由廖仲恺为党代表，戴季陶为校政治部主任（1924 年 11 月由周恩来接任政治部主任）。当时规定，党代表的职责是"监察本校行政，指导党务之进行，并主持政治训练事宜"，凡学校文件、命令，没有党代表附署，一律无效。

　　同年 10 月，黄埔军校增设教导团时，又按照苏联红军的编制，先后在教导第 1、2 团的团、营、连三级设立了党代表，并规定，由校政治部主任秉承校党代表之命，来进行指导。这样，从上到下一套党代表制度便很快完备起来。这是中国军队实行党代表和政治制度的开始，是我国军事制度的重要改革。

1924 年 11 月，周恩来接任黄埔军校政治部主任后，使中国共产党人在军校的政治工作中发挥了更大的作用。政治部主任先后由共产党员卜士奇、包惠僧等继任，副主任先后由共产党员鲁易、熊雄继任。他们根据需要，把政治部扩大为总务、宣传、党务等三科七股，保证了军校政治工作的革命性和各项工作的不断加强。

黄埔军校的政治教育，除由军校领导人和政治教官进行课堂讲授外，还设有特别讲演，定期邀请国共两党的著名人士来校宣讲形势、任务和政策。如请吴玉章讲《中国革命与世界革命的关系》，请胡汉民讲《军人的必要及军人在世界上的地位》，请苏联顾问鲍罗廷讲《革命的基础问题》，请李烈钧讲《国民革命运动之过去与现在》，请邓中夏讲《省港罢工之经过》，请彭湃讲《海丰农民运动之成绩》，等等。这种特别讲演对于军校师生了解国内外情况和趋势，提高政治觉悟，积极投身国民革命运动，起着重要作用。

黄埔军校的政治教育由共产党负主要责任，军事教育则由苏联顾问负责指导。大本营军事总顾问加伦将军指派蔡诺比拉夫为军校军事总顾问，组织学校顾问团，担任军事教育的指导工作。

按照以往一般的军事教育进度，培养一个初级军官约需三年工夫，而黄埔军校第一期学生为了适应革命形势的紧急需要，必须把三年的功课用半年学完。因此，军校制定了新的军事教育计划，按照一个月入伍教育、六个月正式教育的期限，妥为安排各项科目的进度、日程，并定出实施的详细办法。

军校还根据自己的教程，重新编写典、范、令和战术、兵器、筑城、地形、交通通讯等五大教程。由苏联顾问团提供苏联红军最新、最适用的资料作为编写教程的基础。

黄埔军校第一期毕业生，除大部分派在本

亲爱精诚

蒋中正

黄埔军校校训

校的教导团担任干部外，其余还有一部分派在本校校本部和政治部服务，一部分派在第二期学生队担任区队长，一部分派到其他部队和军事机构（如海军、医院等），一部分派往农民、工人团体担任军事训练工作。他们在各个工作岗位上都起了很好的革命骨干作用。

1924 年底，成立了黄埔军校教导团。教导团的新兵是秘密从浙江、江苏、湖南招募来的青年农民、工人，其中有不少丝织业工人，共编成两个团。

两个团的各级干部清一色都是由黄埔第一期的教职员和毕业生担任：何应钦任第一团团长；王柏龄任第二团团长；钱大钧、刘峙、顾祝同、沈应时、蒋鼎文、刘尧辰分任营长；陈诚、郭俊、惠东升、郜子举、宋元竟等分任副营长和连长。

孙中山、宋庆龄在黄埔军校操场。

1924 年 11 月 13 日，孙中
山从广州出发至香港转乘
"春阳丸"轮船经上海赴
天津。

这两个教导团，是黄埔军事势力的原始部队，发展
得很快，几个月之内便扩大成为两个师（师长何应钦、
王懋功）。到 1925 年 10 月间，这两个师的部队又扩展
为一个军。从此，这些部队就成为蒋介石手中的"嫡系"
部队、国民党军的中坚力量了。

1924 年 10 月，奉系军阀张作霖出兵攻打直系吴佩
孚，两军相持作战于朝阳、山海关一带。

就在直、奉两派军队相持不下，北京空虚之际，吴
佩孚的部下冯玉祥倒戈，于 10 月 22 日率军急速返回北
京。进入北京城以后，冯玉祥当即派兵把守各城门，包
围总统府，并占领火车站、电报局、电话局，通电呼吁
"和平"。

10 月 24 日，北京政府下了停战和解除吴佩孚职务

的命令。这就是震惊全国的冯玉祥"北京政变"。

北京政变后，冯玉祥组织了国民军，向南方国民党领袖孙中山发出了邀请。不久，奉系张作霖因打败吴佩孚军，也进入北京，遂"推举"段祺瑞为中华民国临时总执政。为了收买人心，段祺瑞、张作霖也发电邀请孙中山北上，共商国是。

1924 年 11 月 12 日，孙中山由广州动身北上，并发表《北上宣言》，宣布他的目的是：对内"打倒军阀"，使"曹吴覆灭之后，永无继起之人"；对外要"推倒军阀所赖以生存之帝国主义"，"废除不平等条约"。他想利用这次的北上机会，和北方人民接近，"拿革命主义去宣传"。

然而，就在孙中山离开广州以后，盘踞在东江一带的陈炯明，自封为"救粤军总司令"，于 1925 年 1 月 7 日下达了反攻广州的总动员令。在陈炯明的指挥下，叶举、洪兆麟部集中向石滩进犯，直接进攻广州；林虎一部则由龙门、增城北面进犯，以与叶部夹击广州；林虎另一部则向赣边之南聚

1924 年 12 月 4 日，孙中山与天津各界人士合影，这是孙中山最后一次接见群众。

集，图谋切断广州北伐军的后路。

为了粉碎陈炯明叛军的进攻，广东革命政府决定举行东征。

第一次东征于2月初进行。东征军以黄埔学生军为主力。黄埔军校的两个教导团、军校第二期学生和第三期入伍生第一营，共约3000人，加上粤军许崇智部，统归蒋介石指挥。此为东征军的右路军，从南面经广九路，出淡水，直趋汕头。

此外，东征军还以滇军杨希闵部为左路军，从北面，由河源、老隆，进攻五华、兴宁；桂军刘震寰部为中路军，直接进攻惠州。

黄埔学生军第一次参加作战，即表现出高昂的战斗意志和良好的军容风纪。军校政治部主任周恩来负责指导东征军战时的政治工作，并参与东征领导工作。右路军作战英勇，纪律严明，沿途得到广东农民的积极声援和配合作战，连战皆捷，不久即控制了广九路，叛军向淡水退却。右路军乘胜追击。

2月13日，学生军向陈炯明军的坚固据点淡水城发起攻击。守城将领为洪兆麟精锐之师，并且，在得知淡水被围的消息后，叶举、洪兆麟等急忙调集7000余兵力，增援淡水。为了争取战机，黄埔学生军与粤军密切配合，顽强奋战，终于赶在增援敌人到达之前，攻下了淡水城。

3月7日，东征右路军连克潮州、汕头。13日，叛军林虎部向棉湖、鲤湖进军，欲切断东征军后路，围歼东征军于潮汕地区。军校教导一团1000余人被林军包围，奋力苦战，后粤军第七旅、教导二团赶来增援，党代表廖仲恺也赶到前线，送来弹药，军心为之一振，立即转为攻势，迅速击溃林虎部8000余众兵力，取得大捷。

东征军继续追击林虎部。18日，乘夜占领五华城，敌军向兴宁方向逃跑。20日，东征军占领兴宁。此时，丧魂落魄的林虎，只好率领残部向赣边落荒而逃，陈炯明也再度逃到香港。第一次东征至此胜利结束。

3月12日，就在东征军一路追歼敌人之时，一代伟人孙中山在北京逝世。东征军将士无不沉浸于哀痛之中。

就在陈炯明主力被右路军打得落花流水时，同是东征军的左路杨希闵和中路刘震寰部却按兵不动，任由右路军孤军苦战。其后，杨希闵、刘震寰又进一步同陈炯明、邓本殷、唐继尧、段祺瑞以及香港英帝国主义相勾结，率领部队陆续从东征前线窜回广州，阴谋趁东征军右路军尚未回师之机，发动反革命叛乱，推翻广州革命政权。

5 月中旬，滇、桂军从东征前线纷纷回到广州外围以后，广州城内一片混乱。在危急情势之下，国民党领导人胡汉民、汪精卫等企图与杨刘叛军妥协，遭到共产党人和国民党左派廖仲恺等的坚决反对。广州工人群众也主张政府坚决镇压叛军。于是，革命政府下令东征军回师平叛。

右路军于 6 月 6 日回师广州，11 日向叛军发起进攻，迅速平定叛乱，保卫了广州革命根据地。

而当东征军回师广州以后，陈炯明残部竟又卷土重来，集结重兵于惠州一带，又一次扬言进攻广州。

于是，广东革命政府决定于 1925 年 10 月发起第二次东征。

这一次东征以第一军军长蒋介石为总指挥，第一军政治部主任周恩来为东征军总政治部主任，以国民革命军第一、二军为基干，编为三个纵队，共计三万余兵力。

10 月 14 日，东征军经过激烈战斗，占领了陈炯明的老巢号称东江天险的惠州城。28 日，东征军取得华阳大捷，歼灭陈炯明主力洪兆麟部。11 月 4 日，东征军再克潮州、汕头。随后，追歼残敌于闽边永定。陈炯明部遂被东征军彻底消灭，东江完全收复。

1926 年 2 月，国民政府南征军又率师进剿邓本殷部，渡海攻占海南岛，肃清了邓本殷残部。至此，广东境内的反动军阀势力全部为革命军所消灭，广东全省为革命政府所统一。这就为国民革命军的北伐创造了极好的条件。

两次东征的胜利，使蒋介石名声大震，一下子成了国民政府中的关键人物，国民党内的许多人也自此对他刮目相看。广州第一公园大门口，竟也有人写了一副对联：上联是"精卫填海"；下联则是"介石补天"。蒋介石在国民党中的地位也如日中天，不断上升。

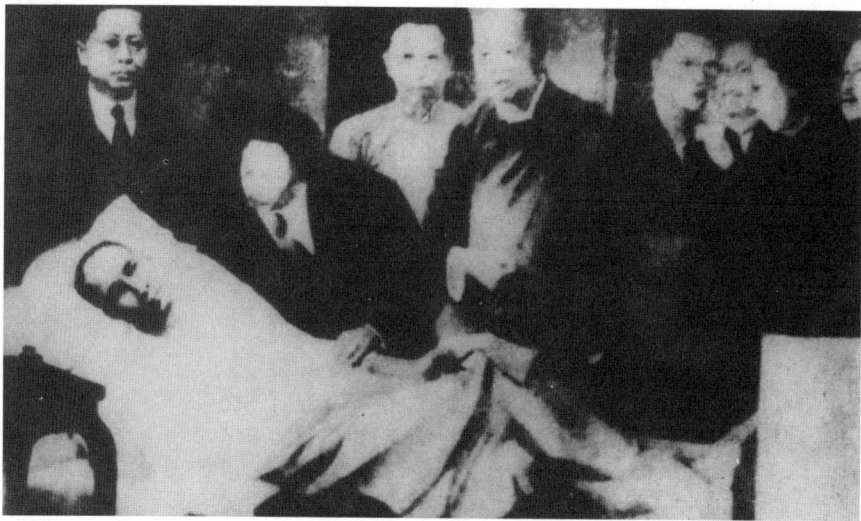

1925 年 3 月 12 日上午 9 时 30 分，孙中山与世长辞。

1926 年 6 月 4 日，国民党中央执行委员临时会议通过了迅行出师北伐的决议案。次日，国民政府任命蒋介石为国民革命军总司令。7 月 7 日，国民政府正式公布了《国民革命军总司令部组织大纲》，规定总司令兼任军事委员会主席，统辖陆、海、空三军，在军事上对国民政府和国民党负完全责任。出征动员令下达后，即为战时状态，凡国民政府所属军、民、财政各部机关，均受总司令指挥，秉其意旨，办理各事。

这个组织大纲赋予蒋介石以极大的权力，为蒋介石走上军事独裁的道路创造了条件。与此同时，蒋介石在出任总司令前后，又兼任了国民党中央组织部长、军人部长、国民党中央常委会主席、国民政府委员等重要职务。

这样，党权、政权、军权皆集中于总司令一身，蒋所在地，就是国民党中央所在地、国民政府所在地；蒋介石就是国民党，就是国民政府。在北伐的所谓战时状态，对于蒋介石的权力没有任何的约束力。

7月9日，国民革命军在广州誓师北伐。参加北伐的国民革命军共8个军，约10万人。

第一军，主要由黄埔军校教导团和学生军组成。士兵多来自浙江、江苏和安徽等省，也有一些团、师是在粤军的基础上形成的。

军长何应钦，是贵州人，毕业于日本军校，曾作为陈其美的部属参加过辛亥年的军事活动，后来成为蒋介石的心腹。何应钦在加入黄埔军校领导班子以前，就已是黔军将领及贵州讲武学校校长。在黄埔军校，他任军校总教官和教导一团团长等职，在两次东征和平定刘杨叛乱等作战中屡建战功。

第一军中的第一师主要是何应钦本人一手训练出来的部队，其余各师的军官也多以黄埔军校的教官或学员担任。该军副军长为王柏龄，参谋长蒋伯诚。全军共有6个师、19个团，在兵力武器装备上远胜于其他各军。

第二军，主要由湘军组成，谭延闿任军长。谭曾几度任湖南督军、省长。1920年湖南"自治"，谭辞职赴沪。1922年加入国民党，次年随孙中山到广州，任大本营内政部长。北伐开始后，谭延闿留在广州代理国民党中央党部主席职务，第二军由副军长鲁涤平代理军长，参加北伐。共产党人李富春担任第二军的党代表兼政治部主任，该军许多团级政治工作者也都是共产党员。该军兵力为4个师、12个团。

第三军，由滇军组成，军长朱培德。朱培德早年加入孙中山的中华革命党，1921年任滇军司令，参加孙中山领导的北伐。1923年支持孙中山返回广州，被孙中山选作大本营拱卫军警备司令。该军由3个师、8个团又2个营组成，其中有一个炮兵营。

第四军，是在忠于孙中山的原粤军第一师的基础上组建起来的部队，是一支能打硬仗的队伍。军长李济深，曾任黄埔军校副校长，北伐开始后，又任国民革命军总司令部留守主任。第四军由副军长陈可钰代理。该军共有4个师、13个团的兵力，还有一支由叶挺指挥的独立团。叶挺独立团是共产党领导下的军队，团里排长以上的干部都由黄埔军校毕业生中的共产党员担任。

第五军，由广东的地方军李福林的福军所组成，李福林任军长。该军只有一个师，原在广州南线担任守备。后来，在北伐中也只在赣南一带参加过一些战斗。

第六军，是在广东革命根据地建立起来的军队，由程潜任军长。程早年曾加入孙中山的同盟会，后到日本陆军士官学校学习，回国后去四川训练新军，参加过武昌起义。在讨袁战争中，被推举为湖南护法军总司令。1923年，程潜追随孙中山到达广州，参加东征和平定刘杨叛乱。共产党人林伯渠任该军党代表兼政治部主任。这支部队构成十分复杂，有3个师、9个团及2个炮兵营。

第七军，由桂军组成，李宗仁任军长。李宗仁原在林虎的护国军中任排长，1920年，在孙中山发起的驱桂战役中，李宗仁所部为陈炯明改编，李被任命为粤桂边防军第三路司令，不久又吸收黄绍竑部加入边防军，实力大增。1923年底，李宗仁加入国民党，次年11月，被孙中山任命为广西全省绥靖督办兼广西陆军第一军军长。1925年秋，在粤军的协助下，李宗仁完成了广西的统一，接着参加了广州国民政府发起的第二次东征战役。第七军辖2个旅（以旅而不是师来组建），共18个团及2个炮兵营。

第八军，由湘军组成，唐生智任军长。北伐开始时，还在组建之中，后来很快发展为6个师、17个团。

1926年3月，湖南湘军第四师师长唐生智，在湖南人民"驱赵（恒惕）讨吴（佩孚）"的呼声下，以兵变胁迫赵恒惕下台。广州国民政府立即派第七军参谋长白崇禧和第四军第十师师长陈铭枢赴湘与唐联络，争取唐生智倾向国民政府。唐生智要求国民政府出兵援湘，并以此为条件，同意加入国民革命军。

5月17日，广州国民政府宣布唐生智为国民革命军第八军军长兼北伐前敌总指挥。20日，国民政府派遣北伐先遣队由粤入湘，增援唐生智军作战。先遣队在湖南境内英勇作战，很快稳定了湖南战局，为北伐军大举北上开辟了前进道路，并由此揭开了北伐战争的序幕。

恼羞成怒的吴佩孚亲坐火车到前线督战，眼见自己的部队兵败如山倒，气得两眼血红，手持大刀随同督战队屠杀溃兵。他还下令把被枪毙的军官头颅挂到电线杆上。溃兵们索性掉转枪口，互相厮杀，阵地上乱作一团。蒋介石在南昌一败再败，一筹莫展，竟然几次在军事顾问加伦面前歇斯底里地拍手、痛哭。

北洋军阀统治中国时期，国内连年征战不已。1920 年 7 月直皖战争，两军大战于涿州以北，奉系与直系联合攻皖，皖军大败。1922 年 4 月，爆发第一次直奉战争，双方投入 12 万兵力，激战于长辛店一带，以奉军失败而告终。1924 年 9 月，又发生浙江督军卢永祥与江苏督军齐燮元之间的江浙战争，随后，张作霖又对直系宣战，挑起第二次直奉战争，最后，因冯玉祥倒戈而导致直系军阀的失败。

如此频繁大规模的战争，令中国百姓深受其害，生活在水深火热之中。在战争过程中，各地军阀到处抓丁、派夫、抢劫、强奸、杀人、放火，无恶不作。又因各派军阀爱兵如命，连年扩军，使得军队的数量逐年增加。1914 年，全国陆军不过 45.7 万人，1918 年即增加到 85 万人，到 1925 年竟增至 147 万人。

由增兵和打仗而造成的巨额军费，全部由中国的老百姓来承担。在北洋军阀的统治下，1916 年的军费为 1.53 亿元，1918 年增加到 2.03 亿元，1925 年激增至 6 亿元，到 1927 年更达 7 亿元。为了筹措巨额的军事费用，各地军阀对老百姓肆意进行巧取豪夺，各种派款捐税有增无已，中国广大劳动群众贫困不堪。

因此，通过革命战争，打倒北洋军阀的统治，建立和平、民主的新中国，便成为 20 世纪初中国革命所面临的历史任务。由国民党和共产党联合发起的北伐战争，就是在上述社会背景下开始的。

1926 年 7 月 9 日，广州 5 万军民举行了隆重的北伐誓师典礼。蒋介石就任国民革命军总司令职，谭延闿代表国民政府授印，吴稚晖代表国民党中央授旗。

蒋介石发表就职演说。他表示：第一，必与帝国主义者及其工具为不断之决战，绝无妥协调和之余地；第二，求与全国军人一致对外，共同革命，以期三民主义早日实现；第三，必使我全军与国民深相结合，以为人民之军队，进而要求全国人民共负革命责任。

北伐的对象有三个：直系军阀吴佩孚，盘踞在湖南及沿京汉铁路的湖北、河南、河北南部一带，约有军队 20 万人；从直系分化出来自成一派的

1926 年 7 月 9 日，广州举行北伐誓师典礼，蒋介石就任国民革命军总司令。

军阀孙传芳，盘踞在江苏、安徽、浙江、福建、江西等省，约有军队 20 万人；奉系军阀张作霖，控制着东三省和津浦路北段，以及北京、天津地区，约有 30 万军队。

根据敌强我弱的特点，北伐军在苏联顾问的帮助下，制定了利用敌人矛盾，集中优势兵力，各个击破敌人的战略方针。在战略方向上，决定先打吴佩孚，中立孙传芳，放开张作霖，首先把主战场放在湖南，以攻占武汉为目标，而后视战局发展，再渐次消灭孙传芳、张作霖。

1926 年，北伐誓师时担任国民革命军总司令的蒋介石。

随后，国民革命军分三路由广东出发，向北挺进。

西路为北伐军主力，担任正面主攻，由第四、第七、第八军约 5 万人组成，沿粤汉路进攻两湖，矛头直指吴佩孚的巢穴——武汉，消灭吴部主力。

中路由第二、第三、第六军和第一军的两个师组成，主要担任警戒，保障主攻方向侧翼的安全，并准备进攻江西的孙传芳军。

东路由第一军第三师组成，向敌人兵力空虚的福建、浙江进军。

北伐西路军奉命入湘以后，一路勇猛作战，7 月上旬，第七、第八军对吴佩孚军渌水、涟水防线发起攻击，11 日占领长沙。8 月，吴佩孚军与北伐西路军会战于汨罗江一线。19 日，第四军占领平江，第七军攻占将军山和张家碑，22 日，第八军攻克岳阳。北伐军在湖南境内取得重大胜利。

吴佩孚军在汨罗江会战中失败以后，退入湖北境内的汀泗桥一带，北伐军主力尾随敌人进入湖北境内。

汀泗桥为鄂南第一门户，地势险要，西、南、北三面环水，东面山崖耸立，只有南面有粤汉铁路可通，而铁路桥东，河深难渡，这是一个易守难攻的险要据点。自古以来，汀泗桥是兵家必争之地。

8 月 20 日，吴佩孚得知汨罗江防线全面崩溃的消息后，仓皇失措，连忙率领湖北陆军第四师陈德麟、中央陆军第八师刘玉春所部南下，25 日到达汉口。

吴佩孚在汉口召开军事会议，其时，通城、岳阳、蒲圻已为革命军占领，吴佩孚决定先守汀泗桥、咸宁、柏墩一线，待北方大军到达，再协同孙传芳军转守为攻。于是，他命令宋大霈率领各路退兵固守汀泗桥，派坐镇武昌的二十五师师长陈嘉谟率部增援汀泗桥；命令刘玉春第八师立即赶往贺胜桥一带，设置坚固阵地。

据守汀泗桥的吴佩孚军达二万余人，且有天险依恃。吴佩孚发出了"死守汀泗桥"的命令。

8 月 25 日晚，北伐第四军司令部发出了 26 日进攻汀泗桥的命令：以第十二师和第十师各一部，沿铁路两侧向汀泗桥包围攻击，叶挺独立团为预备队。

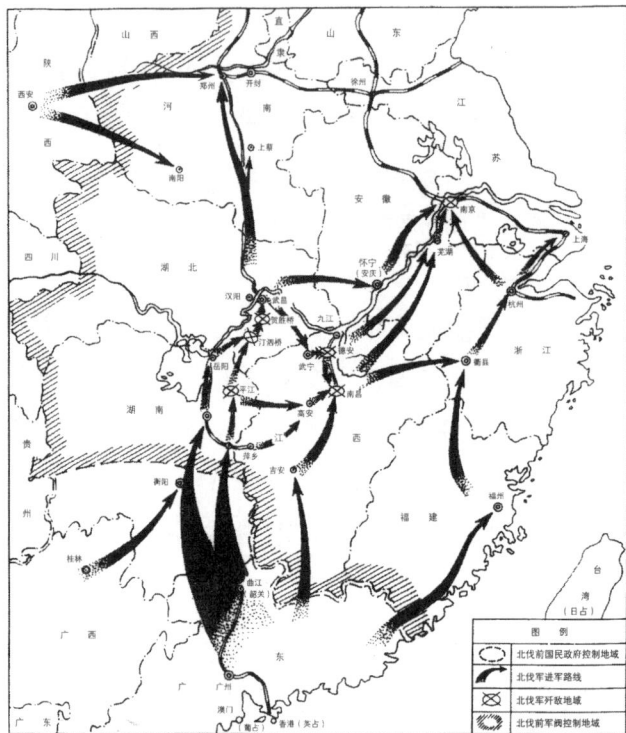

北伐军进军路线示意图

26日，北伐军向汀泗桥发起猛烈攻击。敌人以桥头阵地为依托，用机枪火力构成严密封锁，战斗一直打到黑夜，北伐军左右两翼均无进展。当晚，长江决堤，河水暴涨，进攻更加困难。午夜，北伐军连续作战，突破敌人阵线，将敌军截成两段，经夜激战，至27日晨，北伐军占领了汀泗桥东南方的高地据点。随后，在东南方高地据点的掩护下，北伐军从铁路正面强攻铁路，进占汀泗桥市街，敌人被迫沿铁路向北撤退。

当汀泗桥作战吃紧，前方战报对吴佩孚军极为不利时，吴佩孚仍大言不惭地说："敌人已经中了我的诱敌深入之计了！我叫馨远（孙传芳）派兵进攻湘东，又叫云南、福建两省各派劲旅进攻两广，我们自己的三个师也在三天之内可以集中到武汉来。不久，我们的军队就能向敌人发起反攻，会师长沙。"

他不耐烦地对报告前方军情的将领们说："我没有工夫听你们的报告，你们赶快回到阵地布置任务去吧！"

结果，吴佩孚绝没有想到，在他视若"金汤"的汀泗桥阵地，竟在两天内就被北伐军攻占。

北伐军占领汀泗桥以后，叶挺独立团立即出动尾追败退之敌。在向咸宁追击的途中，叶挺接到第十二师师长张发奎的命令，要独立团追击不得超过15里。但是，叶挺认为机不可失，继续率部向北追击，于27日晨断然占领了咸宁城。汀泗桥守敌被歼过半，残敌逃向贺胜桥。

汀泗桥一战，使吴佩孚军元气大伤，精锐顿失。北伐军俘敌军官157名，士兵2296名，缴获大炮4门，机枪9挺，长短枪1500余支，宋大霈部几至全军覆没。

为了挽救失败的命运，吴佩孚于28日率领增援部队亲自到贺胜桥督战。

贺胜桥西面港汊纵横，江湖交错，东面丘陵起伏，林木蔽天。吴佩孚将所带部队和汀泗桥溃逃之军合在一起，在贺胜桥以南之桃林铺、王本立一带地区，以纵深配备构筑防御阵地。主力配置于杨林塘、王本立一带，在桃林铺、孟家山一带又设置了两道二线阵地。

吴佩孚以两万兵力布置在贺胜桥一带，并给部队配备了60门大炮、100多挺机枪，扬言：要在贺胜桥"一战而定天下"。

27日晚，北伐军前线将领在咸宁开会讨论贺胜桥作战计划。到会的有：蒋介石、白崇禧、李宗仁、唐生智、陈可钰、张发奎、陈铭枢、夏威、胡宗铎等。会议决定，由李宗仁指挥进攻贺胜桥，第四军和第七军担任主攻。第四军沿铁路前进，从贺胜桥正面进攻，直迫武昌；第七军攻击贺胜桥以东之敌，并以一部向金牛方面警戒，准备进占鄂城；第一军和第八军各一部为总预备队，沿铁路线向咸宁附近推进；第六军一部对大冶、兴国方向警戒，其主力在第七军之后，掩护第七军右侧背的安全。

28日晚，北伐军开始行动。29日晚，第四军先头部队在吴家湾一带遭到敌人顽强抵抗，第一军一部也在袁家铺与敌人发生激战。30日凌晨，吴佩孚率领主力部队，向第四、第七军两军的接合部发起猛烈进攻。北伐军将士人人奋勇杀敌，与敌激烈对攻两小时。

清晨5时左右，第四军发起全线冲锋。担任主攻的第十二师官兵听到冲锋号令，无不奋勇冲入敌阵，以白刃肉搏，将铁路沿线的敌阵冲破，张发奎亦率领预备队及时驰援而至，北伐军士气大振，协力猛攻，首先突破吴佩孚主力设置的第一道防线，并一鼓作气向纵深推进。

恼羞成怒的吴佩孚亲坐火车，到前线督战，眼见自己的部队兵败如山倒，遂率领督战的大刀队，对着溃退下来的士兵乱杀乱砍。可是，前面的士兵抵挡不住北伐军将士的猛烈攻势，好似潮水般向后翻涌。

吴佩孚气得两眼血红，几近疯狂，亲自手持大刀随同大刀队一起举刀飞舞，转眼间便屠杀溃兵近百人。吴佩孚还下令把枪毙了的军官头颅挂到电线杆上，以震慑退兵。但这也无济于事，溃逃的退兵遭到督战队的刀砍枪击，索性掉转枪口，互相厮杀，阵地上乱作一团。溃兵们还向吴佩孚的指挥列车开枪，打死副官一名，打伤卫兵两人。

中午12时，第四军占领贺胜桥，打破了吴佩孚死守贺胜桥以保武汉的计划。北伐军攻占贺胜桥以后，李宗仁到桥头视察，只见"沿途死尸遍地，并见桥头吴逆手刃后退官兵尸体数百具，其状可惨"。

汀泗桥、贺胜桥两桥决战，是北伐军兴师以来空前的激战。北伐雄师以五个昼夜的连续作战，将吴佩孚这个不可一世的枭雄打得落荒而逃，大震了北伐军的声威。北伐第四军因出师以来，迭克名城，连战皆捷，被民众誉为"铁军"。

吴佩孚在混乱中狼狈逃到武汉，紧闭城门，以守待援。

吴佩孚正在沮丧中，第八师师长刘玉春从外面跑进来，扑通一声，跪在吴佩孚的面前。刘玉春是吴一手提拔起来的爱将，为他在战场上立下不少汗马之功。

只见刘玉春满脸淌着热泪说："我对不起大帅，我把贺胜桥丢了。我的人死了大半，3个团长全部战死，39个连长，只剩下5个了。请大帅拿我正法来振作一下士气吧。”

吴佩孚看着跪着的刘玉春又气又恨，原本是要惩治几个将领以立军威的，可是，随后一想，杀了刘玉春，他还能依靠谁呢？于是，不由得叹了一口气，对刘玉春说道：

“你起来吧，你是尽了最大力量的。还是拼命去抵挡一阵吧。”

刘玉春站起来以后，竟小声嘀咕道：“大帅，一切全都完了，靠着这些亡魂丧胆的败兵守城，不济事的。”

吴佩孚听着不由大怒，斥道：“胡说！我吴佩孚决不放弃武昌。这次，我就准备死在这里了！”

刘玉春没等吴佩孚骂完，就赶紧走出了帅府。

发誓要“死守”武昌城的吴佩孚，开始不断地向外发电报催促援兵。他除了一日数电向孙传芳乞援外，还发电调四川杨森、贵州袁祖铭来鄂助战。但是，此时京汉线上吴部各支部队，见势不妙，也都各怀鬼胎，没有人响应吴佩孚的征召。孙传芳也感到境况不妙，于是按兵不动，静观事变发展。

北伐军出师以后，为了稳住孙传芳，曾秘密使人联络孙传芳，共同讨吴，孙传芳不置可否，他想让北伐军与吴佩孚两强相争，最后由他这位“渔翁”来收拾残局。因此，吴佩孚的所有求救电报，都如石沉大海，杳无回音。

9 月 3 日，北伐军第四、七、八军，继叶挺独立团之后齐集武昌城下，并立即开始攻城。

吴佩孚在武昌城的城垣上，以及外围的蛇山、凤凰山上架起了重炮、机枪，向攻城北伐军扫射。北伐军两度攻城均未能下，于是，改变战略，把攻城改为围城，以第四军围困武昌，第八军由武汉上游渡江，进攻汉阳。

此时的吴佩孚已经无兵可调，只能束手武昌城内，听人摆布。

9 月 6 日，北伐军攻占汉阳，7 日占领汉口。武昌城内的吴佩孚军已成瓮中之鳖，外无援军，内无弹粮。吴佩孚也知大势已去，无奈何，率领一团卫队偷偷经汉口逃往河南。10 月 10 日，北伐军攻克了围困近 40 天的武昌城。

至此，北伐军的第一目标——吴佩孚军被彻底消灭。这一重大胜利，为北伐战争的胜利奠定了坚实的基础。

北伐开始时，孙传芳曾以"五省保境安民"相标榜，等着坐山观虎斗。可是，数月间，北伐军在两湖战场上取得了决定性的胜利，他开始感到恐惧。8、9月间，孙传芳调集五省军队，陆续向江西境内移动，准备随时同北伐军作战。

国民革命军总司令部根据孙传芳的动向，果断决定于9月上旬，乘孙军尚未集结完毕之时，对江西之敌发起进攻。担任江西战场作战任务的部队有：第一军之第一师、第二军、第三军、第五军和第六军各一部。

9月1日，北伐军总司令部向中路军发出了总攻击令。于是，中路北伐军分三路向江西展开全面进攻。中路军共约5万兵力：以朱培德为总指挥的一路在赣西，由醴陵出萍乡、安源，向万载、宜春、高安、新余方向前进，矛头指向南昌；以鲁涤平为总指挥的一路在赣南，从广东南雄出发，计划由汝城进入江西的上犹，经由赣州、吉安，直趋南昌；以程潜为总指挥的一路在赣西北，自湖北咸宁、崇阳，进入赣西北的修水、铜鼓，计划切断南浔路，控制九江、南昌。

从兵力来说，进入江西的北伐军远不及江西孙传芳的兵力。孙传芳在江西有10万兵力，9月初，又得到奉系张作霖的合作承诺，一时气焰也很嚣张。

当时，张作霖眼看吴佩孚在两湖战场上的失利，不免感到唇亡齿寒，决定与孙传芳联合起来对付北伐军。张作霖致电孙传芳说："玉帅（吴佩孚）新挫，武汉已失，东南半壁，全赖我兄支柱，弟以大局为重，微嫌小隙，早付东流，倘有所需，敢不黾勉。"

于是，孙传芳胆气愈壮，于9月7日致电蒋介石，限令北伐军于24小时之内撤回广东，"否则职守所在，未容食忍"。

北伐军自然不理会孙传芳的威胁，战士们以极高昂的战斗热情投入战斗，在江西人民的热烈欢迎下，一路奋勇作战。

赣西一路，9月10日占领宜春，12日占领分宜，进逼新余。在新余一带与敌第一方面军激战，在反复激烈的阵地争夺战中，北伐军第二军的第十二、十九团几乎全部牺牲。战时，军师团各级党代表李富春、萧劲光等都亲上前线，进行宣传鼓动工作。最后，正面突击部队和迂回敌侧后的部队南北夹击，终于歼敌主力，于 16 日攻占新余。敌第一方面军邓如琢部向抚州逃跑，北伐军乘胜追击，迅速向南昌方面挺进。

赣南一路，于 9 月 5 日攻入赣州城，歼灭守敌大部。随后，进逼吉安，分兵进驻会昌、瑞金一带，警戒闽南之敌。

赣西北一路，在程潜总指挥的率领下，11 日克复修水，13 日占领铜鼓县城，17 日克奉新，19 日攻克高安，敌人向南昌方向逃跑。

当程潜得知，南昌守敌主力部队因赣西战事吃紧，已随邓如琢军增援新余作战，故而南昌城内守敌甚为单薄。城内守军只有宪兵两个连，警备队两个连，加上其余警察人员，合计 600 余人。程潜断然决定，改变攻下奉新后应直取德安，截断南浔路的原定作战计划。将部队改向南昌以南地区集结，转攻南昌。

在向南昌城内派入 200 余名便衣队以后，北伐第六军一部于 9 月 19 日顺利占领南昌。

南昌失守，令孙传芳大为震动，立即调兵遣将，企图从南北两面夹击南昌。孙传芳电令卢香亭、郑俊彦两个军由南浔路，迅速开抵牛行车站，截断北伐军以后，由北向南猛攻南昌；限令邓如琢军以 15000 兵力回师由南向北攻击南昌，并要他们 18 小时之内夺回南昌，否则军法处治。

21 日，南昌北伐军遭敌人南北夹击，形势十分危急。程潜这时才深感孤军深入腹背受敌的危险，急令第一军第一师和第六军第十七师开赴乐化附近截击敌军。但是，孙传芳兵力雄厚，炮火猛烈，第一师王柏龄部战斗力太弱，致使乐化一战失利，牛行车站失守，南昌以西的赣江北岸遂为敌军占领，城郊也为邓如琢军重重包围。尽管蒋介石急令李宗仁部向九江急进，企图从北面牵制孙传芳军，但也未能减轻南昌北伐军的压力。

在敌人歼灭性火力袭击下，南昌北伐军不得已决定撤出。撤退的北伐军一路与敌人进行肉搏战，终因寡不敌众，伤亡惨重，溃不成军。24 日，南昌城得而复失。

这一仗，北伐军损失极为惨重，第一军王柏龄师几乎全军覆没，第六军也损失过半。担任北伐军总顾问的加伦将军批评说：这一仗"损失了主攻江西方面七个作战师的三个师的大部分兵力"，其失败原因，"最主要的是在程潜和朱培德之间缺乏协调一致"。

南昌一得一失之后，江西战场的敌我双方均将南昌作为争夺的焦点。于是，南昌的争夺成了江西战场的战局中心。

9月23日，蒋介石亲率总司令部进驻高安，调湖北的第七军和第一军第二师增援江西，制定了攻打南昌为中心的作战计划。

孙传芳为了确保南昌，也于22日到达九江，亲自督战，并制定了主动出击湖北、腰击北伐军的作战计划。

第七军进入江西以后，在修水一带与孙传芳军交战，挫败了孙军企图进攻武汉的计划，从战略上打乱了孙传芳的部署。

至9月底，北伐军第一军一部和第二、三军相继逼近南昌。10月4日，蒋介石下达了向南昌城进攻的攻击令。

北伐军首先扫清南昌城外围据点，于10月9日包围南昌，11日攻城全面开始。北伐军以共产党员、共青团员为骨干的敢死队，率先在敌人的猛烈炮火下奋勇登城，不幸全部壮烈牺牲，第二军第六师十七团团长廖新甲也在攻城中阵亡。南昌守敌竟以煤油、硝磺焚烧德胜、惠民、章江门外繁华街市的商店、民房万户以上，用以阻挡北伐军前进。此外，敌人在城内数处设伏，诱使北伐军攻入城内，继而闭门攻之，使北伐军措手不及，伤亡惨重。

又因第七军未能有效控制南浔路，致使孙传芳援军得以从南浔路源源开来。在十分危急的情势下，北伐军不得不于10月14日停止攻城，撤离南昌。至此，第二次攻打南昌失利。

蒋介石在南昌一败再败之后，一筹莫展，竟然几次在加伦面前歇斯底里地拼命拍手，乃至痛哭。他一边哭喊："全完了！"一边掏出手枪要自杀。

加伦只得以好言安慰，才使蒋介石的情绪逐步稳定下来。不久，北伐军在加伦将军的帮助下，制定了先集中主力在南浔路沿线消灭敌军主力，然后再取南昌的作战计划。

10月10日，北伐军攻克武昌。10月16日，浙江省长夏超在杭州宣布"自治"，脱离孙传芳的统治，驻福建的周荫人军宣告起义，进一步动摇了孙传芳的军心，在客观上严重打击了孙传芳的力量。这些情况的变化均有利于北伐军对南昌城的进攻。

经过周密计划，10 月 28 日，北伐军总司令部又下达了攻击南昌的命令。要求各部队务于 10 月 31 日前肃清当面之敌，抵达预定位置。

11 月 5 日，各路北伐军在南昌四周形成了包围圈。此时，南昌守敌与外面的联系已基本被切断，已成笼中之鸟、瓮中之鳖。孙传芳于 11 月 5 日从湖口逃往芜湖，10 日抵南京。

8 日中午，南昌守军挂旗表示投降，北伐军在南昌城内工人群众的带领下，爬城而入，孙传芳万余守城士兵皆成俘虏。南昌城终于为北伐军所占领。

从 1926 年 9 月至 11 月，北伐军在江西共歼灭孙传芳军四万余兵力，使孙传芳的大部主力丧失殆尽，结束了孙传芳在江西地方的军阀统治，大大动摇了孙传芳势力在东南五省的统治基础。

就在两湖、江西战场不断取得战绩的时候，北伐军的东路军也开始向福建、浙江方面进军。由于孙传芳将主力置于江西战场，因此福建、浙江一带十分空虚，没

蒋介石（中）与苏联军事顾问（左）等在北伐途中。

有发生重大战事。10 月，浙江省长宣布"自治"，12 月，福建省防司令宣布投降，同月，浙军内部倒戈。北伐军趁势顺利占领福建、浙江两省。

北伐战争发起后，不到半年时间，就横扫了湖南、湖北、福建、江西、浙江、安徽、江苏等省约半个中国的地盘，把战线迅速推进到长江流域，沉重打击了北伐敌对的两大主力敌人——吴佩孚与孙传芳，势不可当。

胜利的主要原因在于：军事战略的正确指导、北伐战争的正义性质、北伐将士的英勇作战以及南方人民群众的大力支持。

然而，就在北伐战争取得如此巨大胜利，并且将继续发展的大好形势下，国民党军的总司令蒋介石却野心膨胀，阴谋策划分裂活动，使胜利的北伐战争受到严重的阻碍。

　　清党的阴谋，是在蒋介石把他的军事大本营移到南昌以后开始密谋策划的。不过，蒋介石也没有想到，他的阴谋没能瞒过他身边的政治部主任郭沫若。郭沫若在 1927 年初写下的《请看今日之蒋介石》，第一个振聋发聩地喊出了"打倒蒋介石"的口号！

北伐战争顺利发展，打到长江流域以后，国民革命军因不断收编军阀部队和扩编军队，开始膨胀起来，内部矛盾也日趋尖锐。蒋介石在帝国主义、江浙大资产阶级以及各种反共势力的包围中，终于定下了"离俄清党"的方针，准备将在北伐战争中诚心实意帮助国民党人，并且冲锋在前、浴血奋战的共产党人，从国民党中"清除"出去，为建立一个新军阀的独裁统治扫清道路。

清党的阴谋，是在蒋介石把他的军事大本营移到南昌以后开始密谋策划的。不过，蒋介石也没有想到，他的阴谋没能瞒过他身边的政治部主任郭沫若。

当时，郭沫若还不是共产党员，但他却以对民主事业无比忠诚的热情和正直的品质，第一个无情地揭露了蒋介石叛变革命的劣行。他在 1927 年初写下的《请看今日之蒋介石》一文，在当时的革命军内部起到了振聋发聩的作用。

郭沫若是怎样走到蒋介石身边的呢？

大革命开始以后，郭沫若从日本回到祖国。那时，他已因《女神》等诗篇，以及在上海的文学活动成了文学界的名人。

1926 年 3 月，郭沫若收到广东大学的聘书和旅费后，由上海乘"新华"轮南下广州，同行的有郁达夫等人。

郭沫若是在中山舰事件发生以后的第三天到广州来的。他到达广州的时候，恰好是"三二〇"戒严期，他曾感觉到广州城内的紧张气氛，到码头迎接他的成仿吾把蒋介石发动的这一事变约略地向他讲了一遍。

1926 年 7 月，郭沫若决定"投笔从戎"，到北伐军政治部去当一个宣传科长。有意思的是，当时这个宣传科长的职务还是蒋介石批准的。

已经集党政军大权于一身的蒋介石，十分清楚宣传工作的重要性，他不愿让共产党人担任宣传岗位上的要职，当时国民党内选不出人来胜任这项工作，而郭沫若不是共产党员，所以，蒋介石决定让郭沫若来当，并给了郭沫若一个行营秘书长的职位，授中校军衔，以示信任。自然，蒋介石当时绝没

郭沫若，中国近现代诗人、考古学家、历史学家、剧作家等，年轻时投入爱国主义运动，周旋在国共两党之间。抗战期间，郭在重庆组织声势浩大的抗战文化活动，创作了大量话剧剧本，影响深远。

有料到，他碰上了一个敢于揭露他的"克星"。

北伐临行之际，广州文学界的朋友们都为郭沫若的远行表示热烈的欢送。阳翰笙的一篇"欢送词"，表达了革命文艺界同人对于郭沫若的热情鼓励和希望。他说："郭沫若同志由文学大家而大学教授文科学长，由学长而宣传科长，可以说他现在武装北伐，一支笔能够横扫千万军的！自从创造社成立以来，所发行的刊物，无人不受沫若同志的影响，而今沫若同志由东方的诗人，浪漫的文学家实行武装起来了，明日就道长征，大有还我山河之慨。"

同人们还送了郭沫若一个"戎马书生"的徽号。

郭沫若果然不负众望，带着宣传革命的使命，走上了北伐的征途。一路上，他具体张罗着宣传、动员、组织祝捷之类的工作，精神振奋，斗志昂扬。

郭沫若以一介书生的瘦弱身躯，居然一路步行，在队伍中跑前跑后，到宿营地还为大家烧菜煮饭，以至于他在给妻子安娜的信中自豪地说："人是异常的顽健，连自己也出乎意外。"

在军中，郭沫若目睹了英勇的北伐将士与军阀部队血战的壮烈情景，悲痛于战友的牺牲。他在追悼与他一路同行的翻译纪德甫的诗中写道："患难相随自汨罗，阵中风露饱经过。人生自古谁无死？死到如君总不磨。"

北伐战争血与火的考验，使郭沫若在革命的道路上迅速成熟起来，他的革命性愈加坚定，他的爱憎愈加鲜明，他与中国共产党人的心更加接近了。此时，他曾致信陈独秀要求加入中国共产党，陈独秀回信颇为赞许，但同时说明入党必须履行组织程序，自己未便遽然允纳，等等。

10月，北伐军总政治部随军迁往武昌，郭沫若升任总政治部副主任，军衔晋级为中将。11月，南昌攻克后，郭沫若兼任总政治部南昌办事处主任，开始与蒋介石直接打交道了。

随着北伐战争的迅速发展，蒋介石的个人野心急剧膨胀，把共产党视为最大的隐患。他趁北洋军阀在北伐军的军事打击下剧烈分化的时机，大量收编军阀部队，扩大自己的武装力量，北伐军由出师时的8个军很快扩展为40多个军。与此同时，他积极投靠帝国主义，勾结江浙财阀，准备叛变革命，清除共产党。

当时，共产党和国民党内大多数人都未认清蒋介石的真实意图，他们大多认为蒋介石是北伐的"功臣"，即使有一些伤害共产党和革命民众的行为，也是形势所迫，或为身边坏人左右，因此对蒋一直采取姑息忍让的态度。

蒋介石将计就计，利用共产党人和国民党左派的误解和信任，暗中积极进行"清党"准备。

然而，蒋介石的所作所为逃不过郭沫若敏锐的政治眼光。

1926年除夕，蒋介石设宴招待校级以上干部，郭沫若出席了宴会。蒋在会上致词宣称，要把国民党中央党部和国民政府留驻南昌，以便将国民党的中央置于他的"保护"之下。

席间，有人竟高呼"蒋总司令万岁"，蒋介石居然也不加制止，欣然领受。

目睹蒋介石得意洋洋的神态，郭沫若心中不免升起一股疑团：蒋介石究竟能不能革命到底？他是不是一个野心家？

1927年3月6日，蒋介石唆使爪牙杀害了赣州总工会委员长、共产党员陈赞贤。郭沫若得知陈赞贤遇害的消息后，万分震惊，起初他不知内情，急急地吁请蒋介石制止暴徒的罪恶行径。他以政治部的名义将案件报请总司令"免职查办"肇事者，蒋介石假惺惺"愤怒"一番，在报告上作了批示，但这个报告只准登报，并不发往赣州实行。郭沫若由此进一步怀疑蒋介石究竟站在哪一边。

3 月 17 日，蒋介石雇佣的暴徒们又一次在九江制造了"三一七"惨案，捣毁了拥护孙中山三大政策的九江市党部和总工会。得到消息后，郭沫若又天真地去向蒋介石汇报，希望蒋能够派兵弹压。

蒋介石敷衍他说："好啦，好啦，我警戒他们一下啦。"结果当然是不了了之。

到了 3 月 23 日，又发生了安庆惨案，国民党安徽省党部和各种合法民众团体遭到袭击。郭沫若开始感到事情并不像他想象的那样简单了。

3 月 23 日，郭沫若来到蒋介石的总司令部，只见里面有许多从未见过面的，着长袍短褂的人进进出出，行动甚为诡秘。于是，郭沫若机警地退入西侧继续观察动静。

正巧，蒋介石手下的一名心腹——安庆电报局长，把郭沫若错当成"自己人"，与他谈起了蒋介石的"秘密"。

电报局长十分神秘地告诉郭沫若："现在都已联络好啦！共产党活不长，我们不用出面，由地方上的人来办。"

郭沫若听出点味道，装出漫不经心的样子，说："只是这些人别给上头添麻烦才好。"

电报局长不以为然地说："放心，事情都是'老头子'（蒋介石）一手安排的。"

接着，他又兴奋地补充道："九江、安庆、芜湖、南京、上海一带，我们都和'老头子'联络好了，我们要走一路打一路，专门打倒赤化分子。"

听到这里，郭沫若不由得惊出了一身冷汗，这就要动手了。他才恍然大悟，原来蒋介石已经叛变了革命，向着共产党和革命民众挥舞屠刀了。

郭沫若带着满腔悲愤，火速离开安庆，在去武汉途中奋笔疾书，写出了震撼人心的讨蒋檄文——《请看今日之蒋介石》。

他在这篇文章中历数了江西近来发生的一桩桩反共惨案，毫不留情地揭开了蒋介石伪装的假面具，把他从蒋介石的总司令部看到和听到的事实全盘端出。

他说："现在我明白了，我得到明确答案了。我们的总司令是勾结青红帮来和我们革命民众作战的英雄！你看我们国民革命军三色识别带不是变成了青红带了吗？这就是说我们革命军的总司令已经成了青红帮的老头子了。我们是何等的光荣呵，三民主义已经被流氓主义代替了，猗欤休哉！"

郭沫若猛烈地鞭挞了蒋介石屠杀民众、背叛革命的罪行。他在文章中写道："他对待民众就是这样的态度！一方面雇用流氓地痞来强奸民意，把革命的民众打得一个落花流水了，他又实行用武力来镇压一切。这就是他对于我们民众的态度！他自称是总理的信徒，实则他的手段比袁世凯、段祺瑞还要凶狠。他走一路打一路，真好威风。他之所谓赴前线督师作战就是督流氓地痞之师来和我们民众作战！……现在我把他的假面具揭穿了。在安庆'三二三'之变我看出了他的真相来，他不是为群小所误，他根本是一个小人！他的环境是他自己制造成的，并不是环境把他逼成了这个样子。我们听了斜眼局长那番话，谁个还有方法来替他辩护呢？现在还有人来替他辩护，那就是国贼，那就是民众的叛徒，我们要尽力地打倒他！"

郭沫若第一个振聋发聩地喊出了"打倒蒋介石"的口号！

他在文章中极为尖锐地指出："蒋介石叛党叛国叛民众的罪恶如此显著，我们是再不能姑息了。他在国民党内比党外的敌人还要危险。他第一步勾结流氓地痞，第二步勾结奉系军阀，第三步勾结帝国主义者，现在他差不多步步都已经做到了，他已经加入反共的联合战线，他不是我们孙总理的继承者，他是孙传芳的继承者了！同志们，我们赶快把对于他的迷恋打破了吧！把对于他的顾虑消除了吧！国贼不除，我们的革命永远没有成功的希望，我们数万战士所流的鲜血便要化成白水，我们不能忍心看着我们垂成的事业就被他一手毁坏。现在凡是有革命性、有良心、忠于国家、忠于民众的人，只有一条路，便是起来反蒋！反蒋！"

郭沫若的文章写得何等深刻，何等地好啊！这在蒋介石紧锣密鼓地准备反革命政变的时候，无异给了他当头一棒。

这篇文章是在国民党左派和共产党人都对蒋介石抱有幻想，仍然受到蒋介石假面具欺骗的时候发表出来，又是在蒋介石发动"四一二"反革命政变的前夕发表出来，它本应可以起到警醒大家，立即行动起来，制止蒋介石叛乱的巨大作用。

但是，文章在《中央日报》发表以后，并未引起国民党武汉政府和共产党领袖人物的高度重视，他们仍致力于"拉拢"蒋介石的工作，蒋介石也继续他的欺骗工作。

最令人难以置信的是，4 月 5 日，中国共产党的总书记陈独秀竟然亲自发表了一个《汪陈联合宣言》，公开替蒋介石"辟谣"，宣称希望两党间"立即抛弃相互间的怀疑，不听信谣言，相互尊敬，事事协商，开诚进行"。陈独秀在这个严重的历史关头对共产党犯下了重大错误，他使中国共产党和革命民众放松了对蒋介石的警惕，从而在蒋介石发动反革命政变时，使党和革命民众遭受到空前巨大的损失。

带着高度的革命责任感和亢奋的激情来到武汉的郭沫若，受到了来自国民党中央政府妥协调和者的冷落，总政治部主任邓演达甚至责备郭沫若，说他不该在这个时候公开反蒋。

郭沫若感到从未有过的委屈与苦闷，他在 4 月 4 日的日记中写道："革命的悲剧，大概是要发生了，总觉得有种螳臂挡车的感觉。此次的结果或许是使我永远成为文学家的机缘，但我要反抗到底，革命的职业可以罢免，革命的精神是不能罢免的。……我好像从革命的怒潮中已被抛撇到一个无人的荒岛上。"

1927 年 3 月和 4 月初，北伐军先后占领南京、上海。4 月 7 日，蒋介石委任白崇禧为上海驻军司令，交给白氏的任务之一，是解除"一切非法武装分子的武装"。

从 4 月 8 日到 12 日，白崇禧军队的政治部在上海的报纸上发布口号：打倒在后方制造混乱的破坏分子！打倒反对三民主义的反革命分子！加强真正的国民党党权！打倒篡党篡权的阴谋分子！

口号喊得杀气腾腾，发出了血腥镇压的信号。

蒋介石终于发动了蓄谋已久的"四一二"反革命政变。蒋介石在完成反革命政变的准备后，密令"已克复的各省，一致实行清党"。

12日清晨，蒋介石在祁齐路上的司令部里，响起了刺耳的军号声，上海滩内的炮舰也拉响了汽笛，隐藏在租界里的青红帮打手们，臂上缠起了"工"字符号的袖章，打着工人的旗号，带着枪械，纷纷出动。他们立

法警将一位穿白色中式上衣的男子拘捕，男子后背的牌子上指其为共产党员。

刻在上海各处散开，有目标地袭击中共工会的工人纠察队。

就在青红帮与工人纠察队员纠缠在一起时，蒋介石的军队荷枪实弹地出现在两派之间。他们以奉命"调解工人内讧"为名，收缴了双方的武器枪械。

很快地，曾经为上海解放立下汗马功劳的上海工人武装纠察队近3000人，被解除了武装。

工人武装纠察队，有的不明不白，来不及反抗，就被缴了枪；有的工人开枪抵抗，则被青红帮或军队杀害。

当时，正在商务俱乐部工人纠察队总指挥部工作的周恩来，也一度被国民党的人诱捕起来。周恩来后来回忆说：

"敌人是怎样骗我们的呢？一个驻在闸北的国民党师长叫斯烈，他的弟弟斯励是黄埔军校出来的，是我的学生。斯烈就利用这个关系和我们谈判。我们就迷糊了，认为可以利用他。我们认为他不会对我们动手。其实我们这时重点放错了，重点应该放在保持武装。当时斯烈写了一封信给我，要我去谈一谈，我就被骗去了。当时我的副指挥也去了。"

周恩来一行到了斯烈处，即被司令部扣押起来。幸亏事情被罗亦农及时了解到了，立即设法营救，后来，终于将周恩来从国民党手中救了出来。

"四一二"的第二天，上海工人纠察队为抗议国民党无故收缴工人武装，上街示威游行。

这时，蒋介石进一步露出了凶残面目，他让埋伏在宝山路的国民党军队，向手无寸铁的工人群众开枪射击。一时间，"死者血流街道，伤者纷纷倒地，呼喊啼哭之声惨不忍闻，当场受击毙者在百人以上，伤者更不可数计"。

蒋介石一不做，二不休，继续挥舞手中的屠刀，肆意杀虐。仅政变的头三天，共产党员和革命群众被杀的就有300多人，被捕的有500多人，失踪者达5000余人。

随后东南各省也先后陷入一片血海之中。曾在黄埔军校任教的共产党著名领袖人物萧楚女、熊雄等人在广州被杀害。孙中山曾经视为挚友的共产党领袖李大钊，则在北京被张作霖绞死。

蒋介石在共产党人的血泊之中建立了南京国民政府。同时，他也就完成了从一个革命军的总司令向一个新的封建军阀首领的蜕变。

得意忘形的蒋介石，当然不肯放过差一点误了他的"大事"的郭沫若。他于5月发出了通缉郭沫若的密令，要求"电令所属一体严密缉拿郭沫若一名，务获归案惩办"。这个通缉令还外加"三万元赏格"。

这时的郭沫若，已决定赴南昌加入武装起义的斗争行列。

1926年9月17日，冯玉祥召开国民军全体将领会议，议决全体加入国民党，成为国民革命军的一部分。石友三乘汽车赶到五原，扑通一声跪在冯玉祥的面前，放声大哭，说：总司令惩治我吧！我对不起您的栽培！阎锡山见北洋军阀气数将尽，国民党军日益壮大，遂毫不迟疑地接了国民党的委任状，把太原的五色旗换成了青天白日旗。

1924年冯玉祥发动北京政变以后，将所部改编为国民军，成为北方的一支重要的军事力量。

冯玉祥幼时家贫，只读过一年多的私塾，15岁即入保定五营练军当兵。入伍后，经常不忘学习文化知识，每晚在油灯下盘膝读书写字，很能吃苦耐劳。1902年投袁世凯的武卫右军，任三营管带，后升任旅长。1917年，张勋复辟，冯玉祥率部进京，驱逐张勋。1921年，任陕西督军。第二年，改任河南督军。1924年第二次直奉战争中，率军回师北京，发动政变，逐走曹锟，将自己的军队从直系军阀中独立出来，改名为国民军。

国民军独立以后发展很快，改编后分三个军，冯玉祥为国民军总司令兼第一军军长，第二军军长为胡景翼，第三军军长为孙岳。全军兵力最多的时候达到30余万人。

北京政变后，国民军占领了北京，冯玉祥任命鹿钟麟为北京卫戍司令，随后又进军西北，占领了察哈尔、绥远两个特别区，分别任命张之江、李鸣钟为察哈尔都统和绥远都统。不久，国民军第二军占领了河南，胡景翼任河南军务督办；国民军第三军进军陕西，孙岳任陕西督办。

冯玉祥以治军严明而著称。国民军的全体官兵每到吃饭之时，都要背诵冯玉祥所编的《吃饭歌》，歌词大意为："这些饮食，人民供给，我们应该，为民努力。帝国主义，国民之敌，救国救民，吾辈天职。"他还给部队制定了五条纪律：1. 不准吸烟喝酒；2. 不准嫖娼赌博；3. 不准欺侮老百姓；4. 不准私人民宅；5. 不准便服外出。

冯玉祥在军中执法甚严，并且能够从自身做起，给部队起到了表率作用。冯玉祥驻张家口时，有一次，派他的大儿子冯洪国去北京南苑办事，给了儿子一张三等车厢免票。到了车站，冯洪国被几个高级军官硬拉到头等车厢里去了。此事不知怎么被冯玉祥知道了，他立即叫人把冯洪国叫回，愤怒地说：

"你就不能坐三等车吗？"

儿子刚要申辩，就被冯玉祥举起一根木棍，几下就把冯洪国打倒在地，晕了过去。

这事传出以后，部队上下，谁还敢违法乱纪呢？自然，国民军因纪律严明，便得到北方群众的拥护，虽然士兵生活十分艰苦，但这支军队的战斗力仍然比较顽强。

冯玉祥因"北京政变"得罪了直系军阀的头子吴佩孚，又因策动"郭松龄倒戈"获罪于奉系军阀张作霖。1925 年底，这两支力量最大的军阀势力，开始酝酿联合收拾冯玉祥。冯玉祥看到形势不妙，为了化除仇怨，停止内战，同时也为了转移军阀势力的攻击视线，于 1926 年 1 月 1 日主动发出辞职通电，决定下野，赴苏联考察军事。

他在辞职通电中说："吾国苦于战祸，十四年于兹矣！杀人盈野，所杀者尽为同胞，争端百出，所争者莫非国土。老弱转于沟壑，少壮铤而走险，鞭弭周旋，相习成风，金钱万能，群趋若鹜，礼让之大节尽失，国家之信念无存。军阀祸国，人民切齿，痛定思痛，于斯极矣！"又说："玉祥既无学识，又乏经验，以之治国，无益苍生；以之治军，空累袍泽。与其贻误将来，见讥国人，莫若早日引退，庶免咎戾。"

1926 年 4 月间，冯玉祥赴苏联考察，临行之际，将国民军交给了他的心腹大将张之江、李鸣钟、鹿钟麟等人。

这一次的苏联之行，虽然只有不到四个月的时间，8 月底，冯玉祥即回国加入北伐军行列，但是，却给冯玉祥留下了深刻的印象。

据说，冯玉祥到达苏联的恰克图以后，苏联政府派鲍罗廷来迎接他。鲍罗廷见到冯玉祥后，即问：

"欢迎你来我的国家，不知你对我们有什么要求？"

冯玉祥说："我来贵国考察，目的是为了救中国。"

鲍罗廷说："好，你有没有救中国的方案？"

"没有。"冯玉祥答。

鲍罗廷说："你得有个救中国的方案，我们才能按照你的方案研究援助。你的方案好，我就给你当顾问。"

"可我的确没有方案。"冯说。

"孙中山有个建国方案，你认为在目前可行吗？"鲍罗廷问。

"好啊！我们就用孙中山的方案。"冯玉祥答道。

鲍罗廷说："你现在还是一个北洋军人，不是国民党党员，怎么能执行孙中山的方案呢？你要参加国民党才好执行。"

听了鲍罗廷的话，冯玉祥沉思起来，他开始考虑加入国民党的问题了。

据冯玉祥自己回忆，在苏联，还有一件事令他十分感动。他说："这次到苏联考察军事，思想上收获很大！最重要的一点是，使我有了国家观念。对于这一点，我还要感谢一位外蒙古牧羊儿童，他对我的启发教育是很大的。"

有一次，冯玉祥在郊外散步，无意中遇到一位戴红领巾的牧羊儿童，就站住了问：

"小朋友，你牧羊为了什么？"

"为了解放全世界被压迫的人民和民族。"这个孩子毫不犹豫地答道。

这句回答完全出乎冯玉祥的意料之外，他感到全身都颤动了，心里想：我过去想的都是军队、地盘，哪里想到过解放世界上被压迫的人民和民族呢！

他后来感慨地说："这个牧羊儿童成了我的启蒙老师。我父亲是个泥水匠，每天挣的工钱养活不起一家人。我当营长时，每月能给家里拿去一些钱，能给父亲买上二两大烟土，我就心满意足了；当了团长，就想让自己的子女上学念书；当了察绥巡阅使，想得到更大的地盘，拥有更多的军队，想来想去，想的都是自己小集团的事，始终没有国家观念，真不如一个牧羊孩子啊！这次出国才被迫有了国家观念，开始才要救中国。我们大家都要为国家好好干一场，不然就对不起国人。"

从这里我们可以看到，赴苏考察给冯玉祥的思想进步带来了一定的影响，为他回国后直接加入国民革命军、参加北伐战争有重要的推动作用。

1926 年 8 月，冯玉祥从苏联启程回国之时，正是他的国民军在南口战败，溃不成军之际。

原来，直、奉二系军阀并没有因为冯玉祥的辞职出国而放过国民军。4月 6 日，张作霖、吴佩孚勾结山西王阎锡山，向国民军发起了联合攻击。奉系军队从北京东北和东南方面进攻国民军，并从热河方面向朝阳、承德进攻；直系吴佩孚的部队则从北京西南方面向国民军进攻；阎锡山的军队则从晋北进攻国民军的后方。

4月中旬，国民军被迫撤出北京，退往南口和西北地区。退出北京以后的国民军尚有20万兵力，张之江任总司令，鹿钟麟任东路军总司令，率8万人，主要在南口和多伦两地与奉、直军交战；宋哲元任西路军总司令，率5万人，主要在晋北13县，与阎锡山的军队作战；其余部队留守后方。

战事以南口一带最为激烈。6月，张作霖与吴佩孚在北京会面，双方商定，先攻下南口，然后吴军就南下进攻广东国民政府的北伐军，而张作霖负责继续扫清国民军。于是，奉、直两军加紧进攻国民军南口阵地，与国民军在南口一线激战近两个月左右，不见胜负。阎锡山见国民军久战疲惫，有利可图，突然出兵晋北，从后方夹击国民军。

国民军面对腹背受敌的危局，深感兵力众寡悬殊，加上给养困难，饷械补充无继，作战十分艰苦。吴佩孚还分出一部兵力进攻陕甘，以断绝国民军后路，阎锡山也进一步落井下石，不仅与奉、直联军合攻南口，而且派兵一部进占清水河、托克托等县，直逼绥远，并收买匪军包围包头，极大地扰乱了国民军的后方阵地。

国民军与几方强敌连续作战三月有余，有生力量伤亡过半，饷械俱缺，眼看又要与陕、甘后方根据地断绝联系，遂不敢恋战，不得不于8月15日下令总退却，从南口一带向西突围。

国民军战线绵延约1000公里，退却时行程仓促，士气低落，极为混乱。部队在撤退途中，冒着塞外寒风，生者无衣无食，伤者无医药治疗，死者无棺木埋葬。加上敌人的追击，道路时常被破坏，铁道上的军车在柴沟堡、大同一带撞车四次。高级军官先期乘车到达包头，后方部队无人负责。张自忠、陈希圣、韩复榘、石友三等部损失不大，但却先后投降了阎锡山。

国民军撤至五原时，只剩得5万左右人马了。

9月15日，冯玉祥回到五原时，见到的正是满目疮痍，一队残兵败将。然而，冯玉祥在精神上却十分亢奋，因为南方的国民革命军在长江一带已经取得了决定性的胜利，他自己在政治信仰上已决定遵从孙中山的三民主义，并且准备与南方的国民革命军联合北伐，故而对于军队的前途充满信心。

冯玉祥听到手下将领对于南口失败的报告后，慷慨激昂地说："兵败诚可惜，但使有兵五百，吾亦势必革命，打倒帝国主义，铲除卖国军阀也。"

冯玉祥到达五原以后，也令国民军将士为之一振。他当即奔赴各军，对于各路将士倍加抚慰，并向部队作三民主义训话，鼓舞部队的革命精神，官兵们大为感动，纷纷决心跟着冯玉祥重整旗鼓，虽死不悔。

事实上，国民军在南口一带与奉、直军队的作战，有力地支持了南方国民革命军的北伐进程，吴佩孚在攻占南口以后，再回头到武汉阻击国民革命军，为时已晚，汀泗桥一失，贺胜桥继之，武汉遂不保，吴佩孚终于陷入土崩瓦解之中。因此，北方国民军的行动，对于国民党军队的北伐具有重要的影响和推动作用。

9月16日，冯玉祥在五原发表长篇宣言。他说：

"我虽然做过几点革命事业，我却没有鲜明的革命旗帜，因为我对于革命只有笼统的观念，没有明确的主张，革命的主义，革命的方法，在从前我都没有考察，所以只有一点两点改革式的革命，而没有彻底的做法，我也赤裸裸地说出来，好使国人知道我所做的忽而是革命，忽而又不像革命，其缘故到底是怎么一回事。就革命的观点上说，过去的我，若说是中国一个革命者，是一个孙中山主义者，我都不配，至于马克思主义，列宁主义与世界革命的话，更说不上了。……

"现在我所努力的是遵奉孙中山先生的遗嘱，进行国民革命，实行三民主义，所有国民党一、二两次全国代表大会宣言与议决案，全部接受，并促其实现。今后将国民军建在民众的意义上，完全为民众的武力，与民众深相结合，军队所在的地方，工人组织、农民组织均当帮助，并联合其他民众的团体，共负革命之责任，同时对于学生、教员、商人、机关职员、新闻记者各阶级之利益，均极力顾全，意义是在解放被压迫之中国民族，以与世界各民族平等，解除军阀之压迫。……至于政治主张，我是国民党员，又是国民政府委员之一，一切由国民党决定，由国民政府主持，我唯有与诸同志用集合体的力量履行就是了。"

1926 年 9 月，国民革命军联军在绥远（今内蒙古）"五原誓师"大会情景（左立者冯玉祥，右立宣读《北伐宣言》者刘伯坚）。

9 月 17 日，冯玉祥召开了国民军全体将领会议，议决全体加入国民党，成为国民革命军的一部分。会议决定成立国民军联军，公推冯玉祥为国民军联军总司令。

同日，冯玉祥召集全体国民军将士，在五原城内县府西首广场，举行了誓师大会。参加誓师的部队，因新败之余及军费困难，服装褴褛，器械不全，军容不整，但是，全体官兵见到统帅归来，个个精神振奋。会上，冯玉祥宣布成立国民军联军司令部，并就任联军总司令，宣布国民军全体加入中国国民党，并代表全军郑重宣誓，誓词曰：

"国民军之目的，以国民党之主义唤起民众，铲除卖国军阀，打倒帝国主义，求中国之自由独立，并联合世界上以平等待我之民族，共同奋斗。特宣誓生死与共，不达目的不止，此誓。"

这就是历史上著名的五原誓师。它对于国民党军的壮大与发展产生了重大影响，鼓舞了北伐军在江西战场上的战争，在敌人营垒中起了动摇与分化的作用。这支部队在北方的存在，客观上牵制了奉系军阀不敢轻易南下，巩固了国民党在长江中下游的军事阵地，在未来对奉战争中也具有举足轻重的作用。

国民军五原誓师后不久，不少流散的国民军部队陆续赶回部队，原本已经投降阎锡山的韩复榘、石友三等也率部回归。

石友三原是冯玉祥麾下的一名马夫，因天生机敏，逢迎得体，颇得冯玉祥的赏识，不断得到升迁与重用。待到南口大战时，石友三已是国民军第六军军长，战败后，为求自保，石友三通过少年时代的老师商震，投降了阎锡山。

时下，冯玉祥从苏联归来，举行五原誓师，声势大壮，并发电报召石友三来五原议事。石友三起初因为南口叛冯之事，不敢贸然前往，遭到石父的严责，说他忘恩负义，命他立即赶到五原向冯总司令悔罪。其时，就是阎锡山本人，也在酝酿叛奉联冯之事。于是，石友三左右权衡以后，决定离阎归冯。

石友三乘汽车赶到五原以后，走进司令部，扑通一声跪在了冯玉祥的面前，放声大哭，说："总司令惩治我吧！我对不起您的栽培！"此刻正是冯玉祥用人之时，石友三的归来，自是让冯玉祥十分欣喜，故而也就没有深责于他。

至于韩复榘，冯玉祥打电话让他回来，韩立即表示，过去做错了，从今以后一切听总司令的。随后就将部队如数开回西北。临走之时，韩复榘还对阻拦的阎军卫队官说："我们是暂时相投，借个盘缠的。你当是真的投降了不成！"

石韩二人这一次的叛变，终还是现出了动摇反复的劣根性，其后在与蒋介石的较量中，冯玉祥不免还是吃了他们的亏。不过，石韩两支部队的归来，毕竟壮大了国民军联军的势力，使得这支部队能够在新败之余重整旗鼓、振作起来。

五原誓师以后，冯玉祥逐渐收拢部队，进行整顿改编。他仿效国民革命军的军制，重新任命了联军各军的军长：第一军军长张之江；第二军军长邓宝珊；第三军军长徐永昌；第五军军长方振武；第六军军长弓富魁。其余零散部队及整编多余的军官，交宋哲元，编为暂编第一师。石友三、韩复榘归来后，分别编为两个军。经过整编以后的国民军联军，人数达到了 20 万左右，又成为北方的一支劲旅。

国民军联军加入国民革命军的行列以后，面临着军事上的重要选择：一种意见是，回师东指，收复南口，进而夺取北京，直面奉系军阀，报南口失败之仇；一种意见是，巩固甘肃，增援陕西，东出潼关，与南方国民革命军会师中原。最后，冯玉祥采纳了第二种意见。

10 月初，国民军联军佟麟阁、孙连仲两师入甘肃，会同在那里的孙良诚部，一同剿灭了原国民军叛将张维玺部，基本平定了甘肃。随后，冯玉祥组织了七路"援陕军"，直赴西安。

其时，围困西安的直系刘镇华军 10 万人马正对夺城跃跃欲试，守城的国民军陕西督办李虎臣部兵力单薄，形势岌岌可危。

11 月下旬，国民军孙良诚部围攻咸阳，方振武部经固原、平凉、乾州包抄咸阳，在大军压境的情况下，直系咸阳守军望风西撤，国民军于 11 月 23 日攻克咸阳城。接着，国民军以方振武为左路军，马鸿逵为右路军，孙良诚为中路军，兵分三路，直取西安。直系刘镇华军集中兵力，阻击孙良诚中路，战斗甚为激烈。打至难分难解之时，国民军孙连仲、刘汝明两师赶来增援，分别加入左右两翼迂回猛攻。刘镇华逐渐招架不住。26 日，国民军发动总攻击，两翼军抄敌后路获得成功，刘镇华孤军作战，不得不狼狈东退。27 日，被围困八个月之久的西安城终于解围，国民军在援陕战役中取得了决定性的胜利。

1927年4月26日，武汉国民政府任命冯玉祥为国民革命军第二集团军总司令。5月6日，冯玉祥移驻潼关，督师东进，准备与北伐军会师。

国民军进入河南境内以后，一路攻克卢氏、洛宁、渑池。5月26日占领洛阳。冯玉祥命令孙良诚、方振武等部沿陇海路继续东进，进逼武汉，策应南方北伐军；另以一部由洛阳经孟津、郾师，向郑州前进。

5月30日，国民军占领郑州，6月1日，武汉北伐军唐生智部也进抵郑州，张学良、韩麟春等奉军残部均被赶往黄河以北，南北两支国民革命军终于会师。

冯玉祥五原誓师以后，军情士气为之一新，东征之战，势不可当，取得

1926年9月任国民军联军总司令的冯玉祥将军

了令人瞩目的战果。

冯玉祥在总结东征胜利的经验时说：胜利原因主要是官兵明白主义，富于革命精神，而"我军官兵何以知有党，知有主义，则纯系政治训练所奏奇效。平时各军将领及政治工作人员努力愈多者，则作战时所表现之成绩亦愈大"。

又说：我军每至一地，当地农民即扶老携幼，欢迎道左，米面馍粥，尽量供给。陇海路工友，则极热心运输工作，努力恢复交通，俾我行军便利。此皆农工热烈助我之实际表现，而绝不可抹杀者。

由此可见，中国老百姓因对军阀统治的仇恨，而热烈支持革命军讨伐军阀，是南方北伐军以及新生的国民军在战争中取得胜利的一个重要因素。

国民党军在长江以北得到冯玉祥军的加入，声势大震，使得北伐战争呈现顺利发展的大好前途。不久，又得到另一支队伍的加入，这支部队就是山西王阎锡山的军队。

阎锡山以经商起家，谙熟唯利是图，见风使舵，投机钻营之道。

阎锡山的父亲是个貌似忠厚，心怀诡诈的奸商，当地人称"笑面虎"。阎锡山16岁随其父经商。当时，他父亲在山西五台县城开了个"吉庆昌"钱铺，主要是放高利贷，出"钱帖子"。在父亲的指导下，阎锡山学习记账、算利息，印制钱铺发行的"钱帖子"。经过一段时间，他摸清了经商的路数，开始外出讨债，并兼做投机生意。在金钱的诱惑下，他随父亲涉足被称为

冯玉祥与士兵同甘共苦

"虎市"的金融投机市场，利用当地偏远地区五台、定襄一带，银两与制钱的比价时高时低的状况，进行买空卖空，做冒险的"打虎"生意。这种交易，双方不见面，仅凭一句话就买进卖出，风险极大。阎锡山经常出入"虎市"，打听行情，投机钻营，有时竟也赚得不少。于是，"打虎"越打越大，投机数额越来越高。

在1900年的一次"打虎"中，阎家父子二人终于失手，一败涂地。他们赔掉了钱铺内的一切，倾其所有还了债，还欠2000吊。债主们不断上门讨债，"吉庆昌"的钱帖子也纷纷拿来兑现，阎氏父子招架不住，"三十六计，走为上"，父子俩偷偷摘掉"吉庆昌"的牌子，连夜逃出五台城，回到老家河边村。

阎锡山虽然随父经商失败，但他却把投机商人的那套精打细算、唯利是图、投机钻营、巧取豪夺的本领全部学到了手，为他后来不断进行的政治投机打下了基础。

后来，阎锡山在当了一段时间的"伙计"以后，考入山西武备学堂。1904年，又被选送去日本官费留学，先进振武军校，后又进入日本陆军士官学校。在此期间，冈村宁次当过他的队长，板垣征四郎当过他的教官，土肥原贤二和他是同学，还住过同一个宿舍。这些日本人在后来的侵华战争中都是"急先锋"，且双手沾满中国人民的鲜血。

到日本的第二年，阎锡山加入了孙中山的同盟会，1909年毕业回国。辛亥革命爆发后，阎锡山在山西策动新军起义，后来被推举为山西都督，从此成了独霸山西一方的地头蛇。

1920年7月直皖战争时，阎锡山感到自己军政实力不够，不敢得罪直皖双方，声称山西"严守中立"，并宣布"内政外交"的三不二要主义，即：三不者，一不入党派；二不问外省事；三不为个人权利用兵。二要者，一要服从中央；二要保卫地方治安。

一段时间内，阎锡山倾心于山西内政的治理，积聚内功。对于省外各路军阀的混战，阎锡山采取了谁强巴结谁，有奶就是娘的政策。直皖战争以后，直系军阀势力膨胀，他就竭力向直系靠拢，不仅与吴佩孚信函不断，而且与

阎锡山（1883－1960），字百川、伯川。北洋军阀晋系首领。曾为中华民国一级上将，任国民政府行政院院长、国防部部长等职务。

吴互结金兰之好，称兄道弟。在曹锟贿选总统时，阎锡山积极提供贿选经费 50 万元，以示讨好。

到了 1924 年 9 月的第二次直奉战争时，阎锡山感到多年的苦心经营，已使山西壮大起来，可以与其他军阀一争雄长了，遂开始加入北洋军阀各派系的混战，以求投机取巧，向外扩展势力。

当时，直系吴佩孚、奉系张作霖和皖系段祺瑞三方，都曾派人到山西游说阎锡山，希望取得阎的支持。

善于观测风向的阎锡山把握着自己的一贯原则，叫做："认清对面，才能与对面处，了解了周围，才能在中间站。"所以，对于作战三派的游说，阎锡山一开始都采取了不表态的政策。后来，他根据各方面的情报，获知段祺瑞即将出山主持国政，冯玉祥即将发动"北京政变"的消息，判断直系吴佩孚可能要失败，并且段祺瑞执政对于自己更加有利，遂于 10 月下旬公开表示联冯、拥段，并出兵倒直。

1924 年 10 月 28 日，阎锡山发兵截断京汉铁路交通，阻止湖北、河南的直系军阀部队北上增援，孤立吴佩孚。29 日，阎锡山军又主动袭击湖北直系部队，获胜。11 月 1 日，又在石家庄缴下一支直系河南援军的武装。如此，直系吴佩孚军在冯玉祥、张作霖的夹击之下，又受阎锡山截断京汉路、山东地方军队截断津浦路的危害，援军不达，遂致一败涂地。

阎锡山首次放弃"中立"立场，一出山就赢出一招，晋军在石家庄驻扎了几个月，才撤回山西。于是，一发而不可收，山西军队不断参加军阀混战，忽而联甲打乙，忽而联乙攻甲，翻手为云，覆手为雨，纵横于各派军阀之间，极尽反复无常之能事。

第二次直奉战争以后，形势变化很快，张作霖、段祺瑞的反直同盟迅速瓦解。奉系军阀入关抢占地盘，先将津浦铁路沿线的直隶、山东、安徽、江苏据为己有，接着进占上海，把势力范围扩展到长江下游地区。从1925年开始，奉系把"讨伐"的矛头对准了冯玉祥的国民军，并与直系吴佩孚联合起来，一起对付冯玉祥。

阎锡山面对这种突如其来的形势变化，出于对自身利害的盘算，决定重新调整与奉、直军阀的关系，实行联合直、奉，攻击冯玉祥的策略。1925年夏，为了解除吴佩孚在第二次直奉战争中与晋军结下的仇怨，阎锡山主动派人去武汉，向吴佩孚表示"悔过之意"，并恳求吴佩孚"不念旧恶，共图中原"。

直奉两派军阀共同讨伐冯玉祥的国民军时，阎锡山一面暗中勾结奉直势力，一面对冯玉祥不露声色，虚与委蛇。待到国民军在数面受敌的作战中明显露出败迹之时，阎锡山的军队则频出狠招，一次又一次攻击国民军后路，加速了国民军在南口一线的溃败。

打败了国民军，阎锡山把统治地盘由山西扩展到绥远，派他的前敌总指挥商震担任了绥远都统，并且，还收编了张自忠、石友三、韩复榘等国民军投降的军队，在战争中大大捞了一把。

可是，好景不长，冯玉祥从苏联回国后，国内形势又有了巨大的变化。南方北伐军在湖南、湖北顺利进军，势如破竹，吴佩孚军一败于汀泗桥、贺胜桥，再败于武昌三镇，已呈瓦解之势。1926年11月，北伐军又先后攻占九江、南昌，几乎全歼了直系孙传芳的主力部队。冯玉祥五原誓师，投靠国民革命军，声势大壮，眼见得新旧军阀之间，旧军阀力量逐渐消沉，阎锡山不得不再次拨弄自己的小算盘，看看把赌注下在哪一方为好。

阎锡山经过精打细算以后，决定首先缓和与冯玉祥国民军的关系。当冯玉祥五原誓师以后，规劝石友三、韩复榘等叛将回归的时候，阎锡山心里虽然满不是滋味，却也并未加以更多的阻挠。他等石、韩等人陆续回去以后，故意拍电报给冯玉祥表示祝贺，并说：

"你的队伍经我代管了几个月，现在你既回国，他们自应仍由你指挥。"

他见冯玉祥并未对自己表示恶意，遂进一步巴结上来。在国民军联军出征开始后，阎锡山派人到包头见冯玉祥，表示友好之意，并遣人从山西送给冯部 1 万套服装，50 万现款和许多枪支弹药。这对于重新整编以后的国民军联军来说，也真是雪中送炭了。于是，冯玉祥对阎锡山的敌意很快就平息下去了。

直系军阀在两湖、江西作战失败以后，张作霖拼凑剩下的北洋军阀势力，组织了所谓"安国军"，自任安国军总司令，并委任阎锡山为安国军副总司令。可是，阎锡山既不拒绝，也不就职，他开始向蒋介石的北伐军频送秋波，试探联络北伐军的路子。

1926 年 10 月，北伐军攻克武汉，广东政府派人到太原联络阎锡山，请阎到武汉商谈北伐事宜。阎锡山见北洋军阀气数将尽，已没有太大的前途了，而国民党军的力量正在日益壮大，前途难测，遂决定不再观望，向来访的广东代表明确表示：晋军将响应北伐，并且愿在北方做反奉的先锋。

1927 年 5 月，南京国民党中央任命阎锡山为"北方国民革命军总司令"，此时，国民党武汉、南京两个政府都已兴师北伐，冯玉祥军业已东征，北伐军指日可达山西。阎锡山感到再也不能犹豫观望了，于是就毫不迟疑地接受了国民党的委任状，于 6 月 3 日在太原宣誓就职，把他的五色旗换成了青天白日旗。

6 月 19 日，阎锡山发表了《北方革命军总司令宣言》。他也觉得有必要对自己这几年来反复无常的行为作一些解释。他在宣言中说：

"本总司令因所处之环境，至为恶劣；所挟之势力，至为微弱。且民众亦缺乏组织与训练。吾苟显明其主义与政纲，无异自树一帜，以待此等敌人之共同进攻，而环绕吾人之左右者，日夜思颠之覆之，欲置吾人于死地。为保留大河以北微弱之革命势力，与三民主义之障碍者虚以委蛇，十四载于兹矣。设使孤军转战，其失败必无疑也。本总司令自吾党二次革命失败后，即用保境安民之政策，虽与革命工作鲜有建树，然自信于本党主义，尚不背驰。"

最后，阎锡山冠冕堂皇地说："一切反革命之势力，已到最后崩溃之时

1928 年 2 月 28 日，冯玉祥、蒋介石和阎锡山在河南开封会面，结拜兄弟，
1930 年就兵戎相见，混战中原。

期。凡我南北真实革命同志，急宜集中革命势力，起而奋斗。"

于是，阎锡山从奉直军阀那里，来了一个 180 度的大转弯，振振有词、
理直气壮地在山西悬挂起青天白日旗来。

继冯玉祥东征以后，1927 年 10 月，阎锡山率兵出征，对奉系作战。他
亲自到石家庄指挥京汉路军事，北路攻取了宣化，南路占领了正定，与奉军
在望都激战。

至此，国民党军在北方获得了两支大军，军事力量得到了空前的壮大，
但是，与此同时，国民党军内部的矛盾也愈发复杂。在他们联合作战的同时，
他们也在酝酿着未来的内部战争。因为，这些军队的结合大多以利益为转移，
并非在政治上获得一致，所以，一旦他们共同的敌人消失以后，他们的利益
冲突就会显露出来，并最终不能脱离军阀势力的本性，离不开用枪杆子解决
问题。

## "结一次婚，革一次命"

蒋介石与宋美龄结婚当天，写下感言："余确信今日与宋女士结婚以后，余之革命工作必有所进步。余所安心尽革命之责任，即自今日始也。"婚后的蒋介石春风得意，又一次执掌国民党军政大权。权力和美人一时竟让他魂不守舍，在一份因作战失误请示惩办失职军官的报告上，批了"准假一周"；在另一份请假结婚的报告上，批了"立即枪毙"。

1927年12月1日，蒋介石与宋美龄结婚。蒋介石在结婚的当天兴奋不已，写下了一篇《结婚感言》发表在报纸上。

蒋介石在这篇奇文中宣布："余今日得与最敬最爱之宋美龄女士结婚，实为余有生以来最愉快之一日。余确信今日与宋女士结婚以后，余之革命工作必有所进步。余所安心尽革命之责任，即自今日始也。"

蒋介石又说："余平生研究人生哲学及社会问题，深信人生无美满之婚姻，则做人一切皆无意义。社会无安乐之家庭，则民族根本无从进步，……家庭为社会之基础，欲改造中国之社会，应先改造中国之家庭。"

这篇文章的最后谈到："我们的结婚，可以给中国旧社会以影响，同时又给新社会以贡献。"

蒋介石与宋美龄的婚礼办得轰轰烈烈，中外报纸都作了详细报道。有的报纸则根据蒋介石自己写的这篇感言，加以延伸说：蒋氏申述他以前的革命是假的，今日与宋女士结婚以后，才是真正开始革命工作云云。

其时，李宗仁正在从武汉乘轮船返沪的途中，读到报纸上的话，心里十分不快，对随从将领们说：

"我们革命军全体将士在蒋总司令领导之下，打了一年多的仗，死伤数万人，难道都为'假革命'而牺牲？我们此后再追随蒋总司令，冒锋镝矢石，去'真革命'，也岂视一女子为转移？"

后来，蒋介石又一次上台以后，李宗仁又曾在桂系的一次高级将领会议上说："我第七军将士已为蒋介石的'假革命'死伤数万人。现在要坐下来看看蒋介石是不是带我们去'真革命'。"

此话传出去以后，蒋介石"结一次婚，革一次命"的戏谈，遂不胫而走。

事实上，蒋介石与宋美龄的结婚，的确对于蒋介石的政治生涯产生了深刻影响。这不仅在当时是一种以退为进的手法，在以后也是蒋介石投靠英、美帝国主义势力，在新军阀的混战中腰杆儿硬起来的资本。

蒋宋联姻，是从蒋介石徐州战败第一次下野以后开始付诸实行的。

蒋介石、宋美龄结婚照

1927 年 7 月，汪精卫继蒋介石叛变后，也在武汉叛变，实行"分共"政策，但同时，他又与蒋介石继续争斗，以国民党中央的正统自居，指责蒋介石的专制独裁，已同军阀没有区别。为此，汪精卫的武汉政府发出了"东征讨蒋"的命令，东征部队以唐生智部为主力，沿长江以北向南京发起进攻。

面对武汉方面的军事进攻，南京方面也不示弱，蒋介石命令李宗仁部第七军溯江而上，过芜湖，向江西方面挺进，与汉方军队对阵。

冯玉祥则充当了宁汉双方的调停者，力劝双方在清党反共的前提下统一起来。

就在宁汉双方处于对峙状态之时，北洋军阀孙传芳、张宗昌的军队却乘机在济南举兵反攻徐州。孙传芳重新改编整顿所部，自任安国军第一方面军司令，调兵遣将，对徐州发动猛烈攻击。经过激烈的争夺战，孙传芳军击败防守徐州的王天培第十军，于 7 月 24 日攻占了徐州。

徐州是军事上的战略要地，扼津浦陇海铁路咽喉，乃兵家必争之地。

徐州失守以后，蒋介石召开军事会议，对南京的军事将领们说："渠意武汉军为共党所稽延，一时不易东下，我方应及时夺回徐州，以振声威。"他决定亲自率兵前往徐州作战，临行前立誓：此次不打下徐州，便不回南京。

蒋介石于 7 月 25 日亲率第一军一部前往蚌埠部署作战，调集大军反攻徐州。从 7 月底到 8 月上旬，蒋介石的军队与孙传芳军在徐州一带展开大战。战斗初起时，津浦路正面的孙传芳军佯作退却，蒋军进展极速。逼近徐州以后，南京军队即遇到北洋军阀的顽强抵抗，战事呈胶着状态。

8 月初，孙传芳突然派出精锐部队，由右翼向蒋军左翼包抄袭击，致使蒋军立即出现混乱局面，"全军顿开混乱，正面敌人乘势出击，我军乃全线溃败。敌军跟踪追击，我军无法立足，迅速逃窜，津浦路轨及桥梁均不及破坏。敌军势如破竹，我军溃败之惨，实前所未有"。

徐州战败后，蒋介石逃到南京，孙军乘胜追至长江北岸，进一步威逼南京，形势比之徐州失守更有过之。蒋介石既羞且愤，将徐州失守之过，全部推到第十军军长王天培身上，不经过军法审判，也不宣布罪状，竟将王天培枪毙。

蒋介石原本想用徐州作战的胜利，来缓解当时内部和外部的压力。但作战失败的结果，使他的处境更加不妙。国民党军的一些高级将领不仅怨蒋无能，而且对蒋杀王天培以泄愤深为不满，要求蒋介石下野的呼声随之而起。

蒋介石回到南京后，仍想调动第七军与武汉作战，却遭到了李宗仁和白崇禧的反对。蒋介石看调不了军队了，就以辞职相对抗。

这时，国民党中的元老吴稚晖出面做工作，希望大家留住蒋介石。他请了 20 多个南京国民党将领开会，说："现在，我军正在酝酿继续北伐，蒋总司令不可辞职。大家想想办法，如何留下蒋总司令。"

这时，何应钦站起来说："蒋是自己要走的，他走了很好，从此我们也可以爱一爱国家。"据说，何应钦是王天培的同乡，两人过从甚密，对于蒋介石不用法律，随便杀人，何应钦颇有兔死狐悲之感。

接着，白崇禧也站起来说："革命是大家的事，蒋走了很好，我们大家联合起来做革命工作，少了他，我们一样可以做。"

见到军事将领们一个个神色严峻，对于蒋介石并无留恋之心，吴稚晖也害怕坚持留蒋会招来杀身之祸，遂不再坚持想办法留蒋了，会议不欢而散。

南京军事将领们的心思，蒋介石心里自是十分明白，也知道局面很难挽回了，只好决心下野，以退为进，等待时机。

蒋介石草拟好下野文告，找到李宗仁，对他说："这次徐州战役，吃了大亏。我现在决心下野了。"

李宗仁故作惊讶地问："胜败兵家常事，为什么要下野呢？"

何应钦（1890—1987），字敬之，贵州兴义人，曾任黄埔军校总教官、国民政府军事委员会参谋总长、陆军总司令、国防部部长、行政院院长等政府要职。

蒋介石回答："你不知道，其中情形复杂得很。武汉方面一定要我下野，否则势难甘休，那我下野就是了。"

李宗仁说："现在津浦线上，我军已溃不成军，局势十分紧张。敌人已进逼蚌埠，旦夕之间即可到达浦口，威胁首都。武汉方面又派兵东进，如何部署江防实为当务之急。我看，你无论如何要顾全大局，不要下野。"李宗仁的这番话，其实也在责备蒋介石留下这么个烂摊子，就想一走了之。

蒋介石下了决心，说："我下野后，军事方面，有你和白崇禧、何应钦三人，可以对付得了孙传芳。而武汉方面东进的部队，至少可因此延缓。"

最后，蒋介石终于在 8 月 12 日宣布下野。

下野后，蒋介石一天也没有闲着，他很快给宋美龄写出一封情意颇浓的求爱信。信中说：

"余今无意政治活动。惟念生平倾慕之人，厥惟女士。前在粤时，曾使人向令兄姊处示意，均未得要领。当时或因政治关系。顾余今退而为山野之人矣，举世所弃，万念灰绝，曩日之百对战疆，叱咤自喜，迄今思之，所谓功业宛如梦幻。独对女士才华容德，恋恋终不能忘。但不知此举世所弃之下野武人，女士视之，谓如何耳？"

看来，这封信还是打动了宋美龄的芳心。

不久，蒋介石在与《字林西报》记者谈话时，直接披露了他与宋美龄结婚的打算，他说："五年前，余在广州，寓于孙总理处，以是获见宋女士。以为欲求伴侣，当在是人矣。其时宋女士尚漠然。嗣后时与女士通函，力电前请，近来女士已允，惟尚须得其家属许可。倘诸事顺遂，当在上海结婚，然后游历国外一年。"

蒋介石要与宋美龄结婚的消息传出以后，自然各方议论蜂起，其议论的焦点，还在于蒋介石如何处置他的原配夫人，以及两位曾经与他同居的女士姚怡诚和陈洁如。

于是，蒋介石又不得不在 9 月 28 日特地在上海《民国日报》上发表了一篇《家事启事》，向各方舆论解释说："各同志对于中正家事，多有来书质疑者。因未及遍复，特奉告如下：民国十年，原配毛氏与中正正式离婚。其他二氏，本无婚约，现已与中正脱离关系。现在除家有二子外，并无妻女。惟恐传闻失实，易资淆惑，遣此奉复。"

9月29日,蒋介石即动身前往日本,向在那里养病的宋太夫人提亲。10月3日,蒋介石到达宋太夫人下榻的神户有马温泉大旅馆,蒋介石不仅向宋太夫人表白了自己的婚姻状况,而且表示可以考虑接受基督教,加上宋美龄的"里应外合",宋太夫人终于同意了这门亲事。

据说,蒋介石在获得宋太夫人同意婚事后,高兴极了。他从宋太夫人的房间里走出来以后,以极兴奋的神情,对旅店老板娘说:"老板娘,成功了!成功了!婚约成功了!哦!对了!给你写字吧!来!来!马上替我磨墨。"接着就为老板娘即兴挥毫了。

自然,蒋介石所说的下野之人不问政治等语,都不过是掩人耳目的东西。他在日本仍然安排了很多会见日本政要人物的活动。他想借此机会寻求日本外交方面的

蒋宋联姻的情势确定之后,宋家人和蒋介石凑在一起拍了张全家福。这张照片里没有宋庆龄,此时她已踏上前往莫斯科的流亡之路了。前排右起:宋霭龄、倪桂珍、宋美龄,后排右起:宋子安、孔祥熙、蒋介石、宋子良。

支持，同时也了解日本对于中国革命的态度。其中，以他会见日本首相田中义一最为引人注目。

11 月 5 日下午，蒋介石与田中会谈了近两小时。

蒋介石说："中日两国将来之关系，可为决定东亚前途之祸福，阁下以为如何？"

田中答道："愿先闻阁下来日之抱负。"

蒋介石说："余之意有三：第一，中日必须精诚合作，以真正平等为基点，方能共存共荣；此则须视日本以后对华政策之改善，不可再以腐败军阀为对象，应以求自由平等之国民党为对象。换言之，不可在中国制造奴隶，应择有志爱国者为朋友。必如此，中日乃能真正携手合作。第二，中国国民革命军，以后必将继续北伐，完成其革命统一之使命，希望日本政府不加干涉，且有以助之。第三，日本对中国之政策，必须放弃武力，而以经济为合作之张本。余此次来贵国，对于中日两国合作政策，甚愿与阁下交换意见，且希望获得一结果，希望以朋友敬之。"

田中避开正面回答蒋介石的问题，独独对于国民党军还要继续北伐的问题不以为然。他说："阁下盍以南京为目标，统一长江为宗旨，何以要急急北伐呢？"

蒋介石说："中国革命志在统一全国。太平天国之覆辙，其可再蹈乎？故非从速完成北伐不可。且中国如不能统一，则东亚不能安定，此为中国之大患，而非日本之福利也。"

听了蒋介石统一中国的高论，田中竟露出不悦的神情。固然，日本帝国主义本是北洋军阀的靠山，为了削弱中国，从中渔利，日本政府决不希望看到中国的统一和强大，对于蒋介石的北伐计划，当然也就不会表示欣赏了。

田中顿了顿，才接着说："为了先要使长江以南的基础巩固下来，似可以不必急于北伐，而专心于南方统一，如何？"

蒋介石、宋美龄
婚后合影。

蒋介石答道："如果不继续北伐，则南方反而会有发生祸乱之虞。"

田中在与蒋介石的谈话中，还直言不讳地说他支持奉系军阀中的总参议杨宇霆，对于张作霖则不太感兴趣了。最后，他们终于在反共的问题上找到了共同点，都一致发泄了对共产党的强烈仇恨。

蒋介石在与田中会谈后感到，日本不会支持中国的统一，对于中国革命军的继续北伐，一定会采取干涉阻挠的立场。因此，他在当天的日记中写道：

"综核今日与田中谈话之结果，可断言其毫无诚意。中日亦决无合作之可能；且知其必不许我革命成功；而其后必将妨碍我革命军北伐之行动，以阻止中国之统一，更灼然可见矣！"

通过这次对于日本官方态度的了解，使蒋介石下定了尽快进行第二次北伐的决心，只有尽速实现中国的统一，才能避免日本势力更深的介入。与此同时，他也就下定了尽快结束在野的身份，重新进入中国政治决策层的决心。

1927 年 12 月，蒋介石与宋美龄举行了隆重的婚礼。婚礼的当日，蒋介石在得意之余，写下了那篇引起一片议论的《感言》，他也开始"自今日始"安心尽革命的责任了。

蒋宋联姻，的确在蒋介石的政治与军事生涯中有着重要的影响。

首先，它是蒋介石"以退为进"战略中积极的一招。

蒋介石下野之后，促成了宁汉两方的合流。在李宗仁、何应钦的邀请下，武汉政府发表声明，宣布迁都南京，但双方仍然讨价还价，都想以自己为主组成国民党中央。最后，由谭延闿、孙科提议，双方合为一体，成立国民党中央特别委员会，行使中央职权。

1927 年 9 月 15 日，国民党中央特别委员会成立，由上海、南京和武汉三地的代表选举 32 人为特委会委员。随后，由特委会决定重新组成国民政府。以谭延闿、胡汉民、蔡元培、李烈钧、汪精卫、于右任等人任常务委员。

在这个新成立的特委会和国民政府中，汪精卫派不占多数，大权掌握在南京桂系的手中。并且，武汉方面的汪精卫不仅没有当上"正统"领袖，而且在宁、沪两方国民党势力的联合压力下，以"防共过于迟缓，自请处分"，通电下野。

于是，汪精卫怀着极端不满的情绪回到武汉，联合唐生智，成立了武汉政治分会，与南京的特委会再次对峙。桂系以特委会名义，发兵讨唐，唐生智军被桂系击败，李宗仁军占领武汉，唐生智逃往日本。

武汉政治分会被桂系击垮后，汪精卫不甘失败，又跑到广州拉拢张发奎，成立了广州国民党中央，又弄出一个宁粤对峙的局面。

桂系虽然击败了唐生智，但自身也产生了许多问题。李宗仁、白崇禧原想借蒋介石下野的机会，独揽大权，可是，南京国民政府的党政班底，仍然是蒋介石的旧班底，他们对于桂系的指挥或者置之不理，或者阳奉阴违。加之，蒋介石实际上暗中控制着南京政府的经济命脉，使桂系的军饷无从着落。所以，桂系在南京的统治没过多久，就走入困境，陷入左右为难的动摇之中。

蒋介石静观时局，审时度势，认为出山的时机已到，可以坐收渔人之利了。1927 年 11 月 10 日，他从日本回到上海，对桂系势力把持中央政权，权力迅速膨胀深感不安。于是，第一步就定下了联汪反桂的策略。蒋介石在到达上海的当天，就致电汪精卫，约汪赴沪商谈党务，并冠冕堂皇地宣称：欲使国民党恢复完整，非互相谅解，从速恢复中央执行委员会不可。汪精卫见蒋介石不计前嫌，如此看重自己，遂立即响应蒋之号召，启程赶赴上海。

桂系害怕蒋汪联合起来共同对付自己，遂也采取缓和政策，建议宁、粤、蒋三方在上海举行国民党第二届四中全会的预备会议。

在预备会议上，汪精卫为了摆脱自己在国民党内的不利地位，抢先提出请蒋介石复职。此时处于孤立境地的桂系首领李宗仁、白崇禧等也急于改变尴尬处境，随声附和，要蒋复职。对蒋介石更有利的是，此时，阎锡山、冯玉祥在张作霖的猛烈攻击下，极欲南方国民革命军协力北伐，希望由蒋介石出面统一南方军事力量，从速进行北伐，因而，他们也一致通电吁请蒋介石复职。

在要求蒋介石复职的一片呼声中，蒋介石终于达到了自己预定的政治目标。接着，他又利用共产党人的广州起义，说汪精卫与共产党联合搞暴动，逼使汪精卫出走法国，去掉了一个竞争最高权力的对手。为了进一步扫除进入国民党权力中心的障碍，蒋介石还设计气走了国民党元老胡汉民。

1928 年 2 月召开的国民党二届四中全会，终于使蒋介石如愿以偿。会议选举蒋介石为国民党军事委员会主席、国民革命军总司令、国民党中央执行委员会常委、组织部长、中央政治会议主席。就这样，蒋介石又一次将国民党的党政军大权抓到了自己的手中。这真是蒋介石"结一次婚"以后所获得的最大成果。

其次，蒋宋联姻，还使蒋介石的命运从此与美国联系在一起了。

中国近代以来的各派军阀势力，背后无不有帝国主义的操纵和支持。蒋介石通过宋家与美国的特殊联系，转而从倾向日本到投靠美国，为他以后在各种对付新老军阀的斗争中取得成功提供了后盾，随着美国在国际事务中的重要作用的增加，也为蒋介石在中国政治舞台上称霸一时，创造了有利的条件。

结婚以后的蒋介石，似乎到达了一个理想和欲望的高峰，各种喜事接踵而来，各种赞美和推举也使他陶醉不已。权力和美人，简直让蒋介石魂不守舍。

据说，自从结婚以后，蒋介石每天都伴着优美的音乐声入睡。下午 3 时开始办公，批阅各种文件。不过，自以为精神百倍的蒋介石也会在批文件时犯下大错。

据传，有一年的夏天，他在因作战失误请示惩办失职军官的报告上，批了"准假一周"；在另一份请假结婚的报告上，批了"立即枪毙"。这两份批件让侍从官吓了一大跳，他们又不敢直接向蒋介石指出这个大笑话，后来，就将批文小心地裁下来，改换批示内容，交书记重新缮写一遍后，再发下去。如此，蒋介石差一点无故地杀了一个结婚的年轻人，让别人结一次婚，割一次头。

# 张宗昌半夜撤军  张学良东北易帜

张宗昌的鲁军听到南京国民党军北进的消息后，当官的无心指挥，当兵的无心作战。总司令张宗昌专门从德国购来一辆铁甲车，停在济南车站，只等前方有难拔腿便跑。孙传芳在前线听到张宗昌半夜撤军的消息后，大骂："张宗昌你这浑小子，招呼不打就跑了，你这不是成心坑害老子吗？"日本人虽然炸死了张作霖，但事态发展并未如他们所愿，张学良宣布服从国民政府，改易旗帜。

1927年8月，蒋介石下野后，国民党军在徐州、蚌埠相继败退。8月17日，孙传芳部迫近浦口，兵临南京。

21日，张宗昌从山东到北京向张作霖建议，乘蒋介石下野国民党军内部不稳之际发兵南征。

张宗昌乃是北洋军阀中的"后起之秀"。其人土匪出身，门牌很杂。早年曾在陈其美的部下当过团长，后来投靠直系军阀冯国璋，不久又投张作霖，在吉林任奉军第二军副军长。第二次直奉战争后入据山东，任山东省军务督办。1925年，自组直鲁联军，任总司令。国民党的北伐军打到上海时，张宗昌被逐出，5月，又在蒋介石、冯玉祥的联合进攻下，退出山东。张宗昌手中的直鲁军有7万余人，此时正与张作霖联合，企图恢复昔日直鲁地盘。

张作霖采纳了张宗昌的建议，决定奉军在河北威逼阎锡山的军队，在河南进攻冯玉祥军，令孙传芳军在津浦线全力进攻南京。

8月26日，孙传芳军三个师乘雾夜偷渡长江成功，占领了南京以东的栖霞山、龙潭车站，切断了宁沪交通，形势极其危急。

李宗仁在与武汉方面的国民党政府达成妥协后，决定亲率第七军与何应钦的第一军，于东西方向夹击孙传芳军。

孙传芳军在栖霞山一带乃是背水而战，决心有进无退，与北伐军决一雌雄。北伐军也鉴于栖霞山位置重要，在所必争，故而两军作战空前激烈，激战5昼夜，多次组织肉搏战，栖霞山阵地几易其手。

在龙潭车站，白崇禧指挥第一军与孙军展开争夺。第一军将领因蒋介石不在，不愿听从白崇禧指挥，曾一度准备撤退。

李宗仁找到何应钦威胁道："你真要走，我可就对你不客气了。"

何应钦无奈地解释说："你看，我的军队不能打了，我怎么办呢？总司令下野之后，军心涣散，他们不打，我有什么办法？"

李宗仁说："你的军队不能打，让我的军队来打，好吗？我们生要生在一起，死也要死在一起。你绝不能离开南京！在这紧要关头，你一走，必然影响民心军心，南京一定守不住。"

这才留住了何应钦的第一军。

李宗仁迅速调第七军和第十九军夹攻孙传芳军于龙潭。不久，北伐军援军大至，国民党军的军舰在长江水面向孙传芳军的木船队攻击，很快使孙传芳军于陆地、水面均处于劣势地位。

北伐军于 8 月 27 日攻占栖霞山，30 日会攻龙潭。孙传芳军大败，被俘师长、团长十余人，营长以下官兵三万余人。栖霞、龙潭之役为北伐以来重大战役之一，全歼孙传芳军精锐部队。国民党军伤亡也很严重，黄埔各期学生死伤近 500 人，其余官兵损失亦在 8000 人左右。

11 月中旬，张作霖集中了十余万兵力，在陇海线分头向冯玉祥的国民军联军发动进攻；张宗昌部开往徐州，主持陇海、津浦两路军事；奉系部队在京绥线上与阎锡山军展开争夺。

1928 年 1 月，被奉军围困达 3 个月之久的涿州终于不守，晋军守将傅作义被迫息战开城，守城晋军 7000 余人被奉军改编，归万福麟指挥，傅作义则被迫去职。

傅作义为阎锡山手下大将，南口之役，与国民军作战时，傅作义奉命守天镇，以一个团的兵力，孤军死守天镇达三个月之久，创造了晋军以少胜多，力挫强敌的记录。傅作义则在一年之内由上校团长升至中将师长，也创造了晋军历史上晋升最快的奇迹。

1 月 24 日，张作霖在北京召开"安国军"高级干部会议，孙传芳、张宗昌、褚玉璞等均往参加。会议决定对南京暂取守势，积极对付阎锡山和冯玉祥。

阎锡山和冯玉祥在北方受到奉系军阀的强大压力，叫苦不迭，遂一致呼吁蒋介石复职，率领国民党军迅速北伐。阎锡山在给国民党中央政府的电报中，极力恭维蒋介石，说：

"蒋总司令，国之勋贤，党之柱石，自远引后，全国骇疑。政府虽明令慰留，而时将匝月，迄未反旆，革命大业，尚未成功，党国之勋，岂容任其高蹈。敢乞一致敦劝，务令即日复任艰危，岂惟天下之幸，抑亦党国之幸也。"

在各方面的期盼之下，蒋介石终于再次出山，重掌党政军大权。2月16日，蒋介石到开封，与冯玉祥会晤，商量北伐军事问题。

随后，蒋介石决定重新改编国民革命军，将分属四个派系的军队改编为四个集团军。原第一路军改编为第一集团军，蒋介石自兼总司令，辖18个军，约29万人；将冯玉祥的国民军联军改编为国民革命军第二集团军，以冯玉祥为总司令，辖25个军，约31万人；将阎锡山的北方革命军改编为国民革命军第三集团军，以阎锡山为总司令，辖11个军，约15万人。此后，又将两湖各军改编为第四集团军，以李宗仁为总司令，辖16个军，9个独立师，约24万人。此外，还有海军总司令杨树庄所辖的若干舰队。

面对国民党北伐军积极准备北伐的态势，张作霖于2月12日在北京大元帅府召开最高军事会议，除奉系高级将领出席外，孙传芳、张宗昌也出席了会议，商讨应付南京政府北伐军进攻的方针。

当时张作霖的安国军约60万人，共编成7个方面军团，每军团直辖3～5个军，每军辖3～4个师。张作霖分别任命孙传芳、张宗昌、张学良、杨宇霆、张作相、吴俊升、褚玉璞分任7个方面军军团长。

会议决定对京汉路、津浦路采取攻势防御，对正太路、鲁西、大名一带采取攻势。随即，任张宗昌为津浦路总指挥；孙传芳为鲁西方面总指挥；褚玉璞为大名方面总指挥；张学良为正太、京汉两路总指挥；张作相为京绥路总指挥。

3月31日，蒋介石渡江督师北伐。4月1日行抵徐州，通令第二、第三集团军于7日开始发起总攻击。作战要点为：以集团军作战略包围，截击敌军于泰山、汶水以南而歼灭之。

显然，蒋介石把首攻的矛头指向了鲁南的张宗昌。当时，张宗昌的鲁军共约7万人，大多为土匪改编而成，组织涣散，战斗力不强。大战开始前，听到南京国民党军将要北进的消息后，当官的无心指挥，当兵的无心作战。总司令张宗昌专门从德国购来一辆铁甲车，停在济南车站，只等前方有难拔腿就跑。尚未开仗，张宗昌军已成惊弓之鸟。

4月10日，第一集团军沿津浦线分左右两翼包围攻击张宗昌军。在右翼，刘峙的第一军团先后攻占枣庄、台儿庄、韩庄、沙沟、临城一线。张宗昌军曾以3个月时间，在台儿庄至韩庄间构筑了半永久性堡垒防御阵地，结果，几天中即被北伐军全部攻破。北伐军击毙张宗昌军千余人，俘敌1.8万余人，缴获大炮20余门。

张宗昌率部退往滕县、界河一带，企图死守待援。17日，国民党军刘峙部与张宗昌军激战于滕县、界河一线。在国民党军的猛烈攻击下，张宗昌军死伤2000余人，防线被攻破。18日，两军又在滕县激战一昼夜，国民党军乘胜向界河、邹县、兖州追击，19日，占领兖州。这一仗，俘敌3万余人，张宗昌军损失殆尽。

在左翼，第一集团军贺耀祖部协同第二集团方振武部，连克丰县、沛县、鱼县、谷亭、金乡，进逼济宁。4月中旬，孙传芳军乘左翼军进展过快，与右翼失去联络之机，大举反攻，一举突破贺耀祖部阵地，向徐州进逼，在战略上给北伐军造成很大的威胁。蒋介石急电冯玉祥，要求增援，冯玉祥急调石友三部1.5万人开往砀山，向孙传芳军发起突然攻击，迫使孙军不得不迅速后撤。

国民党第一集团军继续向北推进，4月28日，占领济南以东的明水镇，29日截断胶济线，进抵济南近郊。至此，国民党军已从东、南、西三面，对济南形成了包围态势，济南城内一时大乱。

孙传芳军打徐州，原是要解张宗昌之围，减轻张军在济南方面的压力。随后，因冯玉祥军的增援，孙传芳军不得不退至十里铺、金乡一线，与北伐军展开拉锯战，战事呈胶着状态。

4月30日夜里，张宗昌决定不再坚守济南，坐上他的德国造铁甲车，弃城逃往德州。

孙传芳在前线听到张宗昌半夜撤军的消息后，破口大骂：

"张宗昌你这浑小子，招呼不打就跑了，你这不是成心坑害老子吗？"

张宗昌从济南撤兵，把孙传芳的10万人马扔在了国民党军的包围圈内，刘峙的第一军团已由兖州向孙传芳军压来，孙军后路就要被切断了。不得已，孙传芳也只得连夜从战场上撤出来，向济宁西北逃跑。

于是，国民党第一集团军和第二集团军一部，在没有阻挡的情况下，向山东境内迅速推进，5月1日占领济南。5月初，日本帝国主义蓄意制造济南惨案，蒋介石决意对日采取妥协退让态度。

5月10日，国民党军绕过济南城继续北上，11日占恩县，13日占德州。

到6月2日，其他各路集团军已分别占领保定、洛阳、肃宁、河间一线，张作霖军被迫退守琉璃河、固安、永清、胜芳、马丁一线，北京危在旦夕。

6月3日，张作霖宣布退出北京，奉系军队全部从北京退回东北。4日，张学良敦请北京各界人士出面，接洽北京和平接收办法。张宗昌、孙传芳军也接到总退

1928年5月，蒋介石与宋美龄在"二次北伐"途中。

却命令，率领残余部队向天津、东北方向撤退。

后来，奉军各军团全部退回东北老家以后，张宗昌等人若丧家之犬，徘徊于关外。张宗昌曾请人向张学良要求进入东北，遭到了张学良的拒绝。张学良让张宗昌军在唐山一带集结，由奉军发饷。

其时，张作霖已死，张学良对于张宗昌的为人心里十分清楚。早年他在营口专门赌博、偷窃，当了军官以后，人称"狗肉将军"，他一会儿是上海光复军，一会儿投了国民军，转眼又成了吴佩孚的部下，最后投了张作霖。过去，张作霖重用张宗昌时，张学良就不以为然，因为，张宗昌在山东名声极坏，生活极端奢侈糜烂，山东人又送他一个绰号叫"三不知将军"，即：不知自己的兵有多少，不知自己的钱有多少，不知自己的姨太太有多少。

张宗昌见张学良拒绝自己入关，后面国民党军也追得甚紧，于是，恼羞成怒，打着为张作霖报仇的旗号，大骂张学良不忠不孝，带着剩下的部队偷袭驻守滦河的奉军。奉军不客气地给予还击，把张宗昌打得大败，伤亡惨重。

随后，张宗昌的军队大部分被追踪而来的白崇禧部剿灭，一部分自动投降了蒋介石。张宗昌几乎只身逃到大连，最后在大连也难容身，张宗昌只能乞求日本人让他搭船去日本。临行之际，日本人告诉张宗昌，只准他在 40 多个妻妾中挑选两人带到日本，其余一概不让带走。就这样，张宗昌去了日本。1932 年，日本占了东三省，张宗昌又从日本回国，企图东山再起，不料在济南火车站被人暗杀。

1927 年 5 月，当国民党军北伐进入山东境内时，日本帝国主义为了阻止北伐军前进，支持张作霖的军队，公然派兵进驻济南。早在第二次北伐之前，蒋介石就曾恳求各帝国主义国家"勿加妨碍"，对于日本尤其防备，告之以"不为损人不利己之举"。这是因为蒋介石在日本访问时，从日本首相田中义一处，已深知日本不愿中国统一，必然从中阻梗之故。

5 月 3 日上午，日本驻济南代理总领事拜会蒋介石，声称是来"辞行"的。这一招，蒋介石信以为真，军队没有对日本人做任何防范。结果，日本士兵在当日下午突然袭击国民党军伤兵，并包围伤兵医院，用机枪向里面扫射。与此同时，日军在济南各处接连不断地制造流血事件，济南城内形势立即紧张起来。

对于日军的武装挑衅，蒋介石一方面命令中国军队全部撤出商埠区，另一方面派遣外交部长黄郛到日军司令部交涉。日军毫无诚意，根本不理睬中方交涉，将黄郛无理扣留18小时。3日夜11时，日军公然闯入交涉署，将战地政务委员会委员、外交处主任蔡公时等19名中国办公人员捆绑毒打。蔡公时当即说明自己的身份，并对日军的暴行表示抗议。日本人竟残忍地割下蔡公时的耳朵和鼻子，继之又挖去他的舌头和眼睛，最后虐杀了他。其余人员除两人逃出外，全部被惨杀。

4日晨，蒋介石派高级参谋熊式辉与日军代表、参谋长黑田周一谈判。

蔡公时（1881-1928），字公时，别号虎痴、公痴、痴公，江西九江人。济南"五三惨案"著名烈士。

1928年6月4日，日本关东军制造的皇姑屯炸车案现场之一。

日方提出了极其苛刻的条件：1. 济南商埠街道，不许中国官兵通过；2. 胶济和津浦路不许中国运兵；3. 中国军队一律退离济南 20 里外。熊式辉不敢签字，返回总司令部。当天，日军就派飞机轰炸蒋介石的总司令部，蒋介石仓皇逃到党家庄。

5 月 7 日，日军向蒋介石进一步提出惩办南京军队有关官员，撤退辛庄、张庄部队等无理要求。蒋介石又派熊式辉、罗家伦前往交涉。日军一方面在谈判中胡搅蛮缠，另一方面用重炮轰击济南城。5 月 11 日，中国军队被迫退出济南城。日军占领济南城后，奸淫掳掠，无恶不作。在整个济南惨案中，中国军民共死亡 3000 余人，受伤 1400 余人。

以蒋介石为首的国民党南京政府，对日本人采取了妥协退让的态度。国民党的北伐军决定撤出济南，绕道北上。日本军队得寸进尺，进一步干涉国民党军的北伐。他们一方面劝告张作霖下野，让权于亲日分子杨宇霆，另一方面集中兵力于奉天和去东北的要道上，阻止北伐军进入东北。

可是，张作霖不想再听日本人的劝告，他以安国军大元帅的名义下达了总退却令，并准备率军入关。于是，日本人决定惩罚这个不听话的傀儡。

日本关东军高级参谋河本大作被派执行谋杀张作霖的任务。河本派人详细侦察了张作霖的行踪，最后选中了南满铁路和京奉铁路的交叉点皇姑屯，作为爆炸地点。河本指挥工兵在铁桥下安放了 120 公斤炸药，并装置了电流引爆装置。接着，又计划了第二步计划，一旦爆炸失败，则“使列车脱轨颠覆”，并“不失时机地乘混乱之机，让‘拔刀队’闯进去杀他”。

一切安排就绪，6 月 3 日凌晨，张作霖一行 30 多人的专列行至皇姑屯时，只听一声巨响，空中升起 200 多米高的黑烟。河本断定，张作霖的骨头都会飞上天了，因此用不着再进行第二计划了。

日本政府曾经设想，张作霖死后可能出现两种情况：一是张学良愤起替父报仇；二是张学良平静地继承父业。如果发生第一种情况，日本就准备乘机出兵占领东北；如果是第二种情况，那就要强迫张学良成为日本温顺的傀儡。

张作霖被炸死以后，东北局势一片混乱。东北军元老张作相等人，为了稳定东北政局，防止日本人搞新的阴谋，对张作霖的死秘不发丧，医生照样每天给张"看伤"，厨师照样每天给张"送饭"，专等张学良回奉主持大计。

27岁的张学良接到"立即返奉"的电报以后，连夜化装离开北京去东北。路上在滦州停留了十多天，观察动静，直到6月17日才潜回沈阳。20日，张学良通电就任奉天军务督办。第二天，奉天省长公署公布了张作霖逝世的消息。

日本人虽然炸死了张作霖，但是，事态的发展并未如他们所想的那样，张学良也没有成为更加温顺的傀儡。

张学良，字汉卿，为张作霖元配夫人赵氏所生。童年时，随母亲在乡间度过，母亲去世后，由卢夫人照看。少年时读私塾，后来到沈阳学习古典文学和英文。随着新知识的增长，又曾学医，并准备出国学习制药技术。但父亲张作霖一定要他从军，不得已，于1917年放弃所好，入讲武堂学习陆军，从此跟从其父开始了戎马生涯。

回到东北的张学良，悲愤于父亲的惨死，集国耻家仇于一身，对于日本帝国主义的罪恶阴谋有了进一步深刻的了解，决心就此改弦更张，不再听从日本人的号令。

日本人却以为年轻的张学良好蒙骗，还特别让人送了一纸声明，表示张作霖的死与日本无关，还暗中挑拨张与国民党军的关系。声明说：

"4日上午3点钟左右，有三个行踪可疑的中国人想爬上满铁线的堤上。我监视兵走近问他们是谁，他们却要投炸弹。于是我士兵遂刺杀其中两个人，一个逃走。检查中国人的尸体结果，发现两颗炸弹和两封信。其中一信是私收，一封是国民军关东招抚使书信的断片。由这些，可以断定他们是南方便衣队队员无疑。"

张学良虽然年轻，但对于日本人的花样却还是看得明白。他在一段时间内，对于日本人没有表示出任何激愤之情，而暗中却与蒋介石达成了默契：只要东北改旗易帜，张学良将仍然是东北的全权统治者。

日本人对于张学良的行动也有怀疑，加紧向他施加压力。6月25日、26日，日本首相田中义一两次电令日本驻奉天总领事，要他警告张学良，

张学良（1901—2001），字汉卿，号毅庵，辽宁海城人。奉系军阀首领张作霖的长子，人称"少帅"，曾为中华民国陆军一级上将，发动了震惊中外的"西安事变"。

不得与南京政府妥协。日本总领事对张学良说："在这个时际，匆遽采取迎合南方的态度，是毫无必要的；应该维持现状，保境安民，以观望形势。"

张学良则表示："东三省政治一以民意为决定。如果人民主张改制，我是难以抗拒的。"

随后，日本人又三番五次地威胁利诱张学良，不断对他施加压力。私下里，张学良气愤地对人说："日方欺我太甚，忍无可忍，即使死在青天白日旗下，我也甘心。"遂愈坚定了投靠南京政府的决心。

1928年12月29日，张学良毅然发布通电，宣布：从即日起遵守三民主义，服从国民政府，改易旗帜。

这天上午7时，东三省同时悬挂起了青天白日旗。张学良在奉天省府大礼堂举行了易帜典礼。欧美各国领事都应邀参加仪式，只有日本领事拒绝前往。张学良在易帜典礼上引述了日本历史上"大政奉还"的事例，来说明国家统一的重要性，拿日本人开了一个小小的玩笑。

事后，日本政府对于张学良的突然行动，感到恼火万分。12月31日晚，日本总领事林久治郎根据首相的指示，会见了张学良，向张大发脾气，威胁说，一旦日本觉得"有必要"时，将"有采取断然措施的可能"。并且再次向张学良提出日本在南满的铁路权益问题。

张学良笑着告诉这位总领事说："现在，外交问题是中央政府的权限，我已无权答应你的任何要求了。"

这位日本总领事碰了个软钉子，深深地感到东北的事也不好办了。

东北易帜后，南京政府根据张学良的要求，把热河省划归东北。12月31日，国民政府任命张学良为东北边防军司令长官，张作相、万福麟为副司令官。

张学良则进一步整顿军队，果断地处决了亲日的高级将领杨宇霆、常荫槐等。他还分别任命翟文选、张作相、汤玉麟等为奉天、吉林、黑龙江等省的主席，从而进一步巩固了他在东北的地位。

# 冯、阎、桂抢地　蒋介石"削藩" **12**

蒋介石与冯玉祥结为金兰之好，嘴里赶着叫"冯大哥"，心里却只把冯看作"小弟"，还生怕这个"小弟"犯上作乱。阎锡山留心观察蒋冯二人动静，暗下工夫，一有机会，就来个渔翁得利。桂系军队打到唐山一带就不走了，盘算着在北方立下脚来再图发展。蒋介石看着各路诸侯各自盘算地盘，不由得怒火中烧，决心先削去他们各自手中的兵权。

张学良宣布东北易帜后，国民党的青天白日旗飘扬在中国大地的南北上空，北洋军阀的统治时期宣告结束，北伐成功。然而，中国大地上仍然枪杆子林立，国民党军的各路诸侯，各领一支人马，各居一方天地，各有一番主张。蒋介石的统一，只是形式上的统一，事实上，中国仍然四分五裂，并且，在这同一面青天白日旗下又酝酿着新的战争。

经过北伐战争，蒋介石控制的军队有了很大的发展。第一集团军原来的基本部队为两个军，经过两次北伐，进一步收编了旧军阀的 18 个军，力量十分雄厚，在其余各个集团军中跃居榜首。加之，在政治上，由于蒋介石控制着中央政权，有着向其他集团军"发号施令"的权力，故而占据着很大的优势。另外，蒋介石的地盘为福建、浙江、安徽、江苏、江西等华东富庶之地。这些地方物产丰富、文化发达、交通便利，并拥有很长的海岸线。这对于任何一个军阀割据势力来说都有着重要的意义，它们是供养庞大军队的必备条件，也是同外国列强打交道，争取给养、军火的重要条件。

军事力量强大的第二位，要数西北军冯玉祥了。冯玉祥军南口失败后，复经五原誓师，军队改组整编，加入北伐行列，在原有的 10 个军基础上，又收编了 8 个军。国民革命军第二集团军在第二次北伐中立下了汗马功劳，军队吃苦耐劳，作风勇猛，军中战将如云，部队作战经验丰富，是一支不可小视的劲旅，也是蒋介石心头的一块顽梗。不过，西北军地处陕西、甘肃、宁夏、青海、河南、山东西部等省，地域虽然辽阔，但多属贫瘠之地，物产贫乏，文化落后，而且全为内陆地区，其发展前途亦受到很大限制。加之，由于冯玉祥曾访问苏联，言论倾向革命，当初各路军阀就曾以"讨赤"的名义，进攻过冯军，其余帝国主义也对冯玉祥军深为疑惧，从不给他的军队提供军火。蒋介石一贯也因冯军庞大，时时留意加以压制，对他的军队也加以歧视，常常借故不发军饷。

第三集团军阎锡山的军队，基本部队 8 个军，经由北伐收编了其他部队 4 个军，也有了不小的发展。阎军在占据地盘上比之西北军，有着明显的优势。阎锡山不仅拥有他长期经营下的山西根据地，二次北伐时，阎锡山私下里与蒋介石达成妥协，又暗中得到日本人的支持，抢先从奉系军阀手中接管了北平、天津，以及察哈尔、绥远、河北等地。阎锡山军的地盘虽比不过冯玉祥军，但其巩固与富庶的程度却远非冯玉祥军的西北地区可比。阎锡山进有天津出海口，退有山西老根据地，真可谓进可攻，退可守，形势十分有利。

第四集团军系桂系所把持的军队。这支队伍在北伐中也获得了迅猛发展，在原有的4个军的基础上，又收编了8个军，且战斗力强，实力强劲。在北伐中，这支部队在李宗仁、白崇禧的指挥下，先后在两湖的汀泗桥、贺胜桥、围攻武汉、南昌，以及栖霞山、龙潭大战中立下赫赫战功，因而桂系以善战闻名于世。桂系首领对于政治的野心也不小，第一次逼蒋下台，桂系表现了在政治较量中的实力。桂系军队从广西打出来以后，一路先锋，一直打到了奉系军阀的眼皮底下，息战后，白崇禧带着10余万部队驻扎在唐山及滦东5县境内。如此，第四集团军的地盘犹如一字长蛇阵，"头在广东，腹卧湖北，脚踏冀东"。

张学良的奉系军队，在北伐战争中失败，可是，他丢下孙传芳、张宗昌，率领奉军嫡系全身而退，撤往东北老巢。张作霖死后，张学良锐意整顿军队，将10个军30万人牢牢掌握在手中，分驻于东北及热河四省。东北易帜以后，除外交推给中央外，一切内政均在张学良手中，中央无权过问，在各路军阀中，俨然是一个"独立王国"。加上，东北乃富庶之地，军政民用均不匮乏，国民党中央政府鞭长莫及。

除上述几支大军以外，尚有一些地方部队亦不可小视。广东的粤系李济深也自己控制一支军队，内部又有陈济棠、蒋光鼐、余汉谋等正统广州派和张发奎、薛岳、吴奇伟等客家系。这些小派系互相倾轧，时分时合，或为蒋派、桂系、汪派所利用，或在省内内争不已，互相火并，也弄得煞是热闹。

在西南地区，各派军阀见北伐军取胜，自是个个打起了国民革命军的旗号，但从不派一兵一卒参加北伐，只顾一意在四川境内闭门厮杀。经过多年的拼抢夺杀，逐渐形成了刘湘、刘文辉两个势均力敌的对手。另外，还有邓锡侯、田颂尧、杨森、刘存厚等各霸一方，在四川境内几无一日安宁，打打闹闹。云南省内，龙云一枝独秀，控制了全省，地盘倒也占得实在。贵州、新疆等地则政出多门，也弄不清谁主沉浮。

对于蒋介石来说，以他的第一集团军对付任何一派分割势力，都有可能取胜，但让他同时对付这许多势力，却远远办不到，力有不逮。他心里盘算着分而治之，各个击破的计策。

对于其余实力派来说，保住北伐既得利益最为重要，若是机会来了，扩大地盘，争夺天下也不是不在各自的意图之中。他们谁都知道，在中国有了枪就有地盘，有地盘有枪就有了权。因此，枪杆子是他们的命根子，一刻也不能让他们放松。

北伐战火尚未完全熄灭，各派首领已为争夺地盘暗中较上了劲。

在二次北伐中，冯玉祥军已成为继桂系军队之后的一支劲旅，打了不少硬仗。蒋介石对于冯军不由得暗中担起心来，他害怕冯玉祥功高震主，做大以后，不好控制，遂留着心眼暗中对冯军加以限制。

蒋介石在第一次下野以后，重新回到总司令的位置上来，冯玉祥和阎锡山是立了大功的。故而，蒋介石复职后，首先找冯玉祥商讨北伐大计，并执意与冯结为金兰之好，赶着冯玉祥叫"大哥"。在他们结为兄弟的换帖上，冯玉祥显然比蒋介石光明正大些。冯玉祥的帖子上写道："结盟真意，是为主义，碎尸万段，在所不计。"蒋介石的帖子却多了不少江湖意味，上面说："安危共仗，甘苦同尝，海枯石烂，生死不渝。"

其实，蒋介石也就是嘴里喊喊"大哥"，心里却只把冯玉祥看作"小弟"的，并且生怕这个"小弟"犯上作乱。

北伐军打到北京时，冯玉祥是想拿下平津这块地盘的。这不仅因为平津之地富庶丰足，可以改善西北军长期"贫穷落后"的军容风貌，而且因为北京乃是国民军的发祥地。当年冯玉祥发动北京政变，国民军付出了血的代价，才拿下了这块地盘，北伐中，西北军又立下赫赫战功，占领平津，也是当之无愧的事。

不过，蒋介石却不这么想，他担心冯玉祥拿下平津之地以后，发展更快，无法抑制，所以，事先安排阎锡山的部队率先进城。冯玉祥也不含糊，立即下令他的得力部队韩复榘部，抄近路抢先占领北京，造成既成事实。

韩复榘军占领北京以后，急得阎锡山赶紧找蒋介石出来做主。蒋小弟已经逐步摸透了这位"大哥"耿直的脾性，硬的不行，必须来软的。他对冯玉祥说：

"大哥，不是小弟不让你的部队进北京，实在是考虑到大局才劝你放弃的呀！北京是外交使团的驻地，你一向不喜欢与外国人打交道，而阎百川（阎锡山字）为人机警，应付外交问题比较合适，你还有别的重任嘛。"

随后，蒋介石又请出李宗仁、白崇禧、李烈钧等人去做冯的工作。冯玉祥自尊心很强，这么多人来做说客，好像我冯玉祥就爱地盘似的，于是，一气之下，上了蒋介石的圈套，向蒋介石发了一份电报，说："我军是为革命而牺牲，为统一而主战，非为争地盘而革命。"

就这样，冯玉祥将平津之地让给了阎老西。不过，事后想想，冯玉祥仍然难压心头之愤，他在南口追悼国民军阵亡将士的大会上，就发出了"我们死人，别人做官"的不平之声。

阎锡山看出蒋介石和冯玉祥两人都手握重兵，难免二虎相争。于是，他对他们两人的动静留神注意，察言观色，暗下工夫，一有机会，就来一个渔翁得利。

劝说冯玉祥放弃平津地盘的桂系李宗仁、白崇禧，一边唱着为党为国不争地盘的高调，一边也在盘算着如何在北方立下脚来，然后再寻求发展。白崇禧带兵打到唐山一带后，就不走了，他一方面准备长驻河北，另一方面还想出了一个"西北戍边计划"，准备把他的 10 万人马带到甘肃、青海、新疆等回族地区，然后，从甘、陕边打通与湖北的联系，这样，桂系势力就能由南到北连成一气了。

蒋介石看着这一路路诸侯各自盘算自己的地盘，不由得怒火中烧，决心先削去他们各自手中的兵权，唯有如此，中国这个地盘才能最后归蒋所有。

在"削藩"之前，蒋介石先来了一场"哭灵"表演。

1928 年 7 月 6 日，蒋介石召集国民党各集团军总司令、各路总指挥，到北京香山碧云寺举行向孙中山的祭灵大典。上午 8 点整，祭典开始，蒋介石主祭，献上花圈，行三鞠躬礼，然后，由第三集团军总指挥商震代蒋读祭文。

1928年7月6日，北伐完毕，总司令蒋介石率各军总司令赴北京香山碧云寺祭告孙中山。

　　这篇祭文由蒋介石的文胆陈布雷起草，大意是说，他蒋介石受命于先总理，继承总理遗志，取得了北伐的胜利，"统一大业告成"，可以告慰总理在天之灵了。言下之意，却以孙中山的正统继承人自居，在众人面前拿正位置。

　　当商震代表蒋介石读罢祭文，打开棺材，让大家瞻仰中山先生的遗容时，蒋介石突然扑上前去，抚棺痛哭起来。在场的众人一时缓不过神来，不知所措，冯玉祥、阎锡山均上前拉住蒋介石，不住地劝慰，可蒋却像个孩子似的越劝越来劲，竟至号啕大哭起来。

　　蒋介石正哭得兴起，忽听得耳边传入一句嘀咕："这样才显出他是嫡系呢，我们都不是嫡系。叫他哭吧，我们走！"

　　蒋介石不由得心头怒起，也不好发作，只好收了哭声，草草结束了这场"表演"。

　　一旁冷眼观望的冯玉祥、阎锡山和李宗仁，对于蒋介石的"表演"意图心中都很明白，眼里都露出不屑的神色。

　　阎锡山在心里冷笑道："你蒋介石装的什么腔？你就是正统吗？我阎锡山是老同盟会员，在山西以最高规格接待过孙中山，那时，你算个什么！你现在痛哭又算什么？我在山西早就将星期二定为'总理纪念日'，山西的政府官员每周温习'总理遗嘱'，不比你虔诚吗？"

　　事隔两天，冯玉祥在南口召开万人追悼大会，会上冯玉祥悲壮陈词，激动亢奋，几至晕倒，其情似比蒋介石的痛哭更加感人。冯玉祥的潜台词是："你蒋介石就是孝子，别人都不是正统吗？北伐谁的功劳大，流血多？真正实践孙中山主张的是我冯玉祥，不是蒋介石！"

　　李宗仁则在回忆录中写道："祭告典礼开始时，蒋先生忽抚棺恸哭，热泪如丝。冯、阎二襄祭也频频抹泪，状至哀伤。我本人却在一旁肃立，虽对总理灵柩表示哀悼，但并未坠泪。窃思总理一生，事功赫赫，虽未享高寿，然亦尽其天年。如今北伐完成，中国统一于青天白日旗下，功成告庙，也足以慰总理和诸先烈的英灵于地下。抚棺恸哭，抹泪相陪，都似出于矫情，我本人却无此表演本领。"

　　蒋介石擦干眼泪，马上转入正题。7 月 6 日的晚上，蒋介石向冯、阎、李等人亮出了他的《军事善后案》，开始了裁军的实际谈判。

蒋介石的《军事善后案》故弄玄虚，空话连篇，意思是：现在全国统一了，军政时期结束，训政时期开始，国家养兵太多，开支太大，有碍经济建设，所以必须裁军。

说到裁军的方法，各总司令都凝神细听。议案提出：全国300个师，要裁汰250个，留下50个师，每师1.5万人，全国共留80万人。分全国为12个军区，每个军区按比例保留军队，各集团军分头办理，等等。

蒋介石这个方案的妙处就在于，全国12个军区，冯、阎、李却各占一个，蒋系军队占一个军区，却还可以用中央的名义直接或间接地控制其他8个军区。如此一来，哪个军区的兵多，裁掉的人数就越多，冯、阎、李自是要吃亏的，而蒋介石的兵不仅一个减不下来，反因为一些军区兵源不足，还要大量征兵呢！

这样的花招太明显了，冯、阎、李心里透亮，蒋介石要以杯酒释兵权，没这么容易。不过，各人的表现形式各不相同。阎锡山因为在平津地盘上捞到了好处，得力于蒋介石，现在只想保住既得利益，不想与蒋正面冲突，遂默默不语，会后，就躲进了北海养心斋。李宗仁则喋喋不休地说明他的工兵政策，即化兵为工，保存实力，并为白崇禧的"戍边"方案开道。冯玉祥自恃西北军与奉系作战功劳最大，兵力最强，在平津地盘上，蒋介石与阎锡山勾勾搭搭，让冯很不高兴，故而决心与蒋介石摊下牌来，争个高低。因此，在裁军问题上，与蒋介石唱反调最厉害的，就数冯玉祥了。也因为他的兵最多，若按蒋介石的方案，吃亏也最大。

一俟蒋介石说完了他的方案，冯玉祥立即拿出了他在前一天拟就的《时局通电》。通电提出：统一军权，废除各集团军总司令、各军事团体总指挥。以军或师为军制最高单位。军权统归军事委员会。由中央组织裁兵委员会，明定裁兵条例：枪支不全者裁，老弱不堪用者裁，纪律不佳者裁，训练太缺者裁，不可令各集团军平均或按比例裁汰。此外，在裁兵之前，应严禁招兵及收编敌军残部为扩充一己实力之用。

显然，冯玉祥的"裁兵案"与蒋介石的不同，按照他的方法裁，留下最多的就是西北军。阎、李等人听后，自然不会乐意，不住地发出"嘿，嘿"冷哼。蒋介石见裁兵之议难以一次奏效，恐怕这才是争斗的开始，故而要求大家作长时间商议，到南京召开"编遣会议"时，请大家再谈高见。于是，蒋介石这一次的投石问路就到此结束了。

1928 年 10 月，国民党中央执行委员会常务会议通过了《训政纲领》和《中华民国国民政府组织法》，选组了新的国民政府，蒋介石继续荣任国民政府主席。这次组建的国民政府，正式实行"五院制"，号称是"中国新体制的起步"。

各个实力派的首脑都在新政府内封了高官，如阎锡山为内政部长；冯玉祥为军政部长；李宗仁为军事参议院院长；李济深为参谋部参谋总长；等等。新政府看起来是"民主制"，实际上还是蒋介石的独裁制，多数官员看着蒋的脸色行事，军队实力派则害怕蒋介石玩"调虎离山"计，都不肯到南京就职。冯玉祥托辞由鹿钟麟代行军政部长职务；阎锡山则不肯就任内政部长，力荐赵戴文担任这个职务；李济深则根本不就参谋总长职务。

就这样，新政府在闹闹哄哄中产生了。自然，蒋介石的着眼点仍然放在裁军问题上，那些地方实力派的军队一天不裁，他一天感到寝食不安。他组建新政府的目的，就是要用政府和党的力量，来压迫实力派按照他的意图裁兵。

在召开编遣会议之前，蒋介石首先展开了宣传攻势。他让国民党中央宣传部颁发了《整理军事宣传标语要点》，大力宣传编遣工作的重要性和必要性，把编遣工作提高到救国的高度上，呼吁各军事首领"在编遣会议上团结起来"，要求全国各界对此给予支持。

于是，一时间全国各地报刊上支持编遣的文章、评论连篇累牍，不少名人绅士带头申诉兵灾之苦，纷纷要求统一整编军队，打破军阀割据。各地方实力派原打算采取拖延战术，对于蒋介石三番五次发出的会议通知，或推三阻四，或置之不理，现在，在上下压力之下，也只好答应赴南京参加会议了。

1929 年 1 月 1 日，蒋介石在南京主持召开了"国军军事编遣会议"。参

加会议的有各集团军总司令、海军总司令、军政部部长、参谋总长、军事参
议院院长、训练总监、各集团军前敌总指挥，以及各部部长等人。会议的主
要议题为：各集团军保存兵额及编遣的基本原则。各集团军首脑主要就裁留
标准问题争论起来。

在预备会议上，冯玉祥率先发言，提出了"三有三无加齐全"的裁留标
准，即：有训练者编，无训练者遣；有革命者编，无革命者遣；有战功者编，
无战功者遣；枪械齐全者编，不全者遣。根据这个裁留标准，冯玉祥进一步
提出具体的裁军方案，即第一、第二集团军各编 12 个师；第三、第四集团
军各编 8 个师，其他部队编为 8 个师，归中央直辖。

阎锡山不同意冯玉祥的方案，也拿出了一个比较平均主义的方案，即：
第一、第二集团军各编 10 个师；第三、第四集团军各编 8 个师；其余杂牌军
编 6 ~ 8 个师。杂牌军归中央管理。

正式讨论方案时，冯玉祥又直截了当地针对第一集团军说："第一集团
军收编北洋部队最多，有十余万，这些部队应该首先裁掉，如果收编的部队
不裁，反倒要裁去北伐有功的部队，恐怕有欠公道，人心不服啊！"

蒋介石听了心里不是滋味，便说："第一集团军也有编遣计划，何总指
挥可以回答这个问题。"说着，就让何应钦站起来说话。

何应钦站起来，说了一些不着边际的话。很显然，第一集团军根本就没
有什么具体计划。冯玉祥感到蒋介石并无讨论问题的诚意，只是要暗中操纵
会议，以实现自己的私利而已。

最后，蒋介石把冯玉祥和阎锡山的方案拿到会议上，交给与会者讨论，
并逼着大家表态。代表们就两个方案争来争去，最后，阎锡山的方案获得了
大多数人的赞同。

蒋介石看到时机成熟了，遂召开全体会议，拿出了他自己的方案。他表
示原则上同意阎锡山的方案，也就是同意大多数人的主张，但要对阎锡山的
方案作一些补充。即：在中央编遣区外，再增加一个东北编遣区。

会议又经过几次讨论以后，形势越来越对蒋介石有利了。最后确定，全
国共设八个编遣区。其中，中央各军编遣区、海军编遣区、第一编遣区这三

个编遣区的办事处都设在南京，归蒋介石直接领导；第二编遣区属西北军，办事处在开封；第三编遣区属晋军，办事处在太原；第四编遣区属桂系，办事处在汉口；第五编遣区属东北军，办事处在沈阳；另划第六编遣区，负责编遣原属川、康、滇、黔各地的军队，办事处暂时不定。

这样一来，蒋介石直接控制了四个编遣区，照此办理，蒋系军队将要大增，其余地方实力派都要受到极大损伤。此外，在蒋的操纵下，会议还通过了《国军编遣委员会进行程序大纲》，规定：从全国编遣委员会成立之日起，全国军队一切权力都收归中央，将由南京政府下令，正式取消国民革命军总司令部，各集团军总司令部，海军总司令部。各部队只能在原地驻扎，听候点编。各级军官仍照旧工作，静候编遣与委任。各集团军无权自行调动与任免军官。这一下，各实力派的权力又遭到进一步削弱。

事已至此，各派首领这才明白过来，争来争去，到头来还是算计不过蒋介石。按照蒋的方案，受害的是除蒋以外的所有人。于是，他们从互相攻讦、敌视，一转而为互相同情了。大家对于编遣会议的结果，都沉默起来，各自打起了如何对抗的主意。

这时候，冯玉祥提出了一个"缓兵之计"。他提出了一项动议，说："刚刚打完仗，不是编遣军队的时候，应当先休整一个时期再编遣。"此议一出，立即受到与会者的一致赞同。只有蒋介石虎着脸，心里极不痛快，对于冯的动议也就不表态同意。

当天散会以后，冯玉祥就"生病"了。阎锡山趁势假称太原有急事，必须请假回去一趟，蒋介石自然知道他的用心，但也不好强留下他，只得勉强同意阎锡山开溜。

阎锡山一走，冯玉祥的"病"更重了。李宗仁到冯的住处去探望他，只见冯的卧房里炭火熊熊，温度极高，冯氏卧在床上，盖着两张大被，满头是汗，却是呻吟不止，好像真是重病不起的模样。蒋介石也去看望了冯玉祥，嘱他好好静养。而冯玉祥终于在静养之中，秘密渡江往浦口，乘上预先备下的铁甲车，返回了西北。

蒋介石的"编遣会议"就这样无疾而终了。

会后，蒋介石为了表现自己的大公无私，特地发表了《革命和不革命》一文，表示，这次编遣会议所遵循的原则是"不偏私、不欺饰、不假借、不中辍"，他自己的原则则是："不妥协、不取巧、不投机、不欺骗。"并说，这就是"革命和不革命的分界"。蒋介石进一步解释这"四不主义"说：不妥协，就是一定要把裁兵工作干到底，决不中途退缩；不取巧，就是不利用也不想利用他人已成的势力和成绩，更绝对不利用他人的弱点来用权谋弄手段；不投机，就是不趋利赴便，不将人和物拿来做工具，来满足自己的欲望；不欺骗，就是绝对不欺骗民众，绝对不拿做不到的事去引诱民众，不向民众说真方卖假药，口里说得天花乱坠，实际欺骗民众。

显然，蒋介石借着这篇文章大大发泄了一番对于地方实力派的不满与愤怒，同时，也表现了他要裁减地方实力派军事实力的决心，一旦文的行不通，武力解决地方实力派，就成为蒋介石势必要采取的方法了。

蒋介石的"编遣会议"实际上成了国民党新军阀下一步进行军事较量的"导火线"。

蒋介石的得力谋臣杨永泰悄悄地向蒋献上了著名的"削藩策"，即：军事解决第四集团军，政治解决第三集团军，经济解决第二集团军，外交解决东北军。李宗仁得到"湘案"的消息后，跺脚长叹：殊不知蒋先生半年来的各种布置，其策略便是激人成变，使中央有"讨伐"的口实。夏、胡、陶三人的鲁莽干法，正中了蒋先生的圈套。

1928年7月，国民党军的第二次北伐取得决定性胜利以后，蒋介石从北京返回南京，途中在蚌埠稍事停留，召集驻津浦路沿线的第一集团军中黄埔军校出身的上尉以上军官训话。训话时，蒋介石让人发给军官们每人一张小方白纸，接着向他们发问道：

"北伐完成后，军阀是否已经打倒？认为已经打倒的，在纸上写'打倒了'三字；若认为尚未打倒，则写'未打倒'三字。"

这些黄埔军校出身的军官们，都被蒋介石突如其来的问题问得恍惚起来。校长今天究竟是什么意思？奉军已被彻底打垮，校长在北京主持祭灵时已告慰总理在天之灵，宣布北伐已经成功，军阀自然是已经打倒了。于是，许多人毫不迟疑地写上了"打倒了"三字。即使有些犹豫的人，最后看着别人均写了"打倒了"，自己也跟着写上了"打倒了"三个字。这种时候，大约正是校长特别高兴的时候，出些显而易见的题目，凑凑趣也是有的，想想都交了上去。

蒋介石看着一张张"打倒了"的纸条交了上来，脸色渐渐地沉了下来。他用略带痛苦的语调接着训话道：

"都是'打倒了'，你们认为军阀已打倒了，其实不然。旧的军阀固然是打倒了，但是新的军阀却又产生了。我们要完成国民革命，非将新军阀一齐打倒不可。"

蒋介石在训话的最后，又强调："只有连新军阀一齐打倒，你们才有出路。你们现在当连长的人，将来至少可以当团长嘛。"

当时，那些听过训话的黄埔毕业生们心里都很纳闷，"新军阀"是谁呢？校长也没有点出来呀，不由得到处打听起来。

李济深原为黄埔军校的副校长，有些学生就向他打听起"新军阀"来了。李济深知道四位总司令在北京关于裁兵问题的争论，心中自然明白。这"新军阀"指的不就是冯、阎、李三个集团军吗！不久，李济深见到李宗仁时，便把蒋介石在蚌埠说的一席话告诉了他。李宗仁听了以后，也感到发毛，不知道蒋介石要拿谁开刀了，还是小心些好。自此更加谨慎起来。

　　其实，自从打垮了北洋军以后，蒋介石心头萦绕着的就是如何处理其他三个集团军的问题。这个问题不解决，蒋介石在中央的位置就坐不牢。裁兵之议提出来以后，冯、阎、李、白诸人多方阻挠，后来，在"编遣会议"上，众人又大耍滑头，是可忍，孰不可忍！蒋介石恨不得立即发兵扫平了这些割据的"封建诸侯"。

　　然而，蒋介石又是个讲现实的人。凭他第一集团军的兵力，不要说扫平其余三个集团军，就是冯玉祥一个集团军也对付不了。所以，不能蛮干，必须智取，分而治之。这时，蒋介石也知道，这些集团军的总司令们都是靠枪杆子起家的，要他们轻易地放弃枪杆子，谈何容易？他心里考虑的自然是用武力解决问题的方法。

　　从哪里着手呢？

　　冯玉祥是头号劲敌，这次"编遣会议"又屡屡挑头作梗，自是应当教训一下的对象，然而，冯军太强大，打起仗来，第一集团军未必是对手，弄不好自己"削藩"不成，还送掉了手中的本钱。冯玉祥暂时不能碰。

　　阎锡山是个"滑头"，八面玲珑，这次"编遣会议"上，他拐弯抹角地占了便宜，最后竟一走了之，将来是个祸患。可是，阎锡山把个山西经营得像个铁筒似的，是个很坚固的堡垒，一时无处下手，也不好弄。

　　一想到桂系，蒋介石心中不由得新仇旧恨一同泛起。想当年，就在北伐的节骨眼上，桂系逼宫，把他从总司令的宝座上硬拉下来。重新上台以后，蒋介石一直以宽宏大量，不计前嫌的面貌示人，可这笔旧账，其实一

李宗仁（1891—1969），字德邻，广西临桂人。国民党内"桂系"首领，曾任中华民国副总统、代总统。

直记在心里。"编遣会议"上，李宗仁也不合作，更可气的是，听说白崇禧在唐山放出风来，说："自古以来统一中国都是自北而南，没听说过自南而北统一中国的。"难道现在你们桂系占了北方一席之地，将来就要统一中国吗？太可恶了！比起其他集团军来，桂系的力量相对较弱，与其他集团军的矛盾也较大，因此，首先拿桂系开刀比较合适。

就在蒋介石费心琢磨要拿桂系开刀的时候，他的得力谋臣杨永泰对蒋的一番分析，增强了蒋介石首战桂系的决心。

一日，政学系的杨永泰在蒋介石面前纵论天下大势，略谓：中国历史上各朝开国皇帝，为了巩固新建政权，维护稳定的政局，均要采取加强中央集权的种种措施，其中，主要的措施就是解除开国功臣的兵权。此举成功与否，关系国运极大。然释兵的方法却有多种，不能单凭武力行事，必须分别视具体情况，采取不同方法加以解决。

接下来，杨永泰悄悄地向蒋献上了他的著名的"削藩策"，即："军事解决第四集团军；政治解决第三集团军；经济解决第二集团军；外交解决东北军。"

杨永泰进一步分析了"军事解决第四集团军"的必要性和有利条件：第一，桂系虎踞武汉，卡住了南京的上游，如芒在背，对于中央的威胁最大；第二，桂系内部矛盾重重，且兵力较之其他集团军为最弱，收拾起来应较容易，并可起到杀一儆百的效果；第三，桂系军队态势拉得很长，从广东到山海关，形成一字长蛇，既分散，又招忌。用军事方法解决，拦腰斩断，可使其无法收缩，首尾难顾，收必胜之功。

杨永泰的分析使蒋介石下定了打倒桂系的决心，可是，贸然兴兵也有不妥，必须等待合适的时机才行。此时，李宗仁也似有所警觉，乖巧得很。冯玉祥、阎锡山都一走了之，唯有李宗仁仍然留在南京就任军事参议院院长之职。他心里明白，几个集团军，自己的最弱，自己一溜，恐怕马上就给老蒋以口实来收拾桂系，所以不能逞一时意气，先要自强，才能与老蒋对抗。

然而，天有不测风云，不久，湖南发生"湘案"，蒋介石终于顺利拿到了"开刀"桂系的借口。

湖南省主席鲁涤平原是湘军唐生智的部下，后来投靠了蒋介石。蒋介石利用鲁涤平及其手中的一个军，在湖南暗做准备，一旦桂系有事，可以让鲁涤平兵出湖南，切断两湖、两广的联系，以收两面夹击之效。

于是，1929 年 2 月，蒋介石命人将大批武器弹药，经过江西，秘密地运往湖南，接济鲁涤平。当时，桂系驻武汉的军事将领夏威、胡宗铎和陶钧发现了这个秘密。他们认为，中央接济湖南弹械，尽可以利用军舰溯长江，转湘水去长沙。偷偷地从江西转运，难道怕人打劫不成？这里面一定有鬼。

2 月 13 日，胡宗铎邀请桂军在武汉的首领到岳阳密谋。其时，夏威、胡宗铎、陶钧分别是桂系第七军、第十九军和第十八军军长，手握重兵，在桂系中举足轻重。蒋介石事前也曾派人暗中收买这几个将领，希望他们脱离桂系而遭到拒绝，因为这几个将领都是由幕僚升任军事将领，跟随李宗仁、白崇禧转战多年，是桂系最忠实的分子。

这时候，他们又接到何键密报，说中央部署已定，对武汉用兵已是箭在弦上。于是，几个人商量了一下，决定"先下手为强"，抢先拿下鲁涤平。

2 月 20 日晚，桂军忽然兵临长沙城下，由于事先行军机密，鲁涤平毫无知觉。一阵猛烈冲杀，长沙很快为桂系占领。湘军在一片混乱中大部溃逃，鲁涤平也慌忙逃到一艘外轮上，经由江西逃往南京，径直到蒋介石那里告状去了。22 日，胡、陶等人以武汉政治分会的名义发出决议，撤免鲁涤平湖南省政府主席兼第十八师师长的职务，任命何键为湖南省主席。

这就是当时轰动一时的"湘案"。

蒋介石接到鲁涤平的控诉后，立即严厉斥责桂系，说他们既违背了中央有关政治分会的条例，又违背了编遣会议的决议，并立即会晤李石曾、谭延闿等商谈处理桂系的方法。

李宗仁得到"湘案"的消息后，跺脚长叹，只怨他的将领们忠勇有余，智谋不足。他说："殊不知蒋先生半年来的各种布置，其策略便是激人成变，使中央有'讨伐'的口实。夏、胡、陶三人的鲁莽干法，正中了蒋先生的圈套。"

拿住了桂系的把柄，自是可以开刀了，可蒋介石也感到时机尚未成熟，吃掉桂系还要有个万全之策。于是，蒋介石着手一步步把桂系从中央决策层中排挤出去，同时，在军事上肢解桂系的力量。

1929年3月13日，国民党第三次全国代表大会在南京召开。国民党三全大会的代表，有一半以上的人由蒋介石圈定和指派，因此，会议也完全在蒋的控制下进行。后来，有人把这次会议称为"刺刀下的三全大会"，就是因为这次大会完全代表了蒋介石的个人意志。

大会彻底背叛了孙中山联俄、联共、扶助农工的三大政策，公开篡改北伐战争的历史，诬蔑中国共产党是北伐革命的对象。三全大会的决议甚至指斥孙中山的"容共"政策，使共产党"寄生"到国民党中。称赞蒋介石的"清党"屠杀使"妖气肃清，党基遂固"。

在这次大会上，蒋介石一面拉帮结派，把他的亲密随从陈果夫、陈立夫、陈布雷等人一个个拉上了中央委员和候补委员的位置上；一面打击异己，宣布将李宗仁、白崇禧、李济深等永远开除出党，理由是"反叛中央"。会议还通过了一项《中央监察委员会检举汪兆铭等九委员，迹近纵袒弄兵，酿成广州共变案》，对汪精卫处以书面警告，给予陈公博、甘乃光等人永远开除出党等处分。

这样，蒋介石不仅把桂系、汪派两支反对派势力，完全排斥在国民党三大的中央之外，而且为日后收拾桂系军事力量，取得了有力的后盾。

三全大会在实际上贬损孙中山的同时，高度突出地宣扬了蒋介石的所谓"功绩"与地位。会议由蒋介石作党务工作报告，何应钦作军事报告，谭延闿作政治报告。何、谭二人在报告中都对蒋介石的"历史功劳"作了大力的渲染。并且，会议开到21日，还通过了一项《奖慰蒋中正同志案》，在历数蒋介石北伐、清党的"功绩"后，第一次称蒋为全党的"最高领袖"。

三全大会对于蒋介石的肉麻吹捧，加深了地方实力派与蒋介石的矛盾。

李宗仁说："革命军北伐的结果，却换来了蒋中正个人的独裁政治！""我们大家要踏着北伐牺牲的先烈血迹，去打倒蒋中正！"

冯玉祥也揭露蒋介石说："蒋这个人做事从不尊重大家的意思，就是喜欢独裁。""他曾对我说：'平、粤、沪、汉这四个地方拿在手里头，全中国就都在他的手中了。'这些话是有挑拨作用的，当时广东是李济深，北平是白崇禧，上海是胡宗铎将军，意思是这几个地方都在别人的手中。我对他说：'只要你自己时时刻刻注意得民心，得军心六个字，又能实在做出来，无论他们拿了哪里，都是你的臂膀，都是你的兄弟，也都是为你做事，何必顾虑这些呢？'可是，现在看起来，蒋介石是要对这些地方动武了。"

阎锡山也不满地说："党国不幸，三全大会指定过半数之代表，致使党权高于一切之党，变而为蒋氏一人之化身。专制独裁，为所欲为。……古有挟天子以令诸侯者，全国人必起而讨伐之；今有挟党部以作威福者，全国亦当起而讨伐之，愿吾国人共起图之。"

三全大会前后，蒋介石精心策划着扫除桂系的具体方法，最后，确定了"掐头，去尾，击中间"的策略。

所谓"掐头"就是切断桂系与广东李济深的联系。

3 月初，李济深率广州代表团来南京参加三全会议，走到上海，特意看望躲在那里避难的李宗仁，李宗仁将"湘案"详情说给李济深听，备言蒋介石的阴险诡诈，劝李济深不要贸然到南京去，免遭暗算。李济深虽是粤系首领，但却是桂籍，与李宗仁、白崇禧、黄绍竑诸人素来交谊极深，在别人眼中，只把他目为桂系中人。他见李宗仁等已与蒋介石翻了脸，知道自己到南京去凶多吉少，故而听从李宗仁的意见，陪着李宗仁在上海住下了。

蒋介石见李济深到了上海竟不来南京，十分恼火，但仍装出一副宽厚模样，请出吴稚晖、张人杰、蔡元培、李石曾等国民党四大元老，到上海恭请李济深出席会议，并拍着胸脯保证李的安全。李拗不过元老们的颜面，终于跟他们到了南京。

在三全大会讨论到"湘案"问题时，何应钦力主起兵讨伐，而李济深则认为应该政治解决以平息内讧。蒋介石不禁大怒，于会议期间的 21 日早晨，派人把李济深逮捕起来，关押在汤山。此举引起国民党内外舆论大哗。拍着胸脯保证李济深安全的吴稚晖、张人杰等更是愤怒，他们当着蒋介石的面痛斥其暴行之后，竟跑去汤山陪李济深坐监。

蒋介石当然不再理会这些元老们的闹腾，立即宣布由粤籍的陈济棠、陈铭枢取代李济深的位置，并同时任命陈济棠为讨逆军第八路总指挥，率领粤军讨伐桂系。李济深一去，粤、桂纽带即被切断，桂系之首就被掐去了。

紧接着，蒋介石又着手"去尾"。

白崇禧率着驻唐山一带的军队，即是原来唐生智湘军的李品仙、廖磊两部。湘军到达河北以后，普遍思乡心切，想回湖南，而白崇禧不仅要让这支部队长期驻扎河北，而且还想带往西北"戍边"，这自然引起湘军将士的不满，只是大家都不敢明确表示出来罢了。

蒋介石了解其中的矛盾，找来唐生智，与唐达成协议，只要他同意收罗旧部反桂，就让他重新指挥部队，并拿出30万元巨款送给他做活动经费。唐生智自从被桂系讨伐下台以后，寂寞无奈，现在蒋介石忽然让他出山，并给他一个向桂系报仇的机会，这真是天赐良机呀！唐生智立即答应下来，马上派人北上，与李品仙取得了联系，约其脱离桂系，倒戈反桂。

其时，白崇禧正忙于军事部署，计划率领部队南下浦口，接应李宗仁在湖北起兵反蒋。谁知军中已经大乱，唐生智派出的人在军中一活动，湘籍士兵立刻鼓噪起来。白崇禧的军中一夜之间竟贴满了"打倒桂系！""打倒白崇禧！""欢迎唐总司令东山再起！"等标语。甚至这些反桂拥唐的口号都贴到了天津至北京的火车车厢上。白崇禧见在军中已无立足之地，在廖磊的帮助下化装逃出唐山，直奔上海。

这样一来，桂系的大尾巴也被去掉了。

蒋介石按照"击中间"的计划，决定向武汉桂军发起武力进攻。3月28日，蒋派人查抄了李宗仁在南京的住宅。29日，蒋介石亲赴前线，指挥对桂系作战。国民党的三全大会正好在蒋介石的"讨伐"声中结束。

当蒋介石的"讨伐"大军逼近武汉之时，桂系第七军军长李明瑞倒戈，半夜里撤出了部队。第二天，胡宗铎、陶钧刚要下达出击命令，却发现前沿阵地上的第七军已经离开了阵地，于是，桂系军中大乱，军无斗志，一枪未发便全线败退下去。

从武汉退下来的桂军，在胡宗铎、陶钧、夏威的率领下到达鄂西，企图入川避开蒋军锋芒。蒋介石不容他们喘息，几路大军立即冲入鄂境追杀过来，四川实力派刘湘也发表了拥蒋讨桂的通电。桂军无力再战，一路撤下来，军心涣散，部队倒戈事件不断。

于是，蒋介石趁势发表了《告桂系军队书》，宣称："官兵如带兵归来，各赏洋五元；官兵如为徒手来归的一律收容；如能杀了你叛逆长官来归的，必得重赏官级。杀了你连排长，赏银百元官升一级；杀了团营长赏银五百元，升二级；杀了师长总指挥来归的，赏银五千元，升三级。"

蒋介石的"银弹"攻势十分厉害，桂系军中立即传出要杀某人某人的消息，闹得当官的人人自危，不可终日。胡、陶、夏三人终于扛不住老蒋的武力加银弹的进攻，4 月 21 日，三人通电下野，部队听候改编。事毕，三人又分别逃亡国外避难去了。第四集团军就此基本瓦解。

蒋介石本着斩草务尽的原则，于 5 月初电告广西的黄绍竑，令他扣留李宗仁、白崇禧，送交南京法办。黄绍竑与李宗仁、白崇禧商议之后，决定以攻为守，孤注一掷，令广西桂军沿西江东下，进攻广州。

蒋介石一面令陈济棠军向西进攻广西；一面用军舰运送前线倒戈的李明瑞部，溯西江而上，长驱入桂。

白崇禧、黄绍竑指挥下的桂军，气势已非昔比了，原来的 12 个军，只剩下两个军，士气也一落千丈。桂军进入广东境内以后，在白泥与陈济棠的粤军决战，一番血战之后，桂军终于不敌，又向广西退了回来。此时，李明瑞部已进入广西，蒋介石的其余攻桂部队也从四面八方源源不断地开来。桂军寡不敌众，无力回天，不久，梧州、南宁、桂林等地均被占领。6 月 2 日，白崇禧、黄绍竑由广西南端的龙州败逃越南，转道去香港，与先期到达那里的李宗仁聚首。

　　自此，新桂系几乎全军覆没。几个巨头统统被赶往国外，蒋介石在国民党军的内战中首战获胜。在一片喝彩声中，蒋介石针对一旁观战的冯玉祥、阎锡山，指桑骂槐地说道："此次讨逆之目的，亦不仅在讨伐李、白。务使李、白铲除之后，永无继李、白而起之叛徒。"

　　这时的蒋介石真是敲山震虎，威风八面啊！

# 蒋介石收买韩、石　冯玉祥后院起火

蒋桂战争爆发，冯玉祥也想坐收渔人之利。桂军败退，他命令韩复榘立即打起讨伐李宗仁的旗号，迅速向武汉进攻。事实证明，冯玉祥真正是弄巧成拙。韩复榘一路急行军到了武汉附近后，接到蒋介石停止进军的命令，并邀请韩到武汉见面，冯玉祥等于送给蒋介石一个收买韩复榘的机会。当冯玉祥得到韩复榘、石友三等人叛变的消息时，悲愤至极，竟昏倒在地。

编遣会议以后，冯玉祥带着满肚子的不满意回到他的根据地。他也知道蒋介石不会就此放过他，战争离得不远了。刚回来的那阵子，冯玉祥打算避开战争，整经修武，生息豫、陕、甘根据地，保存实力，等待时机。因此，他回到河南百泉村之后，首先开始抓西北军内部的整顿工作，先后巡视了河南、陕西，然后上了华山。

可是，不久蒋桂战争爆发，蒋、桂双方都拉冯玉祥支援，冯玉祥终于抗不住诱惑，顾不得休养生息，跳入"红尘"了。

1929 年春，李宗仁派他的代表温乔生到河南百泉来见冯玉祥，与冯密谈，陈述了李宗仁、白崇禧的意思，说蒋介石拿编遣的名义，压迫第二、第四集团军，现在又酝酿对第四集团军动手，如果蒋介石打桂系，希望冯军伸一援手，否则定会让蒋达到各个击破之目的。

冯玉祥对于反蒋是早有此心，只是等待时机的问题。他对蒋介石的独裁、偏私特别反感。他曾说：北伐的时候，"第二、第三集团军和第四集团军，有的半年不关饷，有的八个月不关饷，跟蒋要饷的电报很多，可是蒋都不答复。蒋的第一集团军的饷却是一个月都不欠。这时蒋还派人带现款到北平附近收买张、吴、孙的军队。蒋的这种做法各集团军都知道。第三、第四集团军的军官们见了面，都要彼此问问'你们关饷了吗？'都说：'没有。'若是问到第一集团军的军官，他们就很干脆地回答说：'我们的饷一个也不欠。'因此，军队的官兵对蒋很怨恨。"

再联想到蒋介石在打下北京、天津后，压迫自己吐出地盘让给阎锡山的事，以及这一次编遣会议上最吃亏的就是自己，老蒋锋芒毕露的态度，冯玉祥遂下了与桂系联合反蒋的决心。

冯玉祥对温乔生说："回去告诉你们总司令，我冯玉祥是一定要反蒋的。但是，我的军队现在正在整顿，需要时间，希望你们总司令发动后，能够撑持两个星期，到时，我们第二集团军一定会响应。"

不过，蒋介石没有给他们准备的时间，讨桂战争很快就爆发了。1929 年 3、4 月间，蒋介石和桂军混战于武汉以东地区，双方都向冯玉祥发了求助电报，这对于拥有北部六省地盘的冯玉祥来说，真是一个坐山观虎斗的好机会。冯玉祥打起了自己的如意算盘。他决定先不表态支援任何一方，派韩复榘军立即进驻武胜关一带待命，又命石友三部向襄樊推进，乘机扩大地盘。冯玉祥准备向蒋桂双方采取虚与委蛇的方针，只等双方战局明朗后，再收渔人之利。若是桂军获得决定性胜利，他就立即命令韩复榘攻蒋，一举将势力推向长江中下游；若是桂军不利，那么韩军就将助蒋攻桂，乘势拿下湖北地盘，把河南与湖北连成一片，既能控制长江形势，又可增加财政收入。

冯玉祥自以为聪明，使出了一个卞庄刺虎之术，必收二虎之利。其实他绝没有料到，蒋介石已经窥知了他的用意，对他早有防备。

蒋介石在收拾桂军的同时，暗中制定了一个《国军对冯军警备计划》。上面写道："为防编遣期内冯军发生异变起见，国军集结主力于豫西、鄂西，及平汉、陇海沿线一带，俟其发动，一举而歼灭之。"计划的第二项，具体规定了蒋军三路大军的集结地点和作战方向。计划第三项，又假设冯军发起进攻可能经过的路线，分别确定了相应的作战方案。

此外，蒋介石在讨伐桂军时，一方面致电冯玉祥，要他出兵援助；一方面又使军事计划对冯严格保密。

不知内情的冯玉祥，让韩、石二人带着13万部队沿平汉路南下，一路大量张贴讨逆布告，但却不写明讨的是什么逆，只印"贪赃枉法，横征暴敛，屠杀民众，迫害青年"之类的罪名，安在蒋介石，或者是李宗仁的头上都很合适。他的用意很简单，谁失败就填上谁的名字。

冯玉祥的两面刀耍得实在不怎么高明。还没等他坐定下来观虎斗，蒋介石就已经收买了桂系的李明瑞部，在武汉一带迫使桂军溃不成军。冯玉祥得知桂军败退以后，命令韩复榘立即打起了讨伐李宗仁的旗号，迅速向武汉进攻，抢占武汉。可是，还没等到韩复榘到达武汉，蒋介石已经坐镇武汉了。

事实证明，冯玉祥真正是弄巧成拙。韩复榘一路急行军到了武汉附近后，接到蒋介石停止进军的命令，并邀请他到武汉见面。冯玉祥等于白送给蒋介石一个收买韩复榘的机会。

蒋介石密电招韩到武汉见面，韩复榘如约前往。开始时，韩复榘心里没有底，蒋介石身为国民政府主席，实际上就是当今中国的"皇上"啊！其威严和架子一定胜过冯玉祥多少倍，不由得心里惴惴不安，沉甸甸的。

及至见到蒋介石以后，完全出乎韩复榘的预料之外。

蒋介石紧紧握着韩复榘的手，像老友久别重逢似的叫着："向方！我知道你一定会来的。"

随即转过身来，对陪同接见的宋美龄说："夫人，这就是我常跟你说起的韩将军。他是我们这次北伐中的英雄，第一个率部打入北京城。"

宋美龄连忙上前，笑吟吟地说道："韩将军的英名如雷贯耳，今日得见，真是三生有幸！"随后，热热乎乎地招呼韩复榘新娶的姨太太纪甘青坐在自己的身边，谈起了家常。

酒桌上，蒋介石和宋美龄轮番向韩复榘夫妇敬酒，"将军请饮！"的恭维声不绝于耳，韩复榘早就被灌得晕晕乎乎了。

一番酒酣耳热之后，蒋介石对韩复榘说："向方，我们言归正传吧！"

韩复榘闻声习惯地站起来，立正道："请蒋主席和夫人示谕，末将韩复榘保证做到：唯命是从！"

"快请坐，我们是私人会晤，不必拘礼。"蒋介石连忙抬手示意韩复榘坐下。

接着，蒋介石略微沉思后，缓缓地说："今天，我找你来，只是想当面告诉你，现在北伐成功了，有人还想打内战，这是不应该的。中国不能再打内战了，应当从事和平建设。希望向方兄在这方面努力。"

韩复榘一字一句仔细听着，对蒋的话自然是心领神会的，于是，毫不犹豫地回答说："蒋主席的话，我记下了。今后谁再挑起内战，哪怕他是天王老子，我都会跟着蒋主席和他拼命！"

韩复榘的这番誓言令蒋介石十分满意，满面笑容地连声说："好！好……"

别的话也不用多说了。临别之际，蒋介石命人拿出10万大洋送给韩复榘，说："向方兄一直在西北工作，一定很受清苦的。现在，你是省府主席，各种应酬也多，这10万银元，就算我和夫人给你和夫人的见面礼吧。随后，我还要派人去你的部队劳军。"

韩复榘只觉得心头热乎乎的，受宠若惊，一颗心已经向着蒋介石了。

不久，蒋介石就派钱大钧为国民政府特使，到韩复榘、石友三的部队去劳军，给韩、石二人各犒赏 30 万大洋，把韩复榘、石友三感动得不知如何是好。

事后，韩复榘对自己的亲信说："我在冯老总手下干了 20 年，风风雨雨，没有功劳，也有苦劳吧！可他对我招之即来，挥之即去，打仗拼命有份，当官受赏无名。给个河南省主席当当吧，还削去了我的兵权。稍不如意，轻则训斥，重则罚站。我大小也是个指挥官吧，长此下去，真叫人受不了。"

又说："瞧人家蒋总司令，礼贤下士，没有一点架子。与我一见面就称我'向方兄'，冯老总可从来没叫过我的字呀。我和蒋总司令素无交往，他一次的犒赏，就比冯老总 10 年给的还多。跟着老蒋干，将来肯定会干出名堂来。"

从此，韩复榘就生了二心，向蒋介石靠拢了。

1929 年 5 月 7 日，蒋介石发表《和平统一为国民政府唯一之希望》一文，声称："欲消弭内乱，非铲除军阀不可。欲铲除军阀，非根本扑灭封建地盘思想不可。"这实际上已经发出了进一步讨冯的信号。

面对蒋介石咄咄逼人的架势，冯玉祥立即命令韩复榘、石友三从信阳、襄樊撤退，并炸毁了武胜关隧道，以断绝蒋军的进路。

5 月中旬，冯玉祥在华阴召集军事将领开会，述说了蒋介石的种种罪状以后，决心公开反蒋。为了争取战略上的主动权，冯玉祥准备采取先收缩部队，然后再打出去的方针。他对西北军的将领们解释说：

"我们的军队从甘、宁、青、陕，一直摆到豫、鲁，长达几千里，对蒋军难以作战。就像人直伸双臂，无法用力一样，必须先把两臂弯曲回来，然后再打出去，才能有劲。"

于是，冯玉祥根据上述想法，决定把山东的孙良诚部撤到河南，把河南的韩复榘、石友三部撤到陕西，等部队完全收缩以后，摆好阵势，先压迫阎锡山表明态度，一同反蒋，否则，先打山西，再打蒋介石。这也是冯玉祥接受了过去南口失败的教训而采取的措施。那一次，西北军被阎锡山抄了后路，吃了很大的亏。

华阴会议决定西北军武装反抗蒋介石，冯玉祥自任"护党救国军西北路总司令"，要求各部立即行动。

会上，韩复榘心里是不赞成反蒋的，但不敢说出口，却对冯玉祥命令西撤收缩的事，表示不赞成，说：

"我们的队伍，从前都是经由西北打出潼关的，谁都清楚，西北地方的贫困，我们亲身经历过。今年西北又是春旱缺粮，现在要部队全部退回来，军队岂不都要饿死。"

冯玉祥一听这话，拍案而起，大骂韩复榘一派胡言，说："就你韩复榘怕饿死！部队一条线排下去几千里，难道就不怕被老蒋腰斩数段吃了不成？"

韩复榘竟还不服气地回了一句："退回来，也不一定打得过蒋介石的几十万大军。"

气得冯玉祥拔出枪来，要枪毙了他。因为，过去他的将领从没有这样在会议上公开反对他的作战计划的，与会的将军们连忙上前劝阻，并让韩复榘赶紧认错，才平息了冯玉祥的火气。而这时，韩复榘也已下定了叛冯投蒋的决心。

会后，山东孙良诚部奉命西撤，一路拆桥毁路，将归德至马牧集之间的13座桥梁均破坏了。

这一招，引得国民党军内部大哗，何应钦在汉口商会发表演说，公开指责冯玉祥是勾结赤俄的叛逆。蒋介石也致电冯玉祥质问炸桥毁路的事由，并要冯到南京来商谈，冯玉祥立刻回电蒋介石，表示他决不会到南京做"李济深第二"。

就在蒋冯大战即将爆发的节骨眼上，5月22日，韩复榘、石友三等将领联名发出了"养电"，表示拥蒋反冯，声称："国家多难，不能再战，兹率十万大军自甘棠东进，主持和平，与民休息。"

第二天，韩、石等人又发出"梗电"，明确宣布"拥护蒋总司令，拥护中央。"

正在为如何剿灭冯玉祥几十万大军而头痛的蒋介石，得到了韩、石二人的通电，真是如获至宝。他立即通电嘉奖韩、石二人，并委任韩复榘统率全部驻陕甘的部队，任命石友三为讨逆军第十三路总指挥，比他原来的官衔抬高了不少。随后，蒋介石又派人送去 500 万元，作为韩、石二部的军费。

就在韩复榘的军队兵出甘棠之际，遭到了冯军庞炳勋部的截击，使韩复榘的部队受到重创，后来，才在郑州与由南阳赶来接应的石友三部会合。蒋介石为了进一步拉拢这两支部队，又任命韩复榘为河南省主席，石友三为安徽省主席。与此同时，冯军的刘镇华部、杨虎城部、马鸿逵部也先后叛冯附蒋。

西北军在蒋介石的银弹进攻下迅速分化瓦解。5 月 25 日，蒋介石以国民政府的名义，下令讨伐冯玉祥。国民党中央宣传部发布了《讨冯宣传要点》，蒋介石发表了《告西北将士文》。在这些宣传品中，一笔抹煞了冯玉祥的历史功绩，称冯玉祥为"统一之梗"、"破坏革命"、"阴险成性"、"反复无常"、"勾结苏联"、"背叛党国"、"从假革命走向反革命"、"勾结桂系"、"愚弄将士"等等。这时候，蒋介石与冯玉祥结盟时所说的"安危与共"、"生死不渝"的话，已经成了具有讽刺意味的东西。

当冯玉祥得到韩复榘、石友三等人叛变的消息时，悲愤至极，竟昏倒在地。醒来后，泪流满面，痛心地说："都怪我，都怪我，是我脾气不好，造成部下背心离德，才闹出这种事来……"

孙连仲、宋哲元等将领在一旁愤怒地说："总司令不要多讲了。韩复榘这种人无情无义，养他再好也是只狼！这次决不能轻放过他，请总司令发兵拦截，严惩不贷！"

可是，冯玉祥当时仍然幻想韩、石回头，因而阻止孙、宋等拦截叛军的主张，说："今非昔比，如今都翅膀硬了，各有其志，随他去吧……"

后来，听说庞炳勋部截击韩复榘军的消息后，冯玉祥还惋惜地说："如果不是孙良诚、庞炳勋把他打得头破血流，蒋介石还不会这样相信他，我们还可以设法喊他回来。"

韩、石的背叛，使冯玉祥在精神上受到严重的意外打击，在西北军中的威信也大为低落。虽然，继杨虎城、马鸿逵之后，再无将领继续叛冯，但冯玉祥自己对于西北军的自信心已经大为动摇，他感到困难重重，痛心不已。有一段日子，冯玉祥竟日夜以泪洗面，不断咒骂自己，还打自己的耳光，以自虐宣泄。后来，在许多亲信将领的劝慰之下，才逐渐平静下来。

此时的冯玉祥，丢掉了自己十几万精锐之师，西北军上下沮丧不已，面对蒋介石强大的进攻力量，不敢贸然赌气应战。5月27日，冯玉祥发表了下野通电，宣布："洁身引退，以谢国人。"说："自5月27日起，所有各处文电，一概谢绝。从此入山读书，遂我初衷。"

这是一个急流勇退的计策。冯玉祥的引退，使蒋介石失去了攻击的目标，而西北军据守潼关，只守不攻，蒋军也不好贸然攻关。另外，下野还可以消除阎锡山对于西北军的怀疑与警惕，改善与晋军的关系，有利于拉阎共同反蒋。一旦时机成熟，仍然可以与蒋介石一决雌雄。

就这样，冯玉祥武装反蒋的计划尚未出师，就已经败下阵来。蒋介石在与国民党军内部实力派的斗争中，又赢了一个回合。

阎锡山开始跳跃于蒋、冯二系之间，利用两派的矛盾从中渔利。宋哲元军直到撤过潼关，才知道孙良诚并未投降，孙良诚带着残兵撤回潼关以后，怒气冲天地责问宋哲元为什么突然撤兵，宋哲元也无言以对。就这样，西北军的反蒋之战以雄赳赳兵出潼关开始，而以惊惶惶退回潼关而止。

原本想在蒋介石的讨桂战争中坐收渔人之利的冯玉祥，不仅把自己卷了进去，而且失去了握有重兵的大将韩复榘和石友三，这真是赔了夫人又折兵，最终，不得不在各种压力下表示"入山读书"。

要说见风使舵，要两面派手腕，冯玉祥远不是他的另一位盟兄——阎锡山的对手。对于冯玉祥的失败，阎锡山看在眼里，笑在心里，也感到这位老兄太憨，在耍手段上太嫩。

早在桂系在湖南闹出"湘案"的时候，阎锡山就料定，武汉政治分会的那几个人弄不出什么名堂来，最终会坏事。此外，白崇禧在河北的势力就在近旁，阎锡山一直引为心腹之患，蒋介石要剿桂，阎锡山乐得坐山观虎斗。于是，在蒋介石派人前来联络冯玉祥、阎锡山共同解决桂系的时候，阎锡山爽快地答应下来，并于1929年3月29日发表通电，明确表示响应蒋介石的讨伐令。这与冯玉祥的部队一路发布讨伐宣言而不说明讨谁的做法相比，阎锡山干得要漂亮得多，因而在蒋介石那里也多了几分讨价还价的筹码。

冯玉祥的西北军受到韩、石倒戈后的挫折后，蒋、冯、阎三角关系开始产生了新的微妙局面，阎锡山的身价明显增高，蒋介石和冯玉祥都想在两方的斗争中拉住阎锡山。

蒋介石认为，只有抓住阎锡山，才能拆散冯、阎西北同盟，收到各个击破的功效，一旦阎锡山与冯玉祥联手反对自己，那么事情就难办了，所以，他必须想尽办法拆散冯、阎二人。并且，想先击垮冯玉祥，再收拾阎锡山。

冯玉祥通过这次"后院起火"的教训，也感觉到，单靠西北军反蒋，力量还显得不够，必须拉住阎锡山一同反蒋，才有可能打垮蒋介石。自然，他也知道，阎锡山在编遣军队的问题上，对于蒋介石也是一肚子不满，他们反蒋有共同的利益基础。所以，也千方百计地说服阎锡山反蒋。

冯玉祥宣布"入山读书"以后，蒋介石失去了对西北军用兵的借口，遂决定利用阎锡山的军队就近压迫冯玉祥。6月7日，蒋介石致电阎锡山，委任他为北路军总司令，要求阎锡山帮助中央军讨冯，逼迫冯玉祥出洋。

此时，夹在蒋、冯二人之间的阎锡山打起了自己的"小算盘"。对于蒋介石，自从上次编遣会议以后，阎锡山就感到自己的部队不能见容于蒋，将来早晚会成为蒋介石讨伐的对象，因而萌生反蒋之意，但是，蒋介石对于自己还是隐患，至少现在自己还不是蒋介石要讨伐的对象。如果晋军与冯玉祥联手，那么，蒋军可能先进攻的，首当其冲是山西，他阎锡山不免做了冯玉祥的挡箭牌，这个亏不能吃。另一方面，即使对蒋的战争打赢了，晋军又会面临西北军强大的军事威胁，说不准最后还是西北军坐收渔人之利。

掂来量去的结果，阎锡山还是决定在冯、蒋关系中走几着险棋，走好了也许是妙招。即：借蒋介石的力量，把西北军挤出豫、陕，解除晋军的后顾之忧，自己也称霸北方，趁势扩张势力范围；与此同时，再拉冯玉祥对抗蒋介石，只有拉住冯玉祥，才能在蒋介石面前讨价还价，抬高身价，同时也避免蒋介石先打晋军的危险。

于是，阎锡山开始跳跃于蒋、冯二系之间，利用两派的矛盾从中渔利。

就在冯玉祥感到反蒋困难重重，难以支撑的时候，阎锡山由太原致电冯玉祥，劝他出国，躲开蒋、冯大战，并表示自己愿意陪同出国。电报说得冠冕堂皇，说只有冯玉祥出国，才能避免使"整个的党变为破碎，统一之国形成分裂"，而阎自己却愿意与"大哥"共进退，并同时邀请冯玉祥入晋，共同商量出洋之事。冯玉祥接到阎锡山的电报后，立即通电下野，表示"入山读书"。

自然，冯玉祥不会甘心在与蒋介石的斗争中就这样败下阵来，他还要拉阎锡山共同反蒋。下野后，冯玉祥立即派人到太原找阎锡山，表示："只要阎能够共同反蒋，除去自己不能亲到山西来这个条件以外，其余条件，都可以接受。"

阎锡山则派人到天津订购去日本的船票，定做各种服装行头，并遣人到日本安排住处，等等，忙得不亦乐乎，好像下决心与冯玉祥一同出国似的。

阎锡山这么做，有一箭双雕之意。一方面，他要向蒋介石表示，我虽然支持你，但晋军和冯玉祥仍然是一体，冯玉祥最终还是听我的；另一方面，他要向冯玉祥表示，关键时刻还是我阎锡山够朋友，你不信任我，却去信谁？

因此，阎锡山的手段很快收到了相应的效果。他在南京方面的身价顿时加重了许多，蒋介石感到，一旦阎锡山随冯出国，不仅西北的问题不能解决，还有可能使阎、冯二人的关系更加紧密，只要西北军和晋军仍然连为一体，就不能达到各个击破之目标，所以，必须尽一切力量拆开他们。

1929年6月24日，《民国日报》载："阎锡山去志极坚，电蒋主席请辞本兼各职，蒋主席决亲往北平劝留。"

27日《民国日报》又载："中央常委及五院长分别电阎锡山，劝勿出洋。"该报还以"各方挽留阎锡山"为题，发表专题评论若干。

另一方面，冯玉祥看到阎锡山为与自己一同出洋，做出辞职的举措，很为感动，将平时怀疑阎锡山的念头打消了许多。恰在此时，阎锡山又派来李书城到冯玉祥处，劝冯到太原与阎共商出国之事，遂促成了冯玉祥的太原之行。

李书城是唐生智的总参议，与阎锡山是日本士官学校的同学，与冯玉祥又是旧友。辛亥革命时，曾任黄兴的参谋长，因此，冯玉祥对李特别敬重。李书城到太原，原是为唐生智暗中联络反蒋力量的，当听说冯玉祥不肯出国时，觉得冯、阎要是相携出国，就能保存西北军的力量，也能为日后反蒋创造有利条件。因而，自告奋勇地向阎锡山表示，愿意到冯玉祥处，劝冯赴晋与阎锡山共商出国之事。

阎锡山闻言大喜，立即派人送李书城过黄河去见冯玉祥。

李书城见到冯玉祥后，诚恳地对冯说："蒋介石排除异己之心已经彰明，唐生智、两广方面以及阎锡山，均有反蒋之志，只是一时没有联合起来。你现在要靠自己的力量反蒋，没有帮手，显然不利。况且，韩、石叛变不久，一时不能马上兴兵，你何不趁此机会出国，躲闪一下？我也可以陪你一起去。"

一番话说得冯玉祥有点动心。他之下野，原本就是缓兵之计，一时之间，想要再次兴兵反蒋，若是没有援手，恐怕确实不行。

李书城又说："出国对你十分有利。你在军事上威望很高，但政治方面还须树立威信。出国时将军队交给自己的将领，力量还是完整的，蒋也一时不能打他们。你在国外，可以与国际政治家交往，发表对国内的政治主张，借以提高政治声望。不出半年，国内反蒋之战必起，那时再回国重新掌握军队，其他反蒋派别定会以你为首。那时，你振臂一呼，蒋介石非倒不可。"

冯玉祥终于被说动了，偕夫人李德全和女儿，与李书城一起，到了山西太原。

冯玉祥到了太原，大大增加了阎锡山在中国政治中的地位。阎大喜过望，立即为冯玉祥摆宴洗尘，商谈反蒋事宜，对冯玉祥一家的生活，照顾得无微不至。

见到冯玉祥到达山西，蒋介石急切之间，立即飞往北平，亲自拉拢阎锡山。他派吴稚晖等人带着他的亲笔信，赴太原请阎锡山晋京，密商西北善后事宜。

6月底，自认为钓到大鱼的阎锡山来到北平，与蒋介石开始了讨价还价的秘密谈判，留在太原的冯玉祥，成了阎锡山手中一颗最有价值的筹码。最后，阎、蒋二人达成协议。蒋介石将委任阎锡山为全国陆、海、空军副总司令，位置居蒋介石一人之下，万人之上；阎锡山则承诺尽快解决西北军的问题。

钓到了"大鱼"的阎锡山，对待冯玉祥的态度立即有了变化。7月4日，阎锡山退掉了去日本的船票，随即派人把冯玉祥一家送到他的老家建安村，软禁起来。一面又向南京的各军代表发出一份电报，说他不出国了。电报宣称：

"牺牲前约，自古所难。然使有裨于国家，无背于信义，山非拘泥，亦不必争此小节。"

见到阎锡山突然变卦，"关"起了冯玉祥，李书城最为愤恨，立即搬进建安村，表示与冯玉祥一同"受监"，以抗议阎锡山的行为。

阎锡山的变化，瞒不过与阎锡山打过多年交道的冯玉祥。他从阎氏的冷淡中猜出，阎锡山一定与蒋介石达成了交易，把西北军给出卖了。

开始，冯玉祥特别生气，要求见阎锡山面谈，可阎总是避而不见，以谎言搪塞。冯玉祥忍无可忍，带着两名卫兵，乘车欲冲出建安村，结果，负责监视冯的晋军师长杜春沂得信后，赶到冯玉祥的车前，跪在地上不起，哀求说:"我奉命保卫您老,不离开建安村。您老要是坚持离开,我就死在您的车轮下。因为阎总下令,我要看不住您,就要我的脑袋。请您老一定体谅我的难处。"

随后,杜春沂又派人破坏了前方的道路,冯玉祥不得已又折回建安村。

走不掉以后,冯玉祥倒反而冷静下来,认真思考自己的处境。他也知道,阎锡山暂时还不会伤害自己,也不会将自己交给蒋介石,因为西北军的实力还在,阎老西不会不有所顾忌。那么,既然阎锡山与蒋介石达成了交易,我为什么不能来个以毒攻毒呢?想到这里,冯玉祥脸上露出了笑容。他终于向自己狡诈的对手学到了一些东西。

冯玉祥派人暗地从建安村给西北军下了一道密谕:命宋哲元代理西北军总司令。并要他绕开阎锡山,直接与南京方面取得联系,向蒋介石靠拢。

当时,西北军得知阎锡山软禁冯玉祥的消息以后,都很愤恨,甚至有要打到山西,救出总司令的主张。可是,西北军原本就得不到中央按时发饷,打出反蒋旗号以后,已经许久没有军饷了,加上1929年陕甘一带大旱,赤地千里,人民饥苦万状,军队在经济上更加无以为继。就在西北军将领们群龙无首,又无法解决军饷问题时,冯玉祥要他们联络蒋介石的密电来了。这也是解决困难的一条出路,宋哲元遂依照冯玉祥的指示,向南京方面靠拢。

7月中旬,宋哲元派西北军参谋长陈琢如到南京,求见蒋介石,表示西北军愿意接受中央指挥,要求中央接济军饷。

蒋介石对于西北军的屈服,真是喜出望外,原本还要指望阎锡山这个老滑头的,没想到"得来全不费工夫"。于是,当即派于右任、贺耀祖到西北宣慰,照发西北军的军饷。同时,又把先前被免去职务的西北军将领鹿钟麟、薛笃弼、熊斌、唐悦良等人请回南京,蒋介石亲自为他们设宴洗尘,与他们合影留念。随后,蒋介石又重新任命鹿钟麟为代理军政部长,李鸣钟为全国编遣委员会遣置部主任。从此,西北军与南京方面往来不断,甚为亲密,倒反而冷落了山西的阎锡山。

此时的蒋介石真可谓是春风得意。桂系已被打垮,李、白、黄等桂军首领匪居香港，两广已归平静；西北军队已经分化，冯、阎二军已在向南京靠拢；张学良尚无不良倾向，一切都在自己的掌握之中。再不利用这样的大好时机实施编遣计划，进一步削去这些地方实力派的军队，更待何时！

1929 年 8 月 1 日，蒋介石主持召开了第二次全国军队编遣会议。出席会议的有国民党中央的胡汉民、吴稚晖、孔祥熙、何应钦、宋子文，还有西北军、晋军、东北军代表 300 余人。这次会议与上次的编遣会议大不相同，上次会议，各派巨头讨价还价，争论不休，蒋介石还须从中察言观色，纵横捭阖；这次会议，蒋介石授意拟好了所有的文件决议，各方代表只许举手通过，没有争辩的余地。

在会议的开幕式上，蒋介石一反常态，杀气腾腾地宣布：裁兵为义务，为天职，大家必须"牺牲权利，服从命令"。谁的兵多，谁就是新军阀，就是反革命，就要被歼灭。他信口开河地说："兵犹水，亦可载舟，亦可覆舟"，多留一兵，即多增加一分失败的危险，因此，大家必须"立志裁兵，热心裁兵，决心裁兵，以裁兵为今日唯一首要之任务"。

在没有任何讨论的情况下，8 月 6 日的闭幕会上，蒋介石发表了一份《国军编遣实施会议宣言》。宣言明确了各部队的编遣实施方案，将各编遣区应当保留的军队数量一律压至 7 ~ 9 个师，只要求平均，不问素质。这样，各编遣区部队的数量，就比上次编遣会议规定的数量少了 2 ~ 4 个师。但是，全国军队的总量却由上次会议规定的 50 个师，增加到 80 个师。其奥妙就在于，蒋介石进一步利用扩大编遣区的方法，增加了"中央"的军队。

第二次编遣会议对阎锡山的刺激很大，他的心里很不舒服。西北军将领与蒋介石的密切来往，已使阎锡山坐立不安，他深恐西北军联合蒋介石，先向他下手。编遣会议使他进一步认识到，蒋介石绝不会容忍异己力量的发展，早晚要对山西下手。一旦编遣方案实施以后，晋军再也不是蒋介石的对手了，而不实施编遣方案，又势必与老蒋闹翻，自己目前的力量还不足以立即反蒋。

思来想去，阎锡山决定先投石问路，试探一下自己在蒋介石心目中的分量。编遣会议一结束，阎锡山就向蒋发出一份电报，声称辞去山西省主席的职务。他心里想要的是蒋介石再一次低声下气地挽留他，那么继续跟着蒋介石也许还值得。

可是，这一次却不同了。蒋介石没有像上次留他不出洋那样殷殷相劝了，而是毫不犹豫地于8月10日发布命令，批准阎锡山免去本兼各职，调商震为山西省主席，徐永昌为河北省主席。这无疑给了阎锡山当头一棒，原来，蒋介石已将我阎锡山视同敝帚，甩手就扔啊。不行，我阎锡山也不是这么好甩的，你不仁，就别怪我不义。阎锡山就此决心反蒋。

精于打算的阎锡山自然知道，自己实力不足，如果单独反蒋，势必吃亏，为今之计，仍要拉上冯玉祥才对。可他软禁了冯将近两个月之久，这个弯儿必须拐过来。好的是，阎锡山知道冯玉祥的脾气，此人只要以"诚"相待，自会原谅自己的。

此时，正值1929年的中秋之日，阎锡山带上丰盛的中秋佳肴来到建安村与冯玉祥相会，痛心疾首地向冯玉祥认错，请冯加以原谅。冯玉祥本以反蒋为职志，此次让西北军向蒋介石靠拢也是一道反间之计。现在看到阎锡山竟然表示悔意，要联合自己反对蒋介石，冯玉祥自是不再计较以往的过节，十分豁达地表示既往不咎，联合反蒋才是正事。

于是，第二天，阎锡山就与冯玉祥携手同游五台山，以示二人尽释前嫌，重归于好。二人议定，冯玉祥仍然留在山西进行幕后指挥，以西北军宋哲元、孙良诚等人的名义公开反蒋，并提出拥戴阎锡山为首领，然后晋军则起兵响应。

商议已定，冯玉祥立即发电，要宋哲元等举兵反蒋。宋哲元等接到冯玉祥的指示后，立刻着手准备反蒋战争，唯对于拥戴阎锡山为首领一事，众人心头不悦。西北军的弟兄们对于阎锡山扣押冯玉祥之举，早就怨气冲天，况且晋军历来投机取巧，与西北军还有许多旧账未清，所以，不想拥戴阎氏为首领，但是，冯玉祥的命令又不能不执行。故而，最后在发电报时采取了一个折中的方式，同时拥戴冯、阎二人为首领。

10月9日，宋哲元等西北军将领联名致电阎锡山、冯玉祥，列举蒋介石之罪状，声称他们迫不得已，举兵反蒋。

第二天，阎锡山、冯玉祥以"事外之人"的面目回电宋哲元等，表示："应从长计议，以求政治趋入正途。仍望先切实编遣，冀达诸同志救国之初衷，国事当由国人解决也。"

宋哲元等自是不听"劝告"，于 10 日当天又发一电，拥戴阎锡山、冯玉祥为首领，宣布讨伐蒋介石，电报列举了蒋之 6 大罪状：1. 滥用权威，包办三全大会，党成一人之党，中央成一人之中央；2. 政府委员及财政官吏，非其私人，即其妻党，贪污之风，实甚于曩昔北京政府；3. 非嫡系部队，死者无抚恤，伤者无医药，生者无一食；4. 以权术自嬉，诡谋百出，战祸连绵，蒋氏一人实为之俑；5. 两度编遣会议，皆属欺骗阴谋，外标和平统一之名，阴行武力统一之实；6. 利用外交问题，转移国人目标，丧权辱国，薄海痛心。

通电最后宣布："蒋氏不去，中国必亡"，"即日出发，为国杀贼，万死不恤！"这份电报颇有不少慷慨激昂之气，加上，所举蒋氏罪状，每一状均以事实为依据，故而不仅气势逼人，而且说出了反蒋派的心里话，很有些号召力。

对于西北军的突然反目，蒋介石自然也是恼羞成怒，就在宋哲元等发表通电的当日，蒋介石也回敬一电，叫做《告全国将士书》，称西北军"本属利害结合，封建集团。只知有团体，不知有国家；只知有利害，不知有主义"，并恨恨言道："此种封建集团，一日不消灭，即国家统一一日不能成功"。听起来，也颇为激昂有理。对宋哲元等所安罪名，也颇为贴切。其实，以蒋介石为代表的新军阀混战，本身都以团体、利害为转移，没有任何的正义可言，因而他们骂来骂去，装在谁的头上，都很合适。

通电以后，西北军兵分三路向河南进攻。第一路由孙良诚指挥，沿陇海路出潼关东进，伸展至巩县、登封一带；第二路由孙连仲、刘汝明指挥，出紫荆关，进袭南阳；第三路由张维玺、吉鸿昌指挥，从汉中、兴安出老河口。10 月 13 日，宋哲元的西北军总部由西安移到潼关。

蒋介石为了对付西北军也着实动了一番脑筋。他委任唐生智为第五路军总指挥。迎击由潼关东进之孙良诚部，而派何应钦、何成浚轮流坐镇郑州督战，防止唐生智搞鬼。其余，以方鼎英的第一路军，由叶县、西平、郾城一带，向西进攻；以刘峙的第二路军集结于鄂北广水、花园、襄阳、老河口一带，相机北进。同时，任命杨虎城为南阳守备司令，调四川军队至荆、沙地区待命。

蒋介石让唐生智军对付西北军主力的目的很明显，就是要让杂牌军自相残杀，借内战之机，消除异己。对于这一点，唐生智不是不知道，也曾派人与宋哲元联络，希望联阎、冯共同反蒋，但要宋哲元拥戴唐生智为领袖。宋哲元不予理睬，认为唐生智算老几，西北军岂能拥唐为首，断然拒绝了唐生智的要求。于是，唐生智也恼羞成怒，决心先教训一下西北军再说。

另一方面，蒋介石见到阎锡山始终没有出面，躲在背后观察风向，感到阎锡山还可利用。只要阎锡山过来，西北军后方起火，不怕不能制服他们。于是，10月11日，国民党政府以五院院长的名义，致电阎锡山，请他就近处理西北问题。28日，南京政府又赶紧签发了委任阎锡山为陆海空三军副总司令的通电，将阎锡山在北平与蒋介石的幕后交易付诸实现。10月底，蒋介石又派何应钦、方本仁、刘志陆等代表他到太原，与阎锡山密商解决西北问题的方法。

一时间，阎锡山重又身价百倍，加之，西北军并未实践前约，拥戴他为反蒋首领，心中本来已经不满，现在，蒋介石如此抬举于他，所以，阎锡山立即换了方向，一改反蒋而拥蒋，开始部署对付西北军的行动，并通电讨伐西北军。

西北军三路人马出征以后，即与蒋军激战于陇海路、南阳、老河口等地。鏖战月余之后，西北军逐渐现出疲态。因为西北军粮饷不足，只利速战，不能久战。加上，唐生智的猛烈阻击，阎锡山按兵不动，西北军几成孤军之战，既无外援，也无内应。

11月15日，蒋介石下令向西北军发动总攻击。西北军不支，节节败退。16日，蒋军占领登封；20日占领洛阳，唐生智军在陇海线上频频得手。南线，蒋军也进展顺利，很快占领老河口、谷城、南潭等地。

当时，西北军由于冯玉祥不在军中，能够勉强替代冯玉祥的鹿钟麟又在南京，其他将领互不服气，宋哲元代理总司令，孙良诚就不服气。因此，军事指挥方面不能统一，各路将领基本上各行其是，并不考虑全局问题，这也大大削弱了西北军的战斗力。

就在西北军三路人马都已人疲马乏之际，孙良诚使出一个诈降计。原本是想诱骗唐生智领兵冒进，聚而歼之的，但孙良诚事先不向宋哲元打招呼，结果，唐生智没有骗成，却骗着了宋哲元，造成了西北军的全线溃败。

当时，孙良诚军在陇海路上与唐生智军苦战不已，眼看月余，仍屡攻不克，情形不妙。孙良诚便派人向蒋方接洽，表示愿意投诚，并协助迫使宋哲元投降，等等，欲借此缓舒蒋军进攻之势，并在蒋军上当之际，突袭对方，希望以此扭转战场局势。其时，蒋介石已得知孙部处境艰难，对于孙良诚的投降深信不疑，遂下令暂停攻击，准备接受孙部投降。

宋哲元得到孙良诚准备投降的消息以后，不问虚实，便也信以为真，大惊之下，深恐腹背受敌，独力难支，遂也立即命令其余两路部队立即向潼关撤退。西北军官兵一向以勇敢顽强著称，尽管战事不利，产生许多困难，但蒋军要想马上击败这支部队，仍然有许多苦仗要打。可是，宋哲元忽然下令撤军，官兵们以为前线失利，战争已经失败，于是仓皇逃跑，以致全线混乱，溃不成军。

宋哲元本部和庞炳勋部忽然撤走，致使孙良诚部侧翼暴露，立即陷入蒋军重围之中，原本想利用诈降捞一把的孙良诚，此时自是不肯真的投降，同时又不得不考虑自身的危险，于是不得已只好拼死杀出一条血路，向潼关退去。西北军担负掩护任务的魏凤楼军，不等孙良诚军退出潼关便先行撤退，致使蒋军得以从侧面掩杀过来，占领了龙门，截断了孙良诚部的后路，从而使孙良诚部损失大半。

宋哲元军直到撤过潼关，才知道孙良诚并未投降，孙良诚带着残兵撤回潼关以后，怒气冲天地责问宋哲元为什么忽然撤兵，宋哲元也无言以对。就这样，西北军的反蒋之战以雄赳赳起兵出潼关开始，而以惊惶惶退回潼关而止。

就在各路将领齐集潼关之时，吉鸿昌军也赶到潼关增援，宋哲元遂命吉鸿昌出任潼关警备司令。潼关自古就是易守难攻的险要关隘，西北军凭借此关逃过了多次全军覆灭的危难。如今蒋介石也不愿贸然进攻潼关，同时，他也存着分化收买西北军的心思，因此，蒋介石任命唐生智代行总司令职，自己则从郑州取道武汉，回南京庆祝胜利去了。

西北军这次举兵反蒋的失败，自然有冯玉祥不在军中，不能统一指挥军事的原因，而最主要的原因则是阎锡山再次背约媚蒋压冯。这是冯玉祥再次认错人的结果，因此，冯玉祥得知阎锡山投蒋，西北军大败的消息后，愤怒万分，大骂阎锡山，并决心绝食抗议，以死怒责阎锡山。后来，经过李书城等人不断劝阻，冯玉祥才恢复进食。

渐渐冷静下来以后，冯玉祥又开始考虑新问题了。经过分析，冯玉祥认为阎锡山之投蒋，仍然是暂时的，因为阎军与西北军一样，都是蒋介石要削的对象。蒋介石既不容许西北军壮大，也不会容许晋军发展，因此，阎锡山最终还是要反蒋的。他现在只不过是想利用西北军与蒋军作战，企图从中渔利。既然阎锡山要打老蒋的牌，西北军也能打老蒋的牌，先对付晋军，然后再对付老蒋。

于是，冯玉祥决定先缓和与蒋介石的矛盾，设法对付阎锡山。他鉴于自己不能回到军中指挥，几个将领互不相让的情形，派人命令在天津的鹿钟麟回陕负责，代理西北军总司令职。鹿钟麟回西安途中，到建安村见冯，冯玉祥向他交代了新的战略，要他迅速采取战略对付阎锡山，并在一本《三国演义》的书上，用米汤密写了一封给鹿钟麟、宋哲元等人的信，大意是说：

"你们一定要设法对付阎，能够联合韩复榘、石友三一同动作更好，千万勿以我为念，而且只有你们这样做，我才能够有办法。"

于是，鹿钟麟按照冯玉祥的指示，回去后派人与韩复榘、石友三等人联系，企图共同对付阎锡山。阎锡山得知西北军又在与蒋军联络的消息后，惊恐万分，也开始打上了转变航向的新主意了。

石友三大炮一响，唐生智在武汉起兵响应。看到唐生智"拥汪联张"的电报，阎锡山不由大怒："汪精卫算老几，他手无寸兵，也要当领袖？没有我的支持，看你唐生智有什么能耐！想要我阎老西，没那么容易！"国民党军内部的反蒋派别无不在蒋的打击下或多或少地受到损失，唯有阎锡山像条"游蛇"一样，完好无损，他自然成了各路反蒋英雄的首领。

蒋介石在收拾各路诸侯的战争中频频得手，以毒攻毒的战术运用得也很如意，大有将阎锡山、冯玉祥、唐生智等人玩弄于股掌的形势，然而，杂牌军反蒋的危机，也在潜伏中暗暗滋长。大家都看到蒋军在对付杂牌军的时候，大张挞伐，毫不留情，与其让他各个击破，莫如趁早联合起来对付蒋介石，才是生存之道。

唐生智早有联络各方反蒋之心，无奈这次宋哲元不买他的账，迫不得已教训了西北军，也为蒋介石立下了汗马功劳。但唐生智并没有因此而获得蒋介石的信任，在与西北军作战期间，蒋介石把唐军摆在主要战场，看着唐军与西北军互相拼杀，自己却坐镇郑州监视唐生智的一举一动。这些，唐生智都看在眼里，恨在心里。

讨伐过西北军以后，蒋介石不让唐生智带兵回湖南老家，仍然把唐军留在河南就近看管起来。蒋介石开给唐一张空头支票，叫做"西北边防司令"，下了一道手令，说所有参加讨伐西北军的部队一律归唐生智指挥。其实，唐生智心里明白，除了他自己的部队以外，谁的部队，他也指挥不动，况且，西北军退出潼关，西北边防，谈何容易？

唐生智教训了宋哲元，原本是想重创以后，让西北军臣服于自己的，结果，事与愿违，西北军并不是那么容易屈服的，自己反而树了一个仇敌，将来要想联络西北军共同反蒋反倒困难了。因此，心里边不住地懊恼。

就在这时，蒋介石的一份电报，又进一步促使唐生智下定了再次反蒋的决心。当时，唐生智在郑州，蒋介石致密电给他，大意是说，韩复榘不稳，如果韩到郑州开会，请予扣留，韩所遗河南省主席一职，由唐兼任。这份电报使唐生智生出了唇亡齿寒之感。他和韩复榘都是叛将，今日收拾了韩复榘，不知哪天就要轮到自己的头上，而唐生智也是"不稳"之时，他曾派人四处联络反蒋事宜，有一天被蒋介石知道了，还不得像对待韩复榘一样，一封密电把自己给收拾了。

左思右想，唐生智感到事情不妙，不如早日反蒋，免得后下手遭殃。恰在唐生智酝酿生变之时，石友三也开始反水了。

原来，1929 年秋安徽省主席方振武酝酿反蒋，被蒋介石击败后，空出省主席位置。蒋介石便任命石友三为安徽省主席，石友三遂带兵进驻安徽省。石友三自从统兵以来，一直东游西荡，一直没有得到一块像样的地盘，现在，蒋介石把安徽的地盘赏给了他，令石友三惊喜有加，终于圆了独霸一方的诸侯梦。

不料，石友三在安徽屁股还没有坐热，南方粤桂战事兴起，蒋介石不愿让石友三在其卧榻之侧拥兵自重，想要借他的部队用一用，也趁势削减一下石的部队，遂招石友三到南京商议。

石友三于 1929 年 11 月 27 日高高兴兴地赴南京见蒋，以为又有好事找他了，不料蒋却向他提出，调一部分军队到广东支援陈济棠打桂系。石友三一听，就怔住了，要分我的兵，这怎么能行呢？这可是我石友三的老本啊！可是，如今，蒋介石逼在眼前，又不能一口回绝，于是，灵机一动想出了一个对抗之计。他对蒋说："部队一半留安徽，一半下广东，反而不好，许多工作不好做，不如全军一同南下为好。"

石友三心里的算盘是以攻为守，以为蒋介石刚刚任命他为安徽省主席，不会一下子又把他送到广东去，只要他坚持全军一同进退，也许蒋介石会重新考虑调他的军队的问题。岂料，蒋介石听了石友三的话以后，毫不犹豫地回答："也好，就由你率全军南下，将来，广东省主席让你来做。"

这一下，石友三弄了个骑虎难下，他刚得到安徽地盘，在北方人地两熟，不愿到南方另辟生地，加上部队官兵都是北方人，也都不愿到南方去。

就在石友三左右为难之际，正好南方改组派势力也派人联络石友三反蒋，趁势挑拨石友三起兵反蒋。南方代表邓芝园抓住蒋介石对石友三部下达的南下路线和方法，大做文章，向石友三晓以利害。当时，蒋介石要石部由浦口分乘木船先到上海，然后，再乘海船运往广东。邓芝园对石友三分析说："木船每只能载几个人？而且船行距离会拉得越来越大，遇到变故根本无法互相照应、联络。你如果放部队这样过去，等于将自己置于生死不明之地，蒋很有可能利用你全军在船上的机会，中途各个消灭。"

一席话，说得石友三心惊肉跳，越想越不对劲。于是，立即召开紧急军事会议，与亲信部下共同商讨这件事。石部将领本来都不愿南下，现在又说到蒋介石要趁机收拾自己，个个都赞成拒绝执行蒋的命令，立即起兵反蒋。最后，石友三决定，将计就计，乘蒋介石不防备时，偷袭南京。

石友三秘密把自己的计划通知了唐生智，在此之前，石友三与唐生智就经常通报消息，早已知道唐也有反蒋之意。唐生智回电石友三，告诉他驻扎在山东的高桂滋部也已表示一同反蒋，因此，石部在浦口举兵，可以无后顾之忧。并且，二人约定，12月初石友三由浦口进攻南京，唐生智部则南下直取武汉以响应石部。

石友三将一切安排妥当，遂向蒋介石装出一副"十分顺从"的模样，按时把部队带到浦口"待船"。1929年12月2日深夜，石友三在浦口车站召开紧急会议，决定立即起兵反蒋。他们先把蒋介石派往石部的代表、兵站总监卢佐扣押起来。随后，以数十门大炮排列在长江北岸，突然向南京城猛烈轰击。同时，事前派往南京城内的特务，则乘机出来到处捣乱，造成南京城内一片混乱。蒋介石的确没有思想准备，一时惊慌失措。

石军将浦口公安局、保安队、护路队等武装，一律缴械。于炮轰南京的第二天，发表了宣布反蒋的通电，并宣誓就任汪精卫改组派任命的"护党救国军"第五路总司令。

然而，石友三也没有像与唐生智约定的那样，真的向南京进攻，而是向南京打了炮以后，就在浦口大肆抢掠，劫走了浦口停靠的全部车辆之后，迅速领兵北撤，

唐生智（1889-1970）曾参加护国战争、护法战争和北伐战争等中华民国建国初期重要的战争，1935年受衔陆军一级上将。

汪精卫（1883-1944）历任国民政府常务委员会主席、军事委员会主席、行政院长、国防最高会议副主席、国民党副总裁等，后投靠日本，沦为汉奸。

向韩复榘、马鸿逵部靠拢。为了避开蒋军的追击，不久，石友三又移驻河南商丘一带。

浦口的炮声一响，唐生智依约在郑州发表通电，宣布联合反蒋。通电列名者有 75 人之多，通电指责蒋介石制造内乱，招致外患不断、内患不止的罪行，提出团结全国武装同志，护党救国。唐生智还于当天宣布放弃蒋介石任命的第五路军番号，改称"护党救国军"第四路军，自己就任第四路军总司令。

其时，反蒋派的各路军事力量已产生了一定的联合趋势。因为 1929 年 10 月，汪精卫从法国回香港，国民党改组派以为有了领袖，遂积极联络各派反蒋势力。汪精卫用国民党第二中央的名义，向各地倾向反蒋的地方实力派发放委任书。除了上述石友三、唐生智分别得到第五、第四路军总司令的任命以外，李宗仁、张发奎、胡宗铎、何键、刘文辉等均得到了汪精卫委任的番号与官职。其中，第一路军和第二路军，汪精卫刻意留下来准备给阎锡山和冯玉祥。

唐生智起事前，曾特别派他的代表袁士权到太原会晤阎锡山和冯玉祥，争取他们共同反蒋。

当时，阎锡山又一次处在反蒋还是拥蒋的抉择关头。一来因为，阎锡山帮助蒋介石打败了西北军以后，蒋介石又开始与西北军将领鹿钟麟等来往，阎锡山被冷落一旁，西北军将领个个因为阎锡山的出尔反尔而恨之入骨，必欲先消灭晋军为快，阎氏害怕自己成为冯、蒋共同打击的对象；二来因为，打败了西北军，蒋介石不仅没有对阎锡山另眼相看，反而又出台一项政治改革主张，要将阎锡山调出山西，这一招让阎锡山十分不安。

11 月 26 日，蒋介石发表了一篇改革政治的论文，声称："在中央有职务者不得再兼省职，国府委员应驻京，无公事不能离职。"

阎锡山感到蒋的矛头是对着他的，目的是想"调虎离山"，然后再消灭晋军。因此，他认为蒋介石迟早会对付他的，心中又起反蒋之意。恰于此时，唐生智的人来联络，阎锡山看到改组派已在反蒋势力的联合方面下了一些工夫，可以利用这个机会再搞一次投机。他分析了当时反蒋各派的力量，除了冯玉祥，其他没有谁的实力能与晋军相比，而现在冯玉祥又在他的手里，反蒋之领袖地位非己莫属了。

想到这里，阎锡山决定再试一试唐生智的态度。他派出自己的代表赵丕廉，与袁士权一同去见唐生智，与唐商讨反蒋计划，最后，双方达成联盟反蒋协议。规定，一旦反蒋起事以后，由阎锡山任讨蒋军总司令，唐生智为副总司令兼前敌总指挥。同时又议定，由阎锡山接济唐生智部军饷60万元，粮食枪弹若干，立即运抵山西境内黄河北岸。另外从北平拨付大洋20万元，赠唐生智私款3万元，一并运至北平西站，由唐部接收。

应该说这一次阎锡山是下了反蒋决心的，因为吝啬成性的阎锡山是轻易不肯把自己的钱往外掏的，同时，也说明阎锡山对于权力和领袖的位置有着热切的追求。

然而，就在阎锡山做着"各路反蒋军总司令"的美梦时，唐生智却在12月3日发表了《拥汪联张电》，表示拥护汪精卫，联合张发奎，就任"护党救国军"第四路总司令，并且在通电上署名的有唐生智、西北军，以及河南各杂牌军、湘军旧部等一干人马。阎锡山的名字放在了汪精卫之后，成了一个陪衬。

看到唐生智的电报，阎锡山心中不由大怒："汪精卫算老几，他手无寸兵，也要当领袖？没有我的支持，看你唐生智有什么能耐！想耍我阎老西，没那么容易！"

随后，阎锡山就下令停发北平西站的货车，立即扣下已经运抵黄河北岸的饷械粮食，给唐生智来了个"釜底抽薪"。

石友三、唐生智相继反叛，广东改组派的反蒋势头也很猛烈，蒋介石感到日子很不好过，不过，定心一想，石、唐之流毕竟力量单薄，还不能掀起大浪，关键还在抓住阎锡山和张学良，只要这两个人不反，站出来说话，就能稳住大局。于是，蒋介石匆匆派遣吴铁城赴东北劳军，拉拢张学良；派赵戴文回山西，劝说阎锡山。

赵戴文原是阎锡山推荐到南京当内政部长的，蒋介石一直对赵尊敬有加，以长辈相待，故而使赵戴文成了蒋的忠实帮手。而赵又是阎锡山极为信任的人，因此，在赵戴文游说之下，加上唐生智未能履行前约，一下子，阎锡山又从联唐反蒋，跳向了联蒋反唐。

阎锡山在山西太原开群众大会，张贴标语，反对改组派的倒蒋活动。并积极准备出兵讨唐。当时，蒋介石还与阎锡山约定，晋军由山西、河北向河南进攻；蒋军则沿平汉路从南向北进攻；马鸿逵、韩复榘扼守陇海路东段。最后，南北两路大军会攻郑州，解决唐生智。蒋介石并许诺，一旦打败唐生智，由阎锡山支配河南省政权。阎锡山早就垂涎河南地盘，如今蒋介石扔下"肥肉"，遂不再多作别的考虑，立即兴兵讨唐。

原来与唐生智有约的各路反蒋派别，虽都应允随唐之后起兵反蒋，但他们也都商定推选阎锡山为领袖，因为，只有依靠阎锡山这棵大树，才有力量与蒋介石一决雌雄。结果，唐生智的通电发出来以后，把阎锡山摆到了汪精卫的后头，阎锡山显然不会响应，众人也就各自打起了自己的算盘。若是跟着唐生智起事，力量一定单薄，无异于自取灭亡。

因此，阎锡山的态度一变，立即对反蒋联盟产生了极大的影响。原来在唐生智的通电上列名的将领，纷纷发表声明，否认自己参加反蒋。唐生智的老部下何键，不仅否认自己同意列名反蒋，而且列举唐生智的种种罪状，通电讨唐。12 月 20 日，由阎锡山领衔，原来在唐生智的反蒋通电上联名的将领，如马鸿逵、万选才、刘茂恩、刘镇华、王金钰等人，联名通电，拥护中央，反对改组派，反对唐生智。

连率先动作的石友三也变了卦。他与韩复榘商议，自己投靠阎锡山，韩复榘仍然留在蒋介石的麾下，而一旦有事，互相都有个照应。12 月 21 日，石友三发表通电，"主张和平，反对改组派"。随后，又致电阎锡山，拍马屁地说："嗣后举动，均惟马首是瞻。"蒋介石见石、唐联盟已经破裂，也就顺水推舟，明令石友三部归阎锡山指挥，不再追究石友三的罪过，并要石部参加讨伐唐生智的战争，以赎前愆。

在这种情形下，就是刚刚反蒋失败的西北军也不想支持唐生智了。宋哲元在唐生智刚刚发出通电反蒋的时候，曾经发电报支持唐军，但当各路将领纷纷改变态度时，宋哲元又产生了报复心理，决定不再支持唐生智。

这样一来，唐生智刚起事，还没有打仗，就已经成了孤家寡人。唐军内部也产生了分歧，许多将领抱怨唐生智鲁莽行事，不该这么早反蒋，现在弄到孤军作战的境地。

蒋介石决心消灭唐生智军，调集刘峙等嫡系部队沿平汉线北上，进攻郑州；阎锡山则派孙楚、杨爱源部由河北、山西向南推进。12月中旬，蒋介石电令"讨逆军"全部归阎锡山指挥。于是，河南境内的各路人马统统归到阎锡山旗下。

1930年1月，唐生智主力与刘峙部对峙于平汉线上，展开决战。因遇到大风雪的天气，刘峙构筑阵地，以逸待劳。唐生智原本想从刘峙军中杀出

刘峙（1892-1971），字经扶，江西吉安人。曾为中华民国陆军二级上将，曾任黄埔军校教官，甚得蒋介石赏识。素有北伐中的"福将"、中原大战中的"常胜将军"、抗战中的"长腿将军"和解放战争中的"败将"之称。

一条血路，南下占领武汉，再图向南发展，故而猛攻刘峙阵地。但天助刘峙，鹅毛大雪下个不停，直下得雪深三尺，人马难行，唐生智攻击刘峙阵地一周有余，硬是攻不下来。其实，唐军就实力来说，胜过刘峙军许多，却因对峙于冰天雪地中，对于刘峙阵地无可奈何。

就在唐军冻得半死，伤亡惨重之时，刘峙部又适时发起反攻，困厄多时的唐军哪里经得起蒋军的猛烈进攻，蒋介石还调来六架飞机助战。于是，只一阵子，唐军便全线溃败。唐生智只好带着残兵败将向北逃窜，在路上，又听说唐军总部驻马店已被杨虎城军所占，唐生智只好率军退往漯河。

河南各路联电反唐的将领们，见唐军已败，遂个个上前"落井下石"，痛打"落水狗"。阎锡山的部队也已渡过黄河，沿平汉线南下，切断了唐生智的退路。至此，唐军已入绝路。阎锡山决定不把事情做绝，留有余地，即命韩复榘转告唐生智，谓：

"奉阎副总司令命令，消灭叛逆，以安大局。师行在即，义无反顾，请先生三思之，如能解甲出洋，即可免遭杀戮。"

唐生智此时已是瓮中之鳖，无路可走，阎锡山要他解甲出洋，无疑是给了条活路，遂立即复电表示愿意交出部队，即日出洋。阎锡山马上电请蒋介石准予照办。随后，唐生智通电下野出洋，唐军则由蒋、阎二军缴械整编。这一次，唐生智终于输光了本钱，从此在中国政治舞台上成了"光杆军阀"。

蒋介石收拾了唐生智，感到阎锡山军正在河南，何不趁机拿下阎锡山以绝后患？于是，密电何成浚、韩复榘，要他们在郑州拿下阎锡山，押送南京问罪。其实，阎锡山在反唐以前与唐生智的勾搭，蒋介石早有察觉，只是为了防止反蒋联盟的形成，未动声色。如今，唐军已灭，阎军又从山西老巢出来了，正是下手的机会。

阎锡山到达郑州以后，受到何成浚、韩复榘的"热情接待"，又是欢迎仪式，又是致词吹捧，把个郑州搞得热闹非凡。可是，生性多疑的阎锡山还是感到郑州的气氛不对，遂密令手下人保持警觉。不久，阎锡山的卫兵果然发现，何成浚派出的特务正在监视阎锡山的行动，阎军的电话局参事张象乾又窃听得何成浚与韩复榘的行动暗语。于是，阎锡山火速行动，从新乡调来一节火车，带着一连警卫，微服化装以后，登上火车逃离郑州，回到了山西。

原本想着夺取河南地盘的阎锡山，偷鸡不成蚀把米，差一点连命也搭上了，心里对于蒋介石更是恨得牙痒。不久，他又得到另一个可怕的消息，说是鹿钟麟秘密联络石友三、韩复榘等冯玉祥旧部，准备袭击晋军，救出冯玉祥。这使阎锡山不由得倒抽了一口冷气。扣留冯玉祥，原是要向蒋介石讨价还价的，现在老蒋已在暗算自己，冯部将领又要进攻山西，这不是引火烧身吗。为今之计，只有再次拉住冯玉祥反蒋，才有出路。

不敢迟疑，阎锡山整装以后，立即前往建安村去见冯玉祥。一见面，阎锡山便抱住冯玉祥声泪俱下地说：

"大哥受委屈了！我阎锡山糊涂，不是人，对不住大哥，赎不清罪过！望大哥千万宽恕我阎锡山。"

冯玉祥见阎锡山匆匆赶来，原本一脸冷淡，决定给他个下不去，现在，见到阎锡山"痛心疾首"的模样，心里倒不禁动了起来。只听得阎锡山继续沉痛地说：

"大哥来到山西，我没有马上发动反蒋，使大哥受了些委屈，这是我第一件对不起大哥的地方；后来，宋哲元出兵讨蒋，我没有迅速出兵响应，使西北军受到损失，这是我第二件对不起大哥的地方。现在我们商定联合倒蒋，大哥马上就回潼关发动军队，如果大哥对我仍然不谅解，我就在大哥面前自裁，以明心迹。大哥回去以后，倘若举兵来打我的话，我决不还击一弹。从今以后，晋军吃什么、穿什么、用什么，大哥的军队也吃什么、穿什么、用什么，一律待遇，决不歧视。此心耿耿，唯天可表……"

说了半天，冯玉祥终于明白，阎锡山又要反蒋了。冯玉祥是个重大局的人，既然阎锡山表示要联合反蒋，自然是件求之不得的好事。他自度靠着西北军的力量单独反蒋，也难成事，只要阎锡山真心反蒋，事情会好办得多。想到这里，便拉住阎锡山说：

"过去的事就过去了，别再提啦！"

阎锡山见冯玉祥不再追究他，自是十分欢喜，立即拉上冯玉祥，到太原共商反蒋大计。

国民党军自北伐成功以后，一直内争不已，国民党军内部的反蒋派别无不在蒋介石的打击之下，或多或少地受到了损失，唯有阎锡山像条"游蛇"一样，在各派的纷争中完好无损地保存了下来，成了各路反蒋英雄的当然领袖。在这场令人头晕眼花的派系斗争中，阎锡山竭尽反复无常之能事，其变化之快，反蒋、拥蒋变化之多，达到令人难以置信的地步。但是，万变不离其宗，阎锡山的变化，自有他自己的定律。

阎锡山自己的定律，就是为了保存自己和发展自己，时刻窥测形势，细心衡量各方面力量的消长变化，怎样做对自己有利，就怎样做，完全不以信义和诺言为然。阎锡山在日记中写道：

"弱肉强食是事实，不是道理；环境决定意志也是事实，不是道理。不可因事实而抹杀道理，使人类等于禽兽，亦不可因道理忘了事实，受人的凌辱。"

其实，阎锡山最讲究的仍然是"事实"，这个事实是以利己的目标为依据的。平时尽管与人信誓旦旦，形势一变，翻脸无情，这就是阎锡山的处世哲学。这在国民党新军阀中是比较典型的一个，但却有很大的代表性。事实上，诸如韩复榘、石友三、唐生智，包括蒋介石在内，他们的处世哲学都有这样的共同性，都是以一己的私利为转移的。正如阎锡山在一则日记中写的那样："什么是真理？全部的是非，全部的利害，就是真理。"这正道出了中国军阀混战的本质特征。

阎锡山、冯玉祥到达太原以后，太原成了反蒋势力汇集的中心，各种反蒋派别纷纷派人前往太原联络。阎锡山拥有 20 万保存完好的军队，有山西、河北、平津等经济实力较强的地盘，这些都促成他反蒋派霸主地位的确立。

当时，到太原来的有改组派的汪精卫、陈公博，西山会议派的邹鲁、谢持、冯玉祥、阎锡山，以及各路反蒋派的代表，如李宗仁、刘文辉、刘湘、韩复榘、石友三、何键、刘镇华、万选才、马鸿逵等的代表，均到太原与会。大约除了蒋介石的代表没有来，其余各路地方派的代表差不多都齐集太原，连张学良也派来了代表。太原简直成了各路"豪杰"汇集的"武林圣地"。

阎锡山见太原俨然已成为中国的第二首都，大有帝王之气，不禁对于反蒋的前景怦然心动。这一次是豁出去了，不管成败，一定要与老蒋拼个你死我活！

在商议反蒋的联合会议上，冯玉祥率先提议："此次阎老总牵头倒蒋，乃国民之共同愿望，国家幸甚，人民幸甚。现在诸位同志纷纷响应，万事俱备，只欠东风。我提议成立中华民国陆海空军总司令部。阎老总文能安邦，武能定国。值此多事之秋，非阎老总不能领导大业。我提议阎老总为中华民国陆海空军总司令。"

一席话，说到阎锡山的心里去了。拉出冯玉祥就是做对了，这个位置等候多年了。一时间，各方代表纷纷响应，共同推举阎锡山为陆海空军总司令，又进一步推举冯玉祥、李宗仁、张学良为陆海空军副总司令。如此，反蒋大联盟已初具规模。

为了感谢冯玉祥的保举之功，阎锡山慷慨地送给冯玉祥 50 万元，手提机枪 200 挺，面粉 2000 袋，1930 年 3 月 9 日，连人带物将冯玉祥送回了陕西。3 月 11 日，冯玉祥发表通电，拥护阎锡山反蒋。随后，李宗仁、白崇禧、黄绍竑、张发奎、胡宗铎等五人也联合通电，拥护阎锡山为总司令，冯玉祥、张学良为副总司令，组成联合阵线共同反蒋。接着，那些叛冯附蒋的西北军将领石友三、万选才、孙殿英、刘春荣、韩复榘等，也纷纷致电声明服从冯玉祥指挥，再次回到冯玉祥的麾下。

3 月 14 日，由西北军鹿钟麟领衔，其余各派军队共 57 名将领，发表了联合讨蒋的通电，列举了蒋介石的 10 大罪状，要蒋下野，否则兵戎相见。通电说：

"蒋先生鉴：北伐告成，我公正位中枢，已逾一载。伊考其时，宜若何为？然而党争兵争，纠纷靡已；举国骚然，亿兆愁苦；内失统一之力，外无御侮之能，战祸连绵，生灵涂炭；人无乐生之心，国有累卵之危。谁为厉阶，至今为梗？灾荒莫救，饥馑在途；国人喘息，皆集矢于我公，未敢为公讳，亦未敢为公辩也。乃者阎公百川，从容讽谏，忠告嘉谟，公曾不稍悟……"

随后，通电列出蒋介石 10 大罪状：1. 指派和圈点中国国民党三全大会代表四分之三，违背孙中山指派先例；2. 对废除不平等条约不力，对孙中山遗教，择其有利于己者而用之，有利于国者则弃之；3. 政治腐败，用人唯亲，过于清朝；4. 阳托编遣之名，阴行吞并之实，一心造成以个人为中心之武力；5. 朕即国家，独揽党国大权于一人；6. 以武力为炫耀，有甚于北洋军阀；7. 自为党皇，专断独行，民主精神名存实亡；8. 剪除革命信徒，杀害王乐平；9.对各军挑拨离间，威逼利诱，今日联甲打乙，明日嗾丙制丁，国无宁日；10.加委豪客绿林，害国扰民，不择手段。

这个通电联名者 57 人，声势浩大，为历次反蒋联合所少有，对于蒋介石的谴责也击中要害，振振有词。15 日，57 名将领通电拥戴阎锡山为中华民国陆海空军总司令，冯玉祥、李宗仁、张学良为副总司令。

1930 年 4 月 1 日，阎锡山宣誓就任中华民国陆海空军总司令职，并通电全国说："谨于中华民国十九年四月一日宣誓就中华民国陆海空军总司令职。统率各军，陈师中原，以党救国。古有挟天子以令诸侯者，全国必起而讨伐之；今有挟党部以作威福者，全国人亦当起而讨伐之。愿吾国人共起图之，锡山必尽全力以赴之也。"同日，冯玉祥在潼关，李宗仁在桂平宣誓就任副总司令职。唯有张学良保持沉默，没有就任副总司令职。

阎锡山设总司令部于石家庄，编桂军为第一方面军，以李宗仁为总司令，出衡阳，攻长沙，相机进展；西北军为第二方面军，以鹿钟麟为总司令，主要担任平汉线作战任务；晋军为第三方面军，以阎锡山为总司令，徐永昌为前敌总司令，主要担任津浦线作战任务；第四方面军以石友三为总司令，由鲁西南之济宁，会攻济南。此外，反蒋联军内定，以张学良为第五方面军总司令，刘文辉为第六方面军总司令，何键为第七方面军总司令，樊钟

1928 年蒋介石率各军总司令在北京碧云寺祭告孙中山时的合影。前排左起：阎锡山、冯玉祥、蒋介石、李宗仁。此后，他们之间的争权夺利，最终引发了一场有 100 多万军队参战，持续半年之久的中原大战。

秀为第八方面军总司令。

反蒋军各路人马，以西北军、晋军为主力，迅速开赴陇海、平汉、津浦各线，摆开了大战的架势。

4月5日，蒋介石把持下的南京国民政府，下令免去阎锡山本兼各职，国民党中常会议决定，永远开除阎锡山的党籍。蒋介石也立即调集大军讨伐阎、冯。蒋军编为4个军团：以韩复榘（韩最初参加反蒋同盟，然最终被蒋拉住，没有投阎）为第一军团总指挥，在山东据守黄河西岸，以阻晋军沿津浦线南下；以刘峙为第二军团总指挥，率蒋之嫡系部队，沿陇海路西进，对付西北军；何成浚为第三军团总指挥，集结于平汉路许昌以南地区，牵制西北军主力；陈调元为预备军团总指挥。

5月1日，蒋介石在南京举行誓师典礼，11日，下达了总攻击令，双方开始大规模接触，中原大战爆发。

孙良诚命官兵一起动手挖下了一条1.8丈宽，2丈多深，延绵10里的大壕沟，里面放置了无数顶部削尖的木桩，然后让部队休息，静候蒋军的到来。陈诚、顾祝同的部队赶到西北军前沿阵地，不知前面设有机关，只知命令部队猛冲，前方部队扑通扑通地掉进了壕沟，惨叫声应地而起。蒋介石命令部队强袭开封，冯玉祥布下"口袋"，打得蒋军死伤过半。

中原大战爆发之初，整个战局的形势是：陇海线位置在全局的中央，津浦、平汉是它的左右两翼。作战双方均将主要兵力使用在陇海线方面，这一方面的得失胜负，对于整个战局将会发生决定性的作用。

在战前的军事会议上，蒋介石召集参战各军事将领训话，说："此次作战的关键问题，是对敌人兵员的杀伤。只有对敌人兵员的大量杀伤，才能解决战事，你们应当大胆放手，尽量利用我们的优势炮火，予敌以重大的杀伤。"

蒋介石的训话给战争定下了基调，使得这场以争夺权力、地盘为目标的军阀战争，一开始就染上了浓重的血腥味，中原战场很快就成为一个屠杀的猎场。

蒋介石将他的精锐部队投掷到陇海线战场，企图首先在这一战场争得主动。蒋军投入陇海线的部队有刘峙、顾祝同、陈继承、蒋鼎文、熊式辉、王均、杨胜治、陈诚、卫立煌、叶开鑫、秦庆霖、张治中、冯轶裴等部，都是蒋介石的嫡系精华。蒋军在装备、机动能力等方面均明显优于反蒋联军，南京方面掌握着铁路航运交通线，粮秣弹药的补给都很及时，兵员运输也很迅速，因而占据着一定的战略主动地位。

阎、冯反蒋联军也在陇海线方面投入了主力部队。参加这一战场作战的部队有：晋军的孙楚、杨效欧、关福安三个军及优势的炮兵部队；有西北军的孙良诚、宋哲元、孙连仲、吉鸿昌等部和郑大章的骑兵集团，都是战斗力很强的队伍。陇海线战场由冯玉祥担任总指挥，鹿钟麟任前敌总司令。

1930年5月上旬，反蒋军首先发起攻势，前锋以三支部队开路。左路石友三，由考城向菏泽、定陶前进；中路万选才，由归德向砀山前进；右路孙殿英，由亳州向蒙城前进。

这三支部队颇有些锐气。石友三部原本就是西北军的主力之一，经过几年的发展，兵强马壮，加之，石友三变来变去，现在又回到冯玉祥麾下，也急于打出些成绩来。万选才、孙殿英本来都是河南一带的绿林部队，地形熟悉，战斗力也不弱。因此，反蒋联军的先头部队一出场，便旗开得胜，不仅进展神速，而且在与蒋军先头部队交锋中屡屡得手，给蒋军以很大杀伤。

归德，地处安徽、山东、河南三省要冲，扼陇海入豫之咽喉。中原大战就从争夺归德这一战略要地开始。当时，反蒋联军在归德的守军比较薄弱，由素质不良的万选才部的万殿尊、石振青两个师驻守。蒋介石试图从归德地区突破反蒋联军的阵线，乘胜抓住阎、冯主力部队决战，一举拿下战争主动权。

5月9日，蒋介石在徐州发出进攻的命令，蒋军各部向反蒋联军发起进攻。蒋军首先出动飞机，轮番轰炸石、孙、万的部队，这三支部队都是久经沙场的"战将"，对于蒋介石的现代化武器并不惧怕，他们架起轻重机枪对空射击，更有胆大的拿起步枪朝飞机开火。白天任由飞机猖狂，夜间，反蒋军即组织夜袭，弄得蒋军坐卧不宁，出出白天受飞机困扰的恶气。

蒋介石见前线进展缓慢，便亲自赴前线督战，向部队悬赏进攻。在蒋军飞机、火炮的立体进攻之下，石、万、孙三部终于不敌，开始向后撤退，蒋军乘势掩杀过来。石、万、孙部且战且走，最后，石友三退至曹县，万选才退至归德，孙殿英退至亳州，稳住阵脚，构筑坚固防线，与蒋军对峙。

驻守归德的万选才，原是冯玉祥西北军刘镇华的部下。刘镇华在前次反蒋作战中叛冯投蒋，后又引退，将部队交给了万选才和自己的弟弟刘茂恩。反蒋联军兴起时，阎锡山又策动万部倒向反蒋联军，并将河南省的地盘许给万、刘。其实，在万选才的部队中，刘茂恩的实力比万选才要大，因为这支部队原就是他哥哥的，可是，阎锡山觉得刘茂恩为人精明，将来不好制约，故在安排河南省主席的职务时，耍了个小手腕，撇开了刘茂恩，让性情粗直，头脑简单的万选才当上了省主席。不想，阎锡山的小聪明，却在关键时刻坏了大事。

就在前方作战难以进展之际，蒋介石请出了在国民党军界任职多年的元老张钫，让他出面策反万选才部。张钫曾代理河南省主席职，河南地方部队多与张钫关系深厚，万选才、刘茂恩均曾是张的旧部。因而，用张钫来收买河南杂牌军是最合适不过了，这也是蒋介石对付军阀部队的"文攻"之法，曾在过去的战争中屡屡得手。

张钫化装成商人进入归德城以后，很快便见到了万选才。张素知万的为人，遂单刀直入，要他倒戈投蒋，并要万选才开个价。万选才虽在绿林，却讲江湖义气，心里觉得阎锡山待自己不薄，不能随便叛阎，就婉言谢绝了张钫。当然，万选才也不想与张钫撕破脸，当下派人把张送出了归德城。

张钫碰了个钉子出来以后，觉得无法向蒋介石交代，自己挺没有面子，思量一番，感到还可以到刘茂恩处碰一碰运气。于是，也不回蒋营，直接折向刘茂恩的驻地宁陵去了。

刘茂恩原就对阎锡山分封不公而不满，省主席没有当上，还要替阎锡山卖命，很觉得不值。见到张钫以后，张钫以投诚以后，可得50万大洋，并在日后还有种种好处为诱饵，于是一拍即合，刘茂恩对张钫拍拍胸脯说：

"就这样，归德包在我身上，你去跟蒋主席复命，我刘茂恩一定把事情干得让他满意。"

第二天，蒋军对宁陵发动佯攻，刘茂恩给万选才发去急电，说军情紧急，宁陵吃紧，要他火速来宁陵商议攻守。万选才不知是计，只觉得宁陵为归德屏障，一旦失守事关重大，遂也不猜疑，留万殿尊、石振青守归德，自己即往宁陵见刘。

万选才一到，刘茂恩立即将他扣押，并公开宣布倒戈。反蒋军前线立刻乱作一团，刘茂恩打开宁陵城门，蒋军不费一枪一弹，顺利占领宁陵。归德城中，群龙无首，得知宁陵失守的消息后，愈发陷入混乱。蒋军趁势攻城，很快就拿下了归德。万选才部大半被歼，残余部队为刘茂恩收编。随后，刘茂恩将万选才解押徐州，不久，在南京被蒋介石处决。

归德失守，反蒋联军的第一道防线被蒋军突破。在陇海线正面的晋军孙楚、杨效欧两军立即遭到蒋军优势兵力的重创，另一支晋军关福安军在混乱中失去掌握，全军仓皇溃逃，损失尤为惨重。蒋军乘胜沿陇海路西进，接连攻下柳河、民权，又分兵占领杞县，进迫兰封，使孙殿英驻守的亳州成为一座孤城，石友三在鲁西也受到蒋军攻击，曹县失守。反蒋联军开始时的大好形势，以刘茂恩的叛变而迅速逆转。

为了挽救陇海线上的危机，阎锡山急忙从华北抽调杨耀芳、张会诏两个军，赴陇海前线，冯玉祥也将在郑州机动的西北军预备部队早期地投入到前线来了。反蒋联军的增援部队到达以后，立即以兰封一线为依托，深沟高垒，挡住了蒋军的猛烈进攻。

当时，晋军以善守而著称，山西的军火制造业已经经营多年，初具规模。靠着山西自造的大炮，阎锡山建成了一支强大的炮兵部队，在守城时，晋军的炮火铺天盖地，很有些威力，蒋介石的进攻部队一时也无计可施。

5 月底，双方在兰封一线呈胶着状态，互有胜负。

就在正面战场陷入僵持状态以后，蒋介石制定了一个迂回敌后的作战方案，即派陈诚第十一师向陇海路南侧挺进，直接威胁晋军的右后方。陈诚率师由陇海线南侧顺利向西攻击前进，对晋军陇海正面产生了极大的震撼，坐镇兰封指挥晋军作战的徐永昌，向西北军发出紧急救援信号。冯玉祥立即派出孙良诚率领吉鸿昌、梁冠英、张自忠等军从郑州出发，沿陇海线南侧向东，直奔晋军右翼，迎击陈诚部队。

孙良诚、吉鸿昌两人均为西北军悍将，率队出征以前，他们便议定了对付陈诚的办法。先由吉鸿昌、梁冠英带队先行，孙良诚部随后策应。部队到达兰封附近以后，孙良诚命官兵一起动手挖下了一条 1.8 丈宽，2 丈多深，绵延 10 里的大壕沟，里面放置了无数顶部削尖的木桩，然后让部队休息，静候蒋军的到来。

不久，陈诚大队人马迎面而来，知道前方已有西北军赶到，遂暂时停下来，安营扎寨，准备次日战斗。陈诚军因连日急行军，人困马乏，不久便悄然无声了。

然而，就在陈诚军熟睡之际，吉鸿昌、梁冠英部却集合人马，一律轻装，乘着浓重夜色，到陈诚军的宿营地摸营来了。陈诚的哨兵还不知道出了什么事，就在吉鸿昌手下的大刀下做了冤鬼，紧接着，大刀队扑入了陈诚军的营房，只听得大刀挥舞，可怜许多陈诚军的士兵，在疲劳行军后的睡梦中没出一声即被结果了性命。

一时间，陈诚的营区内成了一片刀林的屠场，只听得到处惨叫声不绝于

中原大战时期的蒋介石，旁立者为其次子蒋纬国。

耳，残肢断臂，人头乱飞。陈诚从睡梦中惊醒后，定了半天神，才明白是西北军杀入营中，只见蒋军官兵满处乱跑，哭爹喊娘，早已乱成一团。好在陈诚的部队也是久经战阵之旅，陈诚于慌乱中首先集合起督战队，然后由督战队整顿全军秩序，枪毙了几个带头乱窜的军官，方才稳住了阵脚。

陈诚正待组织部队反击，吉鸿昌却下令撤走了他的部队。陈诚心中大怒，实在咽不下这口鸟气，决定立即率队追击，并急电刘峙，请求增援。刘峙接电后大惊，知陈诚部夜间失利，遂连夜派了顾祝同军向陈诚部靠拢。陈顾二军合拢后，陈诚咬牙切齿，决定立即反攻，不稍停顿，向吉鸿昌军身后追杀而来。吉鸿昌军绕过西北军的壕沟，回营睡觉去了，孙良诚军却在壕沟后面，以逸待劳地等着陈诚。

陈诚、顾祝同赶到西北军前沿阵地以后，不知前面设有机关，只知命令部队向前猛冲。前方部队扑通扑通地掉进了壕沟，惨叫声应地而起，后面的士兵尚未转过神来，还在不断往前冲杀，再后的执法队不断发枪，向掉转身来的士兵们威胁着。于是，陈诚的士兵们只好向壕沟拥去，孙良诚的部队则在沟后向着在沟前打顿的陈诚士兵们猛烈开火，机枪、手榴弹在人群中不断爆炸。

直到陈诚、顾祝同闹明白前面有条壕沟时，才下令部队退却，可为时已晚，孙良诚军放下设在壕沟后面的吊桥，冲过壕沟杀向蒋军，陈诚、顾祝同军哪里抵挡得住，只一时，便尸横遍野，溃不成军，一败涂地。

冯玉祥的西北军与蒋军刚一交手，便获得如此大胜，不禁军威大震，而蒋军两支最精锐部队受到如此戏弄，损失惨重，元气大伤，一时竟一蹶不振，不敢与西北军接触。

此后，孙良诚、吉鸿昌部步步逼进，陈诚军则节节后退。陇海线左翼的石友三、刘春荣部也趁势在鲁西发动反攻，蒋介石在鲁东的陈调元军也节节败退，整个豫东战局又一次发生戏剧性的转折。

蒋介石看着战场局势发生如此变化，心里十分着急，连忙调出上海的熊式辉师，派往陇海前线增援。6月上旬，援军开到以后，蒋军才逐渐稳住了阵脚，把战线保持在定陶、曹县、民权、河阳集一线。为了确保陇海线作战胜利，蒋介石也亲自到达归德的朱集车站临阵指挥。

面对西北军出击后形成的局部优势，西北军前敌总司令鹿钟麟曾驱车赶到兰封晋军徐永昌的指挥部，要求晋军配合西北军，共同向蒋军发起进攻，不给蒋军以喘息之机。当时，虽说陇海线战事归冯玉祥、鹿钟麟指挥，但是，这条线上的晋军仍然是相对独立的部分，与西北军不太配合。加上，原本阎锡山想以徐永昌军直接拿下徐州，立下首功，结果，现在西北军明显占了上风，所以晋军又开始考虑保存实力的问题了。加之，晋军面对的是蒋介石刚从上海调来的熊式辉军，实力雄厚，故不愿在进攻中吃亏，不肯同意配合西北军的进攻计划。

徐永昌对鹿钟麟说："不行啊！你是知道的，叫我们守一个地方，倒是有些办法；要叫他们一直往前进攻，那就不如你们了！"

言下之意，要进攻，你们去吧，我们只能守着。这样，西北军也没能发起全线进攻，从而错过了陈诚、顾祝同失败后的战场良机，使蒋介石一到前线没几天，蒋军便稳定了战线。

不过，西北军不愧是一支英勇善战的部队，他们虽不能发起全线进攻，却以郑大章的骑兵队，在战场上不断奇袭，造成蒋军战线上的一次次混乱，有一次甚至让蒋介石也险些丢了性命。

在西北军的战斗序列中，冯玉祥将各部骑兵部队集中起来，组成了一支骑兵集团，使其在作战中发挥了重要的骚扰与袭后作用。骑兵集团由郑大章任总指挥，下辖5个骑兵师。这些骑兵师素质良好，曾在西北、华北、中原战场有过作战经验，地形熟悉，作战骁勇，比之蒋介石的空军来，也逊色不到哪里。

陇海线作战激烈之时，郑大章率领骑兵队由陇海路南侧向东运动，乘蒋军调上前线，后方空虚的机会，占领了豫东的永城、夏邑，使蒋军处于腹背受敌的不利地位。由于蒋军的飞机在豫东战场十分嚣张，西北军的地面部队一时拿它们没办法，冯玉祥遂下令郑大章搞掉蒋军的飞机场。

　　郑大章接到命令以后，决定立即行动，奇袭蒋军的归德机场。5 月 31 日夜，郑大章率部出发，长途奔袭 80 余里，于午夜时分赶到归德机场。骑兵队稍事休息以后，对机场发起突然袭击，数千战马从天而降，守卫机场的两个连做梦也没想到敌人会从自己的后方突然袭来。片刻之间，两连士兵被骑兵们收拾得干干净净，其余 50 名飞行员和地勤人员均被俘房，停在机场上的十余架飞机，被郑大章一声令下，烧得精光。此事干得非常漂亮。

　　其时，蒋介石正在归德机场附近的朱集车站的一节车厢内。归德机场的爆炸声清晰可闻，不一会儿，战报送到，老蒋得知归德机场升了天，惊得一身冷汗，手脚瘫软，原来，郑大章的骑兵集团近在咫尺啊！这时的蒋介石，只好将命运交给老天爷了，因为，这节车厢的指挥所只有 200 名卫兵保卫，而且车厢没有接火车头。这就等于是送给郑大章的一块肥肉，要战不行，要逃不能。

　　还没有真正皈依基督教的蒋介石，这一次真心诚意地向上帝发出了祷告，也许是他命不该绝，这一次他竟死里逃生。郑大章的骑兵队从朱集车站呼啸而过，看到车站上只有几个零星卫兵，随手解决之后，并未停留即向原出发地驰去。蒋介石与少量卫兵趴在车厢内，连大气也不敢出，最后终于捡得了性命。据说，从此以后，蒋介石才真正信奉了基督教。

　　当时与蒋介石在一起的周佛海在自己的回忆录《往矣集》中谈到这件事时，仍然心有余悸地说："当我们住在归德的时候，有天晚上，我从梦中被枪声和很大的轰炸声所惊醒。只听得侍卫长王世和大呼道：'火车头呢？'因为正预备开动，所以火车头离开了列车，当时火车欲开不得，枪声响了半小时始息。后悉是冯的骑兵郑大章部来袭击飞机场。他们的任务是烧了飞机就回去，谁知那时我们车上只有两百多卫兵，车站上又没有其他军队，如果骑兵在车站停留，主帅以下都要被俘。那么，那个时候以后的历史又是一个写法。"

　　陇海战场的形势，从 5 月下旬到 7 月初都未产生重大变化，蒋介石企图与反蒋联军主力决战的计划破了产，西北军虽然打了不少胜仗，但与晋军配合不佳，未能在全线取得更大进展，使蒋军得以稳住战线，取得了比较充分的回旋余地。

为了改变陇海战场上的被动局面，蒋介石着手酝酿一个强袭开封的新攻势。因为要想继续稳定豫东战局，必须取得一次重大胜利，才能一扫蒋军官兵对西北军的畏惧心理，提高部队的战斗信心。开封是河南的政治文化中心，豫东第一大城市，打下开封，对于作战双方的战略与政治意义自不待言。

为了打好这一仗，蒋介石集中了陇海线上全部的精锐部队，包括刘峙、顾祝同、陈继承、张治中、陈诚等师，配以杨杰的炮兵部队，合在一起有 3 万余人。由于在大规模的阵地战上，蒋军屡屡受挫，这次进攻决定采取奇袭的方法，保证最大限度的机密性和突然性。

可是，蒋军在前线上的调动与集结，早有人报知了冯玉祥。冯玉祥得到情报以后，猜测蒋介石大概想在陇海线上集中精锐部队搏一把了。当蒋军最后集结的情报传来之时，冯玉祥心中也已形成了一个绝妙的"口袋战术"计划。很快，陇海线上的反蒋联军部队接到了冯玉祥的秘密作战指令：1. 敌军拟以刘峙、蒋鼎文、陈诚及教导师等部急速进入杞县、太康间，经通许、陈留，奇袭开封；2. 令孙良诚、吉鸿昌、庞炳勋等部撤至高贤集、龙曲集一带，引敌深入，从正面截击；3. 令孙连仲、张自忠等部向高贤集蒋军左侧背堵击；4. 陇海正面第三方面军以必要的兵力向侵入之敌右侧背堵击；5. 各部相协，努力务将侵入之敌歼灭为要。

当时，接到命令的西北军将领兴奋地说："蒋介石执行这个强袭开封的计划，用的都是他的基干精锐部队，冯总用两侧包击，正面截堵歼敌的策略，只要我们协同努力，联系密切，别叫他跑了，定能将其歼灭。然后，乘胜运用优势兵力，一鼓作气拿下徐州，全局胜利就在望了。"

蒋介石却还蒙在鼓里。飞机侦察报告，发现杞县、太康一线已没有军队防守。蒋介石错误地以为冯玉祥一定是将主力调往平汉线，准备向南发展以策应桂军李宗仁的两湖战场，于是，毫不犹豫地命令部队加速前进，长驱直入。并且还电令杨杰严加督师，对于行动缓慢者军法处置。蒋介石这个错误的估计，无异于驱赶部队往虎口里送，形势对于蒋军来说真是万分危险。

正当蒋军以急行军的速度向冯玉祥布下的陷阱大踏步前进时，蒋介石的总部突然接到一份绝密急电。电文内容为：孙连仲部已调至陇海线参战，正向蒋军左侧穿插。蒋介石看到电报浑身吓出了冷汗，原来冯玉祥已有准备，自己的奇兵正在向冯玉祥的"口袋"里钻！

由于密电来源于蒋介石早就安排在冯玉祥军中的情报专家，其真实性不容置疑，故而蒋介石惊骇之下立即采取行动，改变作战部署。他下令刘峙等部立即停止前进，改道突围；命何成浚在平汉线立即发起进攻，以牵制西北军的兵力；同时，急调上官云相等部增援陇海线。

预备奇袭开封的刘峙部，配备了数百辆汽车，进展极快。当部队经过那些几天以前还与西北军肉搏争夺的地方时，连刘峙也不敢相信，西北军竟没有了一个人影，不由得为自己进军顺利而庆幸，心中暗下决心，一定要拿下开封，出一出前一段作战失利积攒于心中的恶气。就在部队接近开封的时候，刘峙突然接到总部来的命令，要求部队立即停止前进，准备撤退，并布置张治中军掩护全军。这时，蒋军的先头部队已经和西北军的孙良诚、吉鸿昌、庞炳勋部接上了火，战况十分激烈。

此时，西北军的包抄部队孙连仲部虽然尚未到达预定包抄时机，但见到蒋军突然停止前进，并有后撤企图，遂当机立断，先向蒋军后侧包抄过来。袭击开封的蒋军精锐部队虽然未被西北军完全包在包围圈内，但大部分已经进入包围圈，并且被西北军在圈内截为数段，四面围攻。

陷入重围的蒋军，前有孙良诚部，后方和左侧有孙连仲部，右侧则是晋军主力，顿时乱作一团。西北军在一阵枪炮之后，又不失时机地发动冲锋。近战肉搏是西北军的特长，只见包围圈内刀光闪闪，血肉横飞，蒋军士兵只得拼死抵抗，不一会儿，便尸陈遍野，惨不忍睹。

刘峙、顾祝同、陈诚等人毕竟是蒋军久经战阵的将领。他们聚在一起研究了一下战场的情况，决定立即集合残部，留张治中部断后，主力向太康、睢县突击。张治中的队伍由德国顾问训练出来，并且是全副德式装备，在掩护全军突围的战斗中，尽管已经伤亡过半，仍然咬着牙苦苦撑持。最后，幸亏上官云相部又赶到，在西北军外围交上了火，从而立刻减轻了包围圈内的压力。蒋军主力这才冲出了包围圈。

这一仗，西北军缴获汽车数百辆和大量辎重物资。蒋介石的精锐部队虎口脱险，但也损失惨重，伤亡人员几乎过半，尤其是掩护撤退的张治中教导师，人员伤亡十之八九。蒋介石只能暗自庆幸，幸亏及时得到了情报，否则一定全军覆没了。此后，蒋介石也无力发起进攻，只能下令陇海路各军固守阵地，凡敌军来攻而能固守阵地不失者，升二级，赏洋五万元。冯玉祥这次虽然取得了"口袋战术"的重大胜利，但在作战中也有损失，一时也不能发起全线进攻。于是，陇海线战事又一次陷入胶着状态。

冯玉祥放弃对湖北蒋军的追击，李宗仁军在湖南境内得不到任何支援，形势不断恶化。当年湖南大旱，赤地千里，桂军无处购得军粮，部队几乎断了给养。加上部队只顾轻装跃进，缺乏重武器。屯兵于衡阳城下，竟无力迅速攻下城池。蒋军增援部队陆续云集衡阳，李宗仁终于招架不住，不得已，撤了围攻衡阳之兵，向着广西老巢狼狈逃窜。

中原大战中的平汉战场是陇海战场的侧翼，也是双方投入杂牌军较多的一个战场。

蒋介石投入这个战场的部队有：王金钰的四十七师、徐源泉的四十八师、魏益三的五十四师、杨虎城的十七师、谭道源的五十三师、蔡廷锴的六十师、蒋光鼐的六十一师等部，几乎是蒋记中央军的杂牌总汇。蒋介石将这些部队统编为第三军团，由何成浚任总指挥。

任命何成浚指挥第三军团，蒋介石是动了一番脑筋的。首先，何成浚早年留学日本士官学校，比阎锡山还要早一期。在日本加入同盟会，辛亥革命后担任南京临时政府的陆军部次长，后曾任孙中山的驻沪军事特派员、国事委员会委员、许崇智粤军前敌总指挥等职务，比蒋介石的资格还要老。因此，何的威望足以服众，不怕一些杂牌军首领不服气。其次，何成浚是前清秀才出身，饱读四书五经，后来又留学日本，旧学、新学都不赖，也不怕杂牌军们比学问、较能耐。再者，还有更重要的一点，何成浚在上海的十里洋场混打了十几年，谙熟三教九流之术，各色人等都见识过，且何为人圆滑，最善交际、收买、笼络等手段，这些本领最得杂牌军的首领们的敬佩。最后，何成浚与蒋介石的关系甚为密切，是蒋介石信得过的人物。故而，蒋介石将统帅杂牌军的任务交给何成浚，也算是"知人善任"了。

冯玉祥在平汉线方面的作战战略是以防守为主，安排的部队也是以杂牌或西北军旁系军队为主。主要有樊钟秀、任应歧、刘桂棠、王振、邓宝珊、阮玄武、田金凯、刘汝明等部。由张维玺担任指挥，阮玄武为前敌总指挥。

在平汉线的反蒋联军中，以樊钟秀最具传奇色彩。樊钟秀少年时代随全家逃荒，从河南老家到达陕西麻城。因麻城当地的一个土匪想霸占樊钟秀的妹妹，樊约了几个朋友上山，竟把那伙土匪全数杀了。此后胆子也大了，集合了几个人枪，开始了劫富济贫的绿林生涯。事情越干越大，队伍越聚越多，在陕西麻城一带成了一支颇有实力的武装力量。辛亥革命以后，听说孙中山在广州建立了临时政府，便带着人马，由北到南，长途跋涉到广州，投奔孙中山。当时，孙中山既缺军队，也缺军事人才，故而樊钟秀来广州之举很得孙中山的赏识，当即委任他为建国豫军总司令，其部即号称"建国豫军"。

从此以后，樊钟秀始终保持着这个称号，不接受任何人的改编。虽然，这支军队因此而得不到任何人接济军饷，却也保持着一种独立自由的姿态，旁若无人。广州临时政府解散以后，樊钟秀带着部队打回河南老家，几经沉浮，成为河南境内的一支劲旅。

中原大战爆发时，樊钟秀占着河南的军事要地许昌。在双方的争取下，最后倒向了反蒋联军，为冯玉祥驻守许昌一带，对蒋军构成很大威胁。

战争初起之时，蒋介石在陇海线上收买刘茂恩得手，击退了石友三、孙殿英、万选才三部队的进攻，把战线向西推进。为了充分掌握战场的主动权，蒋介石下令何成浚在平汉上发起主动进攻，作战目标直指许昌，企图攻占许昌、新郑、郑州，把进入河南战场的西北军拦腰截成两段。

何成浚率部向许昌发起攻击后，遇到樊钟秀的顽强抵抗，双方僵持在许昌附近。何成浚认为许昌至郑州间的西北军力量薄弱，于是改变计划，以一部绕攻许昌以北的苏桥，配合正面部队对许昌的进攻。6月初，何成浚集中主力，在密集炮火的轰击和飞机、铁甲车的配合下，从正面、侧翼同时向许昌地区发起猛攻，何成浚亲临前线指挥作战，并悬赏20万攻占苏桥。

在蒋军飞机、大炮的猛烈轰击下，樊钟秀全无惧色，率领部队顽强拼打，不断击退蒋军的冲锋，保住了阵地。但是，樊钟秀的武器装备还是十分落后，与蒋军的飞机、大炮的威力相去甚远，尤其是蒋军的飞机，在西北军的阵地上狂轰滥炸，十分猖狂。樊钟秀被飞机扰得心头火起，竟站在前沿阵地指着空中的飞机乱骂。部下劝他躲进掩体，可他正骂得兴起，哪里肯听。谁知事有凑巧，一颗炸弹正好落在他的身旁，樊钟秀当场被炸飞了人头。

樊钟秀一死，军中顿时乱作一团，何成浚知道机会来了，遂下令猛攻许昌。此时，冯玉祥也知道许昌吃紧，一旦许昌失守，将会对整个战局产生严重影响。于是，冯玉祥立即采取果断措施，急调邓宝珊接替樊钟秀职务，迅速稳定军心，自己也亲赴许昌指挥作战；另一方面，下令陇海线正面的主力部队向蒋军发起反击，配合许昌之役。

冯玉祥将战略重心移至许昌后，孙连仲军和高树勋、葛运隆部增援许昌，进攻漯河；阎锡山派出赵承绶的骑兵集团突袭周口；西北军刘桂棠部则在西华与蒋军激战。一时间，许昌周围硝烟四起，打得难分难解。蒋介石的杂牌军终究抵挡不住西北军主力部队的猛烈攻击，双方激战两昼夜以后，何成濬终于不敌，全线溃退，狼狈南逃。囤积在漯河兵站的大批蒋军作战物资，在逃跑时来不及搬运与销毁，全都送给了西北军。这对当时的西北军来说，简直就是"雪中送炭"，因为，其时，西北军不缺作战勇气和信心，就是缺少粮草弹药，而阎锡山在作战开始以后，对于西北军的军饷供应经常"百呼而不得一应"。

当时逃跑中的蒋军杂牌部队，阵线很乱，大有逃过武胜关之意。连蒋介石也作了最坏的打算，准备全线撤退，津浦线撤至蚌埠，不得已时放弃江北；平汉线退至武胜关。

对于何成濬的部队来说，面临着南北夹击的极险峻的作战形势。当时跃出广西的李宗仁第一方面军正在湖南境内节节北上，占领了长沙，前锋已经逼近湖北边境。如果冯玉祥的西北军乘着何成濬部大败之余，一路追击下去，很有可能就与李宗仁部收南北夹击之效，一举消灭平汉路蒋军主力，并且打通两湖与陇海线的交通，迎接李宗仁部北上，使反蒋联军真正拧成一股劲，形成更大的合力。

可是，冯玉祥没有作更长远的考虑，而是在何成濬全军撤退不久，下令张维玺所率各部立即停止追击，与何成濬部对峙于漯河之线。当时，张维玺、邓宝珊等西北军高级将领都主张乘胜追击，直取信阳，把蒋军逐出武胜关，然后继续南下，占领华中、华南，与桂军连成一片。但是，冯玉祥更多地考虑自身的安全问题，认为蒋军主力不在豫南而在豫东，如果攻取信阳，其事虽易，但战线太长，兵力过于分散，一旦蒋军主力从豫东进攻，势必陷于首尾不能相顾的危险境地。且豫南之敌，遭此挫败，短期内绝不敢北犯，正宜抽调主力部队集中使用于豫东战场，以期给陇海线蒋军以更大打击。

这样一来，西北军终于放弃了一个各个击破蒋军的机会，给了何成濬军以一个重要的喘息之机，同时，也使跃入湖南境内的李宗仁军进一步陷入孤军奋战的苦境，并且最后又不得不退回广西。

中原大战开始以后，广西境内的李宗仁已宣布就任反蒋联军的第一方面军总司令。为了积极响应北方战事，李宗仁、白崇禧、黄绍竑等人再次集合起旧部三四万人，与广西境内的粤军交战，不久战事即呈胶着之状，广西境内的粤军奈何不了桂军，桂军也难以将粤军赶出广西。在这种情况下，李宗仁与白、黄二将商议，必须改变那种先巩固根据地，然后再出击的计划，决心打破僵局，放弃广西根据地，挥军入湘，北上攻占武汉，与冯玉祥、阎锡山军会合，共图中原。一旦反蒋战争胜利，区区广西又算得了什么。白崇禧、黄绍竑听了都觉得有理。于是，在 1930 年 5 月中旬，桂军秘密北上，分三路挥军入湘。

李宗仁军以一路取道柳州、桂林，出全州，直向永州、衡阳前进；二路出平乐，经永明、道州，然后转道向永州、衡阳集中；三路则布置于迁江一带，掩护各军集中，等各军顺利入湘以后，再行随后跟进。广西老根据地只留下极少的保安团队，维持治安。

桂军此次不要后方的千里跃进，开始时进展顺利。蒋介石委任的讨逆军第四军总指挥何键，在湖南境内并不想与桂军拼杀。为了保存实力，何键准备放一条道，让桂军过境，所以，桂军入湘之初，如入无人之境，进展十分快。不久，湘军唐生明（唐生智之弟）又倒戈投了桂军，一些原在湘、桂边境生事的小股"游击大队"人马，也趁势投靠桂军。故而，进军湘境的桂军竟有壮大之势。5 月底，李宗仁占领衡阳，完成第一期作战计划，6 月 3 日，占领长沙。

蒋军朱绍良、夏斗寅、钱大钧各部均在对桂军作战中失利，纷纷退入湖北，何键则率部退至湘西。6 月 8 日，桂军第一、二路军占领岳阳，前锋已进入湖北境内。李宗仁坐镇岳阳指挥战事，黄绍竑等后续部队正从衡阳跟进，形势十分看好。此时，也正是冯玉祥与蒋介石的何成浚部战于许昌之时。李宗仁曾计划于 6 月 15 日攻击武汉，与冯玉祥军会师。

不料，这时尾追桂军北上的粤军陈济棠、陈铭枢部却占领了衡阳，李宗仁军顿时被腰斩，首尾不能相顾。此时，李宗仁面临两种决策：第一，不顾一切，以破釜沉舟的决心直取武汉，第二，回师会攻衡阳，克复衡阳，集中部队以后再行北上。分析了当时的形势以后，李宗仁还是采取了第二条比较保险的路子。一来，孤军攻击武汉，腹背受敌，凶多吉少；二来，桂军的辎重给养都还滞留在湘、桂边境，无给养冒险进攻武汉，其势不得长久，还有陷于绝地的危险。于是，不得已，桂军于6月18日全线由长沙南撤，围攻粤军蒋光鼐军于衡阳。

此时，冯玉祥军已放弃对湖北蒋军的追击，李宗仁军在湖南境内得不到任何支援，形势不断恶化。当年湖南大旱，赤地千里，桂军无处购得军粮，部队几乎断了给养，加上，因部队只顾轻装跃进，缺乏重武器，屯兵于衡阳城下，竟无力迅速攻下城池。

蒋介石见何键在湖南境内堵击不力，立即调武汉军校训练科长胡伯翰，率军校第一、第三两个教导团赶赴湖南作战。何键见桂军于衡阳城下久攻不下，也改变了避战自保的态度，率领四个团的兵力，亲自带领前往衡阳前线助战。蒋介石还抽调一部兵力，从上海吴淞口上船，运往湖南增援，蒋军飞机也派入湘省助威。一时间，蒋军增援部队云集，李宗仁军终于招架不住，不得已，撤了围攻衡阳之兵，向着广西老巢狼狈逃窜。

于是，李宗仁不要大后方千里跃进的壮举，无功而退，冯、阎军失去了一次南北呼应，联手作战的机会。此后，李宗仁在广西境内苦苦撑持，逐步挤走了粤军，依旧成为广西地方的实力派。

冯、阎军在中原大战失败后，曾总结失败的经验教训，西北军将领多以未能接应桂军北上为憾事。其实，反蒋联军失败的最根本原因，也就在各自为战，都不以全局利益为重，而各以小集团利益为重，故而最终为蒋介石各个击破。

# 阎老西扯后腿　冯玉祥退洛阳

蒋介石决定对晋军采取打垮的政策，对西北军采取拖垮的政策，调整作战部署，把主力部队用于津浦线作战，首先将阎锡山的晋军收拾掉。仓皇逃命的晋军部队，在黄河边上成了密集如蚁的乌合之众，人马相互践踏，官兵不断落水，惨叫之声不绝于耳。南面蒋军的大炮不住轰鸣，飞机在头顶上不断扔下炸弹，黄河两岸成了可怕的屠宰场。阎锡山毅然撤走陇海线上的晋军，使冯玉祥立即陷入蒋军重围，呈现出兵败如山倒的架势。

中原大战爆发后，阎锡山的晋军20万人，兵分六路被投入到陇海、津浦两个战场，总指挥徐永昌负责指挥陇海路晋军的作战；副总指挥傅作义、张荫梧负责津浦线作战，他们率领所部，沿津浦线东进，准备越过德州，南攻济南。

傅作义是晋军中的名将。1926年，晋军联合奉系军阀围攻冯玉祥的西北军时，傅作义为团长，率领一个团的人驻守天镇。当时，天镇为晋绥铁路线上的军事要冲，作战双方必争之地。冯玉祥的国民军以重兵围攻天镇，而傅作义指挥所部凭借坚固城池和天镇的险要地形，孤军死守天镇三个月之久，终于使国民军在整个战局中处于极为不利的地位。

国民军南口失败以后，傅作义以指挥有方，以少胜多，力挫强敌而晋升为晋军第四旅少将旅长。不久，晋军扩编，傅作义又被阎锡山提拔为第四师中将师长。一年之内傅作义由上校升至中将，创造了晋军历史上晋升最快的先例。

傅作义因战功升迁迅速，不免生出了一些恃才傲上的毛病，与同僚相处也容易招人嫉妒，加上他不善于对阎锡山溜须拍马，也不善于拉拢同僚组织山头，因而在晋军中就颇为孤立，时而也要受点别人的窝囊气。

这一次，阎锡山把津浦路的作战指挥交给傅作义，显然是看重他的。傅作义也不负使命，出兵山东以后，沿铁路向禹城、安仁街攻击前进，韩复榘稍加抵抗以后，向南撤退，并向蒋介石报告，要求调马鸿逵部增援。其时，蒋介石正在陇海线督战，无暇他顾，遂发电同意韩复榘退守黄河南岸，并调马鸿逵部增援。

韩复榘撤往黄河南岸以后，傅作义紧追不放，部队分几路渡过黄河，长驱东进，直逼泰安，威胁济南后方。不久，傅作义军攻克济南的门户归德镇，接着，于6月21日，向退守济南以西阵地的韩复榘军发起猛烈进攻，双方激战三天三夜，傅作义派兵切断了济南至泰安的交通，使抵达泰安的马鸿逵军无法及时增援济南。韩复榘寡不敌众，放弃济南，退往兖州，马鸿逵也随之放弃泰安，一同退往兖州。

傅作义部遂占领济南。随即给阎锡山发出了捷报，阎锡山乐得眉开眼笑，想不到自己的部队也不比冯玉祥的差，这么快就拿下了济南重镇，将来攻克南京的首功怕也是晋军的了。

其实，阎锡山不知，韩复榘是抱着很大的私心来打仗的。对于反蒋联军，韩复榘在心理上并不仇恨，相反还有几分情谊，那里面还有不少过去战场上一同作战的袍泽弟兄，他不想下死力为老蒋杀害他们。加上，韩复榘也深知蒋介石对他的态度。现在，老蒋倚重他，是因为他手里有兵，并且兵强马壮，如果打仗的时候乱拼起来，部队打少了，实力没有了，那么，他在老蒋那里也就没有了地位。蒋介石军队内的杂牌军差不多也都和韩复榘的想法一样，这种情形在蒋介石以后的任何作战中也都有，是蒋介石直至最后失败也无法解决的内部矛盾。

当时，韩复榘知道，晋军开辟津浦线战场的目的是要从南面打向徐州，并不以消灭自己为目标。因此，他决定采取避免与晋军发生正面冲突的方法，向东退至胶东，放晋军过去，让蒋介石的嫡系部队与他们拼。韩复榘部到了胶东以后则可以进退自如，可以向西打回去，也可以向南向北打，实在不行，还有向上海逃跑的一条路。

傅作义进入山东境内以后，与韩复榘几度交手，已经明白了韩复榘的用心，遂心领神会地决定不再与韩复榘纠缠，只布置少量人马监视韩复榘部，主力部队集中力量向南发展。

谁知此时阎锡山节外生枝，派张荫梧带着李服膺、王靖国两个军来到山东，说奉阎锡山的命令，组成二、四两路军的联合指挥部，由张荫梧、傅作义共同指挥津浦线战事。

傅作义一听，即感觉麻烦来了。他与张荫梧素来不和，阎锡山派张来联合指挥，必然要产生指挥上的混乱。其实，阎锡山心胸狭隘，生性多疑，当傅作义正在前方打仗时，阎锡山从北平张荫梧处得到情报，说傅作义背着他派代表参加了张学良在北戴河开的会议。于是，他就派张荫梧到山东来监视与牵制傅作义来了。

　　张荫梧一到，即在战略方针问题上与傅作义产生了分歧。傅作义主张全力南下，进攻徐州；张荫梧却主张向东先打韩复榘，解决后顾之忧。傅作义无法向张讲清韩复榘的动静，两人相持不下，遂打电报给阎锡山，请阎定夺。阎锡山像往常一样，来了个"和稀泥"的办法，让他们分兵，一路向东打韩复榘，一路向南打徐州。如此，正好犯了兵家大忌，两个拳头打人，种下了津浦线局势逆转的祸根。

　　当时，傅作义部已向南推进到泰安、大汶口一线，马鸿逵部见晋军来势甚猛，难以抵挡，退往曲阜据守。曲阜为千年历史名城，城墙高大坚固，攻城部队几度进攻，都被击退。傅作义派出进攻兖州的张会诏部也未能得手。

　　傅作义在与张荫梧分兵两路以后，明显感到兵力不足，南下进攻步步艰难。张荫梧还利用总指挥之便，将阎锡山发往山东战场的弹药给养统统卡住，不给傅作义部。这样一来，傅作义部的仗就变得越来越难打了。

　　本来，晋军在津浦线上的形势一片大好，攻下济南以后，如果集中兵力南下，徐州可以说指日可下。因为，当时蒋介石的主力兵力集中于陇海线，徐州正面只有马鸿逵的一个师，夏斗寅师刚刚赶到，尚未布下有力的防御阵地。而阎锡山却因疑心病发作，自乱阵脚，贻误战机，给了蒋介石以调动兵力的喘息之机。

　　分兵攻打韩复榘，显然也是一个严重的错误。韩复榘本来就是个观察风向的动摇人物，大战开始前即想投降反蒋联军，只因蒋介石的好言慰留，并委以重任才勉强留在蒋营中。在山东战场上，韩也无意与晋军死拼，这本是可以努力争取的一支力量。可是，晋军不但不争取，反而派兵一再相逼，遂使韩复榘不得不起而相拼。

　　张荫梧分兵攻打韩复榘以后，以四个军配以炮兵部队的兵力，向韩复榘发动猛烈攻势。韩复榘既要对付正面晋军的进攻，又要防备背后高桂滋、刘珍年等杂牌军的算计，因此，日子很不好过。他曾派人去向张荫梧商量私下讲和之事，被张荫梧拒绝。张荫梧在胶济线上一路猛攻，连连得手，把韩复榘赶到了潍河一线仍不放手，对于韩复榘的种种休战表示则根本不予理会。

韩复榘也终于被逼急了，于 7 月 28 日在潍县发表通电，说："煮豆燃萁，摘瓜抱蔓，我退一寸，人进一尺"，表达了对阎锡山的强烈不满。随后，他又给蒋介石发出一电，表示决心率部死守，即使没有蒋介石所许诺的海上支援，只要蒋军发起反攻，韩部必将拼死出击。

如此一来，阎锡山不仅失去了津浦线上直捣徐州的时机，而且惹起了韩复榘的作战劲头。韩军一改作战初期的退让扭捏，终于拿出西北军主力部队的勇猛作风，在潍河一带拼死抵抗张荫梧的进攻，从此，张荫梧不能越潍河前进一步，山东战事遂陷入胶着状态。

恰于此时，蒋军在陇海线中了冯玉祥的"口袋战术"，受到很大损失，蒋介石决定改变原定战略，采取新的作战方针。蒋介石经过三个月的作战，也看出反蒋联军内部的基本矛盾，阎、冯二人各有心计，配合不足，拆台有余。而且，西北军战斗力较强，而给养不足，利于速战，不利于久战，相反，晋军衣食不愁，战斗力却有限。

因此，蒋介石决定对晋军采取打垮的政策，对西北军采取拖垮的政策。调整作战部署，把主力部队用于津浦线作战，首先将阎锡山的晋军收拾掉。于是，蒋介石将陇海线的兵力划分为六个守备区，以陈调元为总指挥，对陇海、平汉战场取守势，目的是把西北军主力拖在陇海线战场，使其不能转移兵力，逐渐消耗其力量。

同时，蒋介石将追击桂军的第十九路军陈铭枢部，以及夏斗寅师调往徐州以北，阻止傅作义部前进；另调李韫珩师从湖北经长江然后海运至青岛，配合韩复榘部，沿胶济路向西发起反击。随后，又派教导第三师、第十六军、第四军等主力部队先后进入津浦线战场。第二军团的总指挥部也由陇海线的柳河站转到了山东的滕县。一时间，津浦路大兵云集，令阎锡山胆战心惊。

阎锡山在军事指挥方面原本就有投机心理，在陇海线上，原想抢出一个头功来，结果没想到受挫以后，还是西北军打开了局面。当西北军要求晋军一同在陇海线上发起进攻时，阎锡山顾虑重重，不愿配合。就在西北军在陇海线上实行"口袋战术"痛打蒋军之时，津浦线上的晋军本应不失时机向南进攻，策应西北军的作战，阎锡山却兵分两路，去打韩复榘，以致贻误战机，失去了将陇海战场和津浦战场连成一片的好时机。

1930年7月27日，蒋介石亲至兖州督战，蒋军兵分三路沿津浦线正面向北佯攻。8月1日，发起全线总攻。4日，蒋军占领宁阳，抵进肥城、平阴，晋军防线被蒋军的德国造炮弹全线摧毁。傅作义军早已久战疲惫，哪里经得起蒋军精锐部队如此猛攻，只有招架之功，全无还手之力，在津浦线上节节后退。

胶济线上的韩复榘接到老蒋的反攻命令以后，也率部向潍河以西挺进。张荫梧得知傅作义军失利的消息，心中已是凉了半截，一面勉强整军迎敌，一面向阎锡山紧急求援。韩复榘部进展神速，两翼又有友军配合，与张荫梧军激战两日之后，张荫梧就顶不住了，全线溃退下来。韩复榘也不客气，立即率部追击，亲临前线督战，对张荫梧部"格杀勿论"。

晋军在津浦线战场全线溃退，军心大乱，此时又逢上大雨天气，真是祸不单行。晋军官兵多是大烟鬼，大雨连绵，蒋军的炮弹仍然在头顶上乱飞，不受影响，而晋军官兵的命根子——烟枪，却点不着火了。吸不上鸦片，晋军上下全都萎靡不振，战斗力顿时又减下许多。

蒋军的两路主力，刘峙部和韩复榘部一路追击，几乎都没有遇到晋军有力的抵抗。8月15日，蒋军陈铭枢军攻克济南，晋军向黄河以北撤退。刘峙与韩复榘军在济南胜利会师。二人连夜会商追击部署，准备一直渡过黄河追击晋军。

此时，仓皇逃命的晋军部队，在黄河边上已成密集如蚁的乌合之众。部队几乎完全失去控制，官兵们顾不上组织任何抵抗，个个争着向河边拥去。黄河上的乐口铁桥上被炸毁了一节火车，使本来狭小的通道更加拥挤，人马相互践踏，官兵不断落水，惨叫之声不绝于耳。南面蒋军的大炮不住轰鸣，飞机在头顶上不断扔下炸弹，黄河两岸成了可怕的屠宰场。

渡过黄河以后，晋军虽然损失惨重，但在傅作义、张荫梧的努力之下，终于收拾好残部，暂时稳住了阵脚。

阎锡山自开战以来，一直打着自己的小算盘，虽然他对冯玉祥有过一些配合，但总体上是只顾自己利益，不顾别人的。当初要与冯玉祥联手干的时候，阎锡山曾信誓旦旦地许诺，今后晋军吃什么、穿什么，西北军就吃什么、穿什么，但是，开仗以后，阎锡山对于西北军的给养供应却总是缺斤少两，后来干脆到了"百呼不得一应"的程度。西北军的官兵们在战场上经常忍住饥寒作战，有时连咸菜也吃不上，而晋军的装备给养却从来不缺，西北军士兵看见晋军阵地上到处乱扔的空罐头盒，都气得大骂阎锡山。

蒋介石调集重兵进攻津浦线时，阎锡山这才想起要请冯玉祥配合作战的事来。他连忙派他的兵站总监周玳，带着大批银元、面粉和军械弹药，到河南来见冯玉祥，请求冯玉祥立即从陇海线发动攻势，绕击蒋军左侧后方，以减缓蒋军对津浦线晋军的猛烈攻势。

西北军将领自作战以来，已对阎锡山克扣给养之事气愤异常，如今见到阎锡山来搬救兵，都出言相讥。连冯玉祥也慨叹道：

"早些时候肯发这些东西，孙连仲不是打到蚌埠了吗？津浦线哪里会有今天的情况！"

不过，冯玉祥到底还是忠厚一些，他没有听从部下一些将领不予阎锡山支持的建议，仍然决定在陇海线立即发动有效攻势，帮助晋军解脱危难。

此时，对于反蒋联军来说，整个战局已陷于危殆，必须在关键性地方取得重大胜利，才有可能将战局扭转。冯玉祥把这个关键性地区选在了徐州。他对整个战局作了分析，认为主要战场在陇海线，其次是津浦线，再其次是平汉线。徐州是陇海线与津浦线的枢纽，是一个至关重要的战略要点。如果将徐州攻下，则津浦、陇海可连成一片。西北军与晋军会师徐州，将会给整个战局以极大的影响。反蒋军占领徐州以后，乘胜南下，影响所及，平汉线上蒋军的杂牌部队必定会发生重大分化，到时候，最低限度，大江以北将无蒋军的立足之地。

因此，冯玉祥对于这一次的攻徐战役下了最大的决心，除了要平汉线控制一定的兵力以外，把所有的兵力都使用在陇海线方面，以期一鼓作气拿下徐州。经过周密策划，冯玉祥于 1930 年 8 月上旬在陇海线发起全线攻势，以徐州为目标分七路总攻：1. 孙良诚、吉鸿昌两部进出睢县向宁陵以北地区之敌进攻；2. 孙连仲率所部由太康进攻归德；3. 孙殿英部由柘城进攻马牧集；4. 陇海正面晋军向民权附近之敌进攻；5. 石友三率所部进出敌人左侧背，进攻柳河；6. 郑大章率所部骑兵集团向徐州方面深入敌后，展开袭扰；7. 宋哲元部为总预备队。

8 月 6 日，冯玉祥军全线总攻，中路孙连仲部首先将防守河堤岭之蒋军击溃，进至勒马集；孙殿英部亦逼近马牧集，迫使蒋军左翼不得不变更阵地，向后转移。唯宁陵一带因靠近陇海线，蒋军有重兵防守，加之连日大雨，宁陵以北河水泛滥，平地水深数尺，以致孙良诚、吉鸿昌部进展较慢。冯玉祥随即将宋哲元的预备队加入左翼，协同孙、吉两部冒雨进攻，在泥水中展开猛烈的战斗。

蒋介石因将主力部队置于津浦线以北，全力进攻阎锡山的晋军，不得已，悬赏陇海线各路守军固守阵地。这一地区连日不断的大雨天气，终于帮了蒋介石的大忙。西北军终日在恶劣天气下顽强作战，但时间一久，士兵疲劳过甚，给养又极困难，攻势受阻，遂与蒋军胶着于宁陵以北、归德以西一线。蒋军的阵地，虽然因西北军的猛烈进攻，由一条直线，变成了一个直角，但还是挡住了西北军的猛攻，冯玉祥迅速拿下徐州的计划受挫。

冯玉祥陇海线以徐州为目标的战役受挫的原因，还在于陇海正面晋军作战不力。晋军在陇海线正面配备了不少的兵力，又有几十个团的炮兵部队，但在这次进攻徐州的战役中，却不能发挥应有的作用，他们前进迟滞，不能与陇海线以南的西北军形成密切配合。西北军实际上担负独立主攻的任务，在大雨滂沱、遍地泽国的极端困难条件下，西北军攻下蒋军一个据点，都要付出巨大的代价，在过度疲劳和给养困难的情况下，不得不停止了攻势。这就使本来可以被击溃的蒋军，复又得到调遣援军的喘息时间，蒋军防线又在全线动摇中稳定了下来。

西北军陇海线停止攻势的结果，不仅自身付出了极大的伤亡代价，而且没有解津浦线晋军之围。津浦线晋军在蒋军主力部队的攻击下，退出济南，撤往黄河北岸，从而又使蒋介石得以抽出大部分兵力再转用于河南战场，攻取徐州的时机就被彻底断送了。

面对陇海、津浦两线失败的无情现实，冯玉祥痛心到极点，深责阎锡山以及晋军的自私与无能。过去，西北军的部将们常跟冯玉祥进言，认为阎锡山无意在军事上配合西北军，而是想由晋军首先拿下徐州，并且有意克扣西北军的械弹、粮饷供应。冯玉祥听了这些话，总是教训自己的部下，让他们相信阎锡山这一回是真心要联合的。而这一次徐州攻势的受挫，晋军不出力，为了保存实力，让西北军在前方受苦，使得冯玉祥确实有阎锡山不肯真心配合作战，只在"扯后腿"的感觉，因此也不由得大骂："阎百川（阎锡山字）这个老弟真不是好东西。"

反蒋联军在津浦线上济南重镇的得而复失和陇海线上8月攻势的受阻，使整个战局发生了严重的不利于反蒋联军的转变。蒋介石将津浦线方面的大部分精锐部队分别调到平汉、陇海两线，并且将攻击重点放在了冯玉祥阵线的薄弱环节——平汉线上。平汉线乃西北军杂牌部队的防线，一旦受到攻击，将给予全局以极大影响，因为平汉线直接威胁着陇海线冯阎联军的后方，如果在这里蒋军得手，就将切断西北军的退路，使西北军处于前后受敌的被动地位。

冯玉祥鉴于陇海战局发生重大变化，遂也调整部署，一面将宋哲元、赵登禹等部撤退到洛阳一带，以保持通往陕西的归路；一面缩短平汉、陇海两路防线，准备集结兵力，对蒋军作最后的抗拒。

9月6日，蒋介石首先以重兵对防守于平汉线漯河一线的西北军张维玺部发起猛攻，同时，命令徐源泉、杨虎城部向巩县、洛阳进攻，威胁整个西北军的退路。在陇海线正面，蒋军分成若干个纵队，由兰封、考城、太康、杞县向淮阳、周口进攻。如此，蒋军从东、南、西三面对陇海线上的反蒋联军构成了一个弧形包围圈。蒋介石为了鼓舞士气，下令全军：先占领巩县者赏洋 20 万元，先占领洛阳、郑州者赏洋 100 万元。

在平汉线上进攻的蒋军，因冯玉祥收缩战线，一路并未遇到有力抵抗，遂一路冲杀过去，如入无人之境，攻城略地，猛不可挡，不久即打到许昌附近。此时的蒋军颇有胜利在望的感觉，故而人人争先，个个奋勇，与平汉线张维玺部展开激战，不多时，张维玺部即因两翼均遭严重威胁而撤出许昌城。一时间，老蒋在陇海、平汉线上频频得手，捷报频传。

然而，蒋介石也知道，要彻底打垮西北军，他还要付出巨大的代价。于是，他又想到了自己的拿手好戏——收买政策。耍起"银弹"攻势来，蒋介石的招数很多，而且常常"推陈出新"。看到陇海线上西北军官兵面黄肌瘦、疲惫劳累的情形，蒋介石就猜出阎锡山没有匀出给养让西北军吃饱，现在对于久战穷苦的西北军官兵来说，一顿美餐也可能收买一个过来。

于是，蒋介石特地召来南京政府军事参议院院长，由他负责在陇海线前沿办起了"阵地俱乐部"。不久，陇海线六个守备区都办起了俱乐部。俱乐部的地点都选在便于引诱西北军官兵的地点，用火车车厢，或者汽车，布置成流动酒店，备有中西大餐、烟具、赌具，雇用上海舞女、妓女充当招待员。一到夜间，寂静的战场显现出集市的热闹气氛来。俱乐部以非军事形式出现，可以接待来自作战双方的官兵。

凡是西北军官兵前来俱乐部者，招待员们均热情拉他们入内。他们没有钱，俱乐部老板则告诉他们，可以尽情受用，分文不取。玩乐之间，蒋介石的特务们纷纷上前充当说客，对西北军官兵进行利诱拉拢，临别时分，俱乐部老板或特务们还根据西北军军官的官阶高低，对蒋军的作用的大小，赠送数额不等的现金，包括烟酒、食品等礼物。

这种"银弹"和"肉弹"的攻势，对于在战场上吃苦耐劳的西北军来说，真比飞机、大炮的震撼力要大得多。素来以吃苦为荣的西北军哪里见过这般享受。在西北军中不准吸烟，不准赌博，更不准嫖妓、抽鸦片。冯玉祥的家长式治军方式，一层一级地传递下去，士兵和低级军官见到长官都如同老鼠见了猫一样。就这样，也免不了经常挨打受罚。自陇海线开战以来，士兵们几乎一直饿着肚子在打仗，连咸菜都吃不上。到了这"阵地俱乐部"，一顿好酒好菜吃得痛快淋漓，吃完了还可以尽情玩乐，妖冶的女招待们争相送上门来亲热。不少的西北军官兵自打娘胎里出来就没有享受过这般滋味。不由人不思量起改换门庭的事儿来。

西北军凡是到过俱乐部的人，大多以为蒋军官兵过的就是这样的"好日子"，十分羡慕。很多人就此对于战争消极下去，还有一些人痛快地成了蒋军的坐探，为蒋军提供情报，争取反叛者。西北军的内部已被蒋介石顺利攻克。

冯玉祥却对自己军队内部的变化毫无知觉，他仍在收缩战线，准备与蒋介石进行一番鱼死网破的搏杀。鹿钟麟等将领们都劝冯玉祥对洛阳一带退往陕西的通道采取保全措施，可冯玉祥听不进去，执意要破釜沉舟地干一场。可是，前方战场双方将士的士气此消彼长，已经悄然产生了巨大的变化。各路蒋军来势凶猛，西北军一经接仗，就十分吃力，抵挡不住。9 月 17 日，蒋军杨虎城部攻占洛阳附近的龙门，西北军的后路被截断。

真是祸不单行，就在西北军拼着最后的决心与蒋军在陇海线上激战之时，9 月 18 日，张学良于东北发出拥护"中央"、呼吁和平的巧电，亲率东北军大举入关，中原大战随之产生巨大的变化。狡猾的阎锡山已在张学良发出通电以前，了解到张学良倒向蒋介石的消息。因此，他向陇海线上正在作战的晋军下达了密令，要他们迅速准备，向黄河以北撤退。张学良通电发布以后，冯玉祥仍然希望可以在陇海线上开辟新的形势，以扭转整个战局的不利局面。他要求阎锡山抽调有力部队到到河南战场来，协助西北军与蒋军继续作战。他劝告阎锡山，张学良虽然举兵入关，但反蒋联军的基本实力还在，只要阎能坚持到底，局势仍然有扭转的可能。此时，阎锡山已经听不进冯玉祥的形势分析了，他考虑的只是保存现有的晋军实力。因此，最现实的一步，就是从陇海线上撤走晋军主力部队。

　　阎锡山毅然撤走陇海线上的晋军，使冯玉祥军立即陷入蒋军重围，呈现出兵败如山倒的架势。西北军的不少将领已经抽上了蒋军送上的绿锡包、三炮台等高级香烟，蒋介石的便衣队出没于冯军阵地，积极进行战地倒戈动员，多数军官都已无心再战，都在纷纷寻找出路。

　　在此绝望的情形下，冯玉祥只好率军向郑州、洛阳方向退去，等待他的是十分残酷的失败命运。

张学良为换得占领华北的利益，把东北的命运交给了南京政府。他原以为这对东北军来说是一个大发展的机遇，而事实上，他却犯下了一个无可挽回的严重错误。东北军主力入关，造成东北境内空虚，给一年后日本帝国主义发动九一八事变造成了便利条件。两个"九一八"，无情的巧合，决定了张学良一生的悲剧性命运，也决定了东北军的悲剧性命运。

中原大战是中国近代军阀战争史上规模最大、投入兵力最多、持续时间最长的一场战争。在这场战争中，军事力量雄厚、财力充足的张学良始终是战争双方奋力争取的对象，因此，张学良以及东北军也就成了这次战争举足轻重的力量。

张学良在东北易帜，服从中央以后，主政东北，一面整顿吏制和财政金融，一面整编和训练军队，以加强东北独立自治的政治、经济和军事能力。张学良的苦心经营是成功的。短短几年以后，至中原大战爆发前，张学良已经拥有一支兵种齐全、装备精良的强大的军队，并且拥有了稳固的东北地盘和充足的物质资源，使张作霖时代由于年年征战所造成的兵疲财竭的状况，有了极大的改观。

就军队而言，到1929年底，张学良的东北军已达36万余人，其中，陆军有步兵、骑兵、炮兵、工兵、辎重、战车、通讯、铁道、宪兵、卫队等；海军有两个舰队、一个江防大队、一个陆战队、一个航空队；空军有一个大队，辖五个飞行队，各种飞机191架。此外，东北还形成了一套提供军需的军事工业和培养军事人才的教育系统等。

在中原大战爆发的初期，张学良严守中立，极力避免东北军卷入这场战争。对于张学良来说，东北更现实的威胁来自日本。当时，张学良父丧未久，东北政权内部很不巩固，他担心一旦卷入内战会造成东北内部的分裂。所以，战争初期，张学良多次发表和平通电，希望作战双方经过会商解决分歧。而参加中原大战的蒋军与反蒋联军，却都把张学良看作决定胜负的重要筹码，千方百计地拉张学良加入到自己一方来。

对于蒋介石来说，若是拉住了张学良，不仅在军事实力上可以压倒反蒋派，而且也将造成极为有利的军事形态。蒋介石的部队在南，张学良的军队在北，如此则将形成对反蒋派南北夹击的态势。

对于反蒋联军来说，一旦张学良倒向他们，就将对蒋介石形成军事上的绝对优势，而且，蒋军在南，张学良参加联军，就将使反蒋联军再无后顾之忧，在军事格局上产生极大优势。此外，若是张学良反蒋，还会对全国各种派系产生极大影响，响应者必多，反蒋联军必能不断发展壮大。

利之所在，使得大战双方都把争取张学良的工作放在极重要的位置上。1930 年 3 月，反蒋联军各派将领发表通电反蒋时，表示拥戴张学良为反蒋军副总司令。张学良不动声色，准备伺机观变，权衡利害，相机行事。

反蒋联军在通电发表以后，阎锡山、冯玉祥、石友三等人都分别派代表赴东北，劝说张学良参加反蒋阵线。张学良一一收下他们送来的礼品，却对反蒋一事绝口不提。

为了表示礼貌，张学良给阎锡山回了一封电报，采取了一种调和暧昧的态度。电报说："1. 东北四省，对日对俄，关系复杂，外交上不便与南京政府断绝关系。际此时局，处境较具苦衷，外交问题，今后仍与宁府联络进行，尚希谅解为幸；2. 东北四省，与山西省同有维持华北治安之责，所以视其形势如何，除出兵协助碍难实行外，在维持治安上必要之范围内，不妨接济武器弹药。"

4 月 1 日，阎锡山、冯玉祥、李宗仁分别在太原、潼关、桂平就任反蒋联军的总、副司令，张学良既不就职，也不拒绝，以沉默应之。从此，各方代表紧紧跟踪张学良，使出浑身解数，人人力劝张学良加入自己的队伍。

7 月，张学良为了避开各方代表的纠缠，离开沈阳去葫芦岛，然后，又悄悄去北戴河休养。可是，躲也没法躲，8 月 19 日，汪精卫的代表郭泰祺就跟到北戴河见张。不几日，阎锡山的代表贾景德、冯玉祥的代表薛笃弼也到了北戴河。陈公博也以北平扩大会议代表的身份，到北戴河见张。各派反蒋联军的代表几乎将张学良完全包围起来，轮番游说，要求张学良立即表态加入反蒋阵营。

最后，张学良与他们进行了长谈，说明了四点意见：1. 东北行动，只求有利于国，决不谋私利；2. 内外交迫，国危民困，希望双方各退一步；3. 东北军如何行动，个人不能决定，须待回沈阳开会商讨；4. 目前一切尚在研究中，无具体意见可以奉告。

张学良始终没有痛快答应反蒋派的要求，其中原委，与蒋介石的大力争取亦有很大关系。蒋介石争取张学良的工作，可谓下足了血本，付出了高昂的代价。

蒋介石决心要把张学良拉到南京政府一方来，从中原大战一开始，他就对张学良施展起各种手段：

首先，他派代表跟踪张学良，进行游说。

1930 年 2 月，还在大战的酝酿期间，蒋介石即派方本仁、刘光、吴铁城、张群、李石曾、顾耕野等人，到沈阳游说张学良，几乎动员了所有南京政府内与张学良有渊源的人际关系。这些人全都下榻于张学良公署附近的边业银行，以方便与张学良的来往，并且，随时把蒋介石的旨意传达给张学良，也随时将张学良的动静报告给蒋介石。蒋介石命令这些人一定要盯住张学良不放，张走到哪里，蒋方代表就跟到哪里。

4 月间，沈阳举行追悼东北边防军阵亡将士大会，蒋、冯、阎均派代表参加致祭。5 月 3 日，蒋介石致电跟着张学良的南京代表，让他们向张学良示意："如需军费开拔，则可应允其先汇五十万元也。"6 月 3 日，张学良 30 岁生日，蒋介石特派李石曾前往祝寿。6 月 21 日，张群带着南京政府特任张学良为陆海空军副总司令的命令到沈阳，向张学良颁发了特任状及印信，并力劝张学良及早表明态度。7 月，张学良到葫芦岛，吴铁城、张群也赶到葫芦岛。8 月，张学良到北戴河，张群、方本仁立即赶往北戴河，李石曾、吴铁城也跟踪而至，并且赖在北戴河不走，对张学良软磨硬泡。

其次，向东北政要及军事首领封官晋爵。

1930 年 4 月 18 日，吴铁城代表南京蒋记中央给张学良、王树勋授勋；不久，任命王家桢为南京国民政府外交部次长；6 月，任命胡若愚为青岛市长。7 月间，蒋介石派刘光为代表，携带几张国民政府的委任状，直接交给张学良，任命于学忠为平津卫戍司令、王树常为河北省主席。这样一来，东北军的势力不仅可以重返平、津、河北，而且进一步伸展到胶东，直达南京中枢。对于张学良来说，这当然是很有吸引力的措施。

与此同时，蒋介石的代表还对东北各高级军政人员施以各种小恩小惠，以求拉拢人心。蒋介石对于张学良派驻南京的东北办事处处长秦华优待有加，特别让国民政府每月支出 2000 元给秦作为薪俸。待在东北不走的蒋方代表方本仁、吴铁城、张群等人，则带着大量资金，三天一大宴，五天一小请，与东北军政要人打得火热。在酒宴上，一方面联络感情，收买人心；另一方面向他们反复陈述东北出兵助蒋之利，企图通过他们影响张学良出兵助蒋。

再次，向张学良许以地盘。

当时，东北大连港在日本人的手里，东北海军苦无良港出入。蒋介石投其所需，忍痛割爱，于 3 月 3 日，通过南京国民政府明令，将青岛港交给东北海军使用，随即，蒋介石的海军悉数南归。蒋介石的代表还多次向张学良表示：如果张学良出兵相助，打败反蒋派以后，将河北、察哈尔、绥远、山东四省及平津地区交给张学良管理，这些地方的人事任免等，悉听其安排。

最后，蒋介石也做好了张学良不肯就范的打算，派人暗中开始进行东北军的策反工作。

1930 年 7 月，蒋介石派刘光将南京政府任命于学忠、王树常的委任状带到东北，暗地里又派与于学忠相熟的人物携带蒋介石的亲笔信去见于学忠，意思是如果于学忠能够举兵向西，华北各省职务任其选择。于学忠与张学良关系深厚，不肯背叛张学良，使蒋介石的诡计落了空。然而，这事自然会给张学良以很大的震动。接着，蒋介石又指使何成浚收买东北军驻临绥第二十三旅旅长马廷福，许以叛张以后，给现洋 300 万元，并先期往沈阳中国银行汇出了 100 万元的订金。马廷福被打动了，立即率兵叛变。事起之后，张学良虽然迅速平息了马廷福兵变，但也由此引起无穷忧虑。他恨蒋介石在他的内部捣鬼，他也担心时间一久，他的部下是否还会跟着他走。

在蒋介石多种方式的紧逼之下，张学良终于向南京代表申明，如果蒋军拿下济南，东北军即出兵协助结束战争。

比起蒋介石对张学良下的工夫来，反蒋派争取张学良的工作就显得逊色多了。他们只许给张学良一个副总司令的头衔，其余没有实质性许诺，他们不肯花钱，也不愿过早地向张学良许诺地盘。

1930 年 8 月初，由反蒋派召集的"中国国民党中央党部扩大会议"在北平正式召开，企图在南京国民党政府之外，建立一个新政府。张学良为了探听消息，派出顾维钧、罗文干到北平。当时曾一度引得北平各界大哗，以

顾维钧（1888-1985），字少川，江苏嘉定人，中国近现代史上卓越的外交家之一。1912 年任袁世凯总统英文秘书，后任中华民国北洋政府国务总理，国民政府驻法、英大使，联合国首席代表、驻美大使，海牙国际法院副院长；被誉为"民国第一外交家"。

为张学良已同意加入反蒋派。

汪精卫感到此时正是拉住张学良的好时机，遂欲先向张学良的代表顾维钧示好，提议任命顾维钧为新政府的外交部长。顾维钧原本就是外交界耆宿，当个外交部长应当是十分合适的人选，加上此时，顾正是东北方面重要的智囊人物，争取顾维钧成功，则争取张学良有望。可是，反蒋派内部矛盾重重，汪精卫并没有实际的用人权力。他就此事数次致电阎锡山以后，阎锡山复电称，由他们决定委任一个部长不合适，还须与冯玉祥、李宗仁电商。

顾维钧是极聪明的人物，自然感觉到阎锡山的冷淡。他盘桓北平数日，即返回秦皇岛向张学良报告，谓阎锡山、冯玉祥不能成事，必须及早倾向于南京政府云云。

8 月 14 日，蒋军攻克济南，阎锡山的军队向黄河以北撤退，但双方仍在激战中。为了尽快消灭反蒋派军队，蒋介石于 8 月 23 日致电张学良，促其迅速派兵入关，占领平、津一带，并旁敲侧击地说："若东北不出兵时，中央军将长驱北上，限于一周内进击天津。"情形已经至此，张学良感到大局已定，自己若再不出兵，不仅自食前言，开罪于蒋介石，而且也将失去唾手可得的华北地盘。因此，他决定结束观望态度，立即于 8 月 30 日从北戴河返回沈阳，准备出兵事宜。

为了统一东北军政要员的思想，张学良回到沈阳以后，首先通知张作相、汤玉麟、于学忠、王树常等人速到沈阳议事。9 月 10 日，张学良在沈阳北陵的别墅里召开了东北最高当局会议。在会上，张学良纵论国内形势，深刻分析了蒋、阎、冯之为人，陈述了东北出兵的必要性。他说：

"东北地处边陲，日本窥伺已久，如欲抵制外侮，必须国内统一。我自1926 年即主张停止国内战争，早日促成统一。在先大元帅（指张作霖）在世时，我曾迭次进谏，未蒙采纳。1926 年，先大元帅曾派韩麟春赴山西见阎，请他与我们合作，我们也绝不干涉山西的事务。阎锡山表示同意，韩麟春满意而归。而为时不久，阎锡山即将大元帅派往山西的使者于珍扣留，并由娘子关出兵，与我方作战。韩麟春由于阎的失信，气愤病死。阎、冯二位的为人，一向反复无常，从前北洋系统的覆灭，二人应负其责。目前阎、冯合作，事如有成，二人亦须决裂。且以国民革命军系统而言，阎、冯本应为国民党的一部分。至于扩大会议，西山派来诋汪、陈为'赤化'，改组派亦骂邹、谢为叛徒，暂时的结合，将来仍须水火。蒋介石亦系一阴谋的野心家，在他的阴谋里，本想以军事解决西北，以政治解决西南，以外交解决东北。他对我们，亦无特殊的关系。从马廷福的事变，更可看出他的不顾友谊和不择手段。不过，目前国事日非，如非国内统一，更不足以对外。我们为整个大局计，必须从速实现全国统一，早停内战。最近，阎、冯的军队业已退至黄河北岸，蒋军业已攻下济南，我方拟应实现出兵关内的诺言。"

张学良的一番话，自是说得深入、有理。东北军高级将领们并无异议，于是，出兵华北之事就这样纳入实施进程。高级干部会议以后，张学良会见了蒋介石的代表张群、吴铁城，与他们商量了东北军入关以后的具体安排。

1930 年 9 月 18 日，张学良发表出兵华北的通电，称：良委身党国，素以爱护民众维持统一为怀，不忍见各地同胞再罹惨劫，吁请各方，即日罢兵，以纾民困。凡我袍泽，均宜静候中央措置，海内贤达，不妨各抒伟见，共谋长治久安之策。

东北军入关的运兵车

就这样，张学良为了换得占领华北的利益，把东北的命运交给了南京政府。他原以为这对东北军来说是一个大发展的机遇，而事实上，他却犯下了一个无可挽回的严重错误。

张学良倒向蒋介石的结果，使东北军主力入关，造成东北境内空虚，给一年以后日本帝国主义者发动九一八事变造成了便利条件。他原本还指望蒋介石的中央政府能够保护东北利益和东北军的利益，但是，蒋介石却与英、美帝国主义相勾结，用东北利益与日本帝国主义做交易，实行"攘外必先安内的政策"，并且利用东北军与红军作战，以消耗东北军的力量。

也许是历史在戏弄张学良，1930 年 9 月 18 日张学良通电举兵入关，第二年的"九一八"，日本人就占领了东北三省，使张学良的东北军成了无家可归的游子。这两个"九一八"，无情的巧合，决定了张学良一生的悲剧性命运，也决定了东北军的悲剧性命运。

张学良通电举兵入关，自然对于中原战争起到了至关重要的作用，战争局势急转直下。蒋介石慷慨地给了张学良 500 万元开拔费，随后又追加 1000 万元公债资助。

9 月 20 日，东北军于学忠部率先入关。21 日，于学忠部接收天津，22 日进驻北平。东北军每进至某地之前，都要先通知阎锡山，请其让防，阎锡山见大势已去，十分乖巧，一路按照东北军事先通知的时间节节退兵。东北军因阎锡山的密切配合，进展十分顺利，不断加快向华北各地进军的步伐。

10 月 9 日，张学良在沈阳就任南京政府任命的国民革命军陆海空军副总司令职；17 日，王树常在天津就任河北省主席；20 日，于学忠就任平津卫戍司令。25 日，东北军占领张家口，张学良任命张诚德为张家口警备司令。至此，整个平津地区及河北、察哈尔两省完全置于东北军的控制之下。

冯玉祥原本还想硬撑残局，与蒋介石再作一次拼搏，无奈阎锡山早已缴械投降，不愿再做任何挽回败局的努力了。冯玉祥经此大变，不由得深悔自己找错了搭档。这时候，他想起当初自己派驻太原的代表李子曾对他

说过的一番话，深恨自己总是对阎锡山认识不足。李子曾当时说：

"我在山西多时，一直没有听见阎锡山的一句肺腑中的实话。只是有一天，我们谈了五六个钟头，直到深夜两点多钟，当时他越说话越多，越说声音越高。他告诉我他的处世秘诀是：'话说得越彻底越好，事做得越不彻底越好。'这两句话算是他肺腑中的真话了。"

想到这里，冯玉祥不禁可怜自己一再听从阎老西的诺言，实在是活该落得此等下场。当时，在战场上打的只有冯玉祥的西北军一支孤军，只有赶快准备后路，安排退兵了。然而，这对冯玉祥来说也已经晚了，蒋介石不容他有任何退路，决心彻底地搞垮他。西北军到了这个生死难关，也不免各寻生路，作鸟兽散，冯玉祥面对自己的彻底失败，内心的痛苦无以复加。

在战争的最后时刻，蒋介石及时采取了军事压力与安抚收买相结合的方针，对反蒋军的分化与瓦解起到了重要作用。8月4日，蒋介石委任张钫为讨逆军第二十路总指挥，实际上是利用张钫与反蒋联军各派将领的特殊关系，专门负责策反工作。

张钫上任以后，果然不负老蒋期望，很快就收编了李万如、赵冠英、范龙章部。随后，又将万选才的残部收集起来，归附了蒋介石。9月，张钫又到平汉线瓦解西北军，旋又转到豫西收编土杂部队，在西北军退往陕西的道路上埋伏下"钉子"。后来，蒋介石的战史专家们在编写这段历史时，对于张钫的策反"功绩"给予了很高的评价，称：

"全战役中，以一身冒万险，出入敌垒，游说百端。并命使四出，招致逆军将领，涣散逆军之心，使其内溃。而国军乃得因利乘便，乘虚直入焉。"

在张钫的积极活动之下，西北军各路将领纷纷倒戈，冯玉祥的几十万部队一瞬间成了乌合之众。其中，吉鸿昌、梁冠英、万殿尊、吕秀文、李肖庭、郜子举等部均在张钫的游说中倒戈。

张学良通电入关以后，陇海线晋军立即向黄河以北撤退，冯玉祥的庞炳勋、孙殿英、刘春荣部纷纷自由行动，随同晋军一同撤向黄河北岸。石友三一看形势不对，琢磨着再投蒋介石有点不好意思，不如投了张学良的好，遂厚着脸皮通电表示拥护张学良的停战主张，率部由鲁西开往豫北，并在部队行进中破坏了漳河铁桥。所有这些，都给冯玉祥的处境造成极大的困难，一段时间内，冯玉祥的西北军内恶报频传，冯玉祥再也无法挽回部队的流失了。

9月28日，冯玉祥接到了他的得力战将吉鸿昌的电话，告诉冯玉祥："我要到蒋介石那边去做黄盖了。"

"这不是投降老蒋吗？！"冯玉祥气愤地责问道。

"没办法，现在没有别的出路。今后我一定对得起总司令，请大家原谅。"

吉鸿昌说完就把电话挂了。

冯玉祥真不敢相信，像吉鸿昌这样的血性将领竟然也投降了蒋介石。放下电话，他生气地对身边的人说：

"吉鸿昌这小子的脑筋真复杂，他对我说要做苦肉计中的黄盖，真是想入非非。"

不久，又传来消息，孙良诚部的另一支主力梁冠英也和吉鸿昌一起投降了蒋介石。冯玉祥顿时如挨了当头一棒，知道局势已彻底地无法挽回了。开战以来，吉、梁二部屡立战功，不断给蒋军以重创。8月攻势失败以后，战局一天天恶化，西北军将领都感觉到前途可危。他们既不愿再次被阎锡山出卖，也不愿再次回到西北去吃苦，故而都在此关键时刻各找出路了。

蒋介石听说吉鸿昌、梁冠英投降了自己，真是大喜过望，大大地松了一口气。蒋军在陇海线上打了几个月的仗，最怕的就是这两支部队，他们一投降，余不足惧矣！于是，老蒋亲自带着俞飞鹏、毛邦初乘飞机到了宋希濂部的阵地上，召见了吉鸿昌、梁冠英二人，拿出委任状和一堆亮闪闪的大洋奖赏，对吉、梁二人深表"厚爱"。

吉鸿昌、梁冠英的投降，让开了大路，使顾祝同军得以长驱直入，直插郑州以南，活生生将张维玺及冯治安、邓宝珊部的七八万人包围在新郑一带。张维玺见自己四面楚歌，再战无益，便下令部队解除武装，投降了蒋介石。

中原战场上只剩得宋哲元、孙连仲两支主力军了。

宋哲元率领残部历尽艰险到达潼关，想退回西北根据地。没想到，冯玉祥出兵时任命的后方军总指挥刘郁芬竟然拒绝宋哲元部回陕。原来，大战开始以后，刘郁芬萌生了据地自立之意，如今，西北军已经基本瓦解，冯玉祥也无法控制部队，自己正应趁此机会霸占西北地盘。加上，刘与其他一些西北军将领素来不和，生怕那些中原战场撤退回来的西北军将领搅了自己的好事，因而大着胆子拒绝他们。其时，也早有蒋介石的人将金元和委任状送到了刘郁芬处，因此使刘的腰杆儿更硬了。

宋哲元见刘郁芬竟然在此时翻脸无情，落井下石，顿时大怒，但也不愿再与他火并，遂带领部队离开潼关，进入山西，在晋西南汾阳、绛县一带驻扎下来。10 月 25 日，杨虎城不发一弹便占领了潼关，彻底切断了西北军的退路。

孙连仲部此时在焦作一带陷入重围，无法撤回陕西，也失去了防御的能力。见局势已经彻底无望，孙连仲只身离开部队，投奔了故友韩复榘。韩复榘向蒋介石推荐了孙连仲。蒋介石一贯十分赏识孙连仲，知道孙是忠勇之士，过去一心事冯，一旦投奔自己，必定肯诚心事己。于是，立即委任孙为第二十六路军总指挥，要他收拾旧部，一并归蒋。随同孙连仲一同投蒋的还有赵博生、高树勋、董振堂等部。赵、董等部很快在后来对红军的作战中举行"宁都起义"，投奔了红军，高树勋也在抗战后投靠了人民解放军。孙连仲则在抗战中的台儿庄之役立下汗马功劳，抗战胜利后，因不满蒋介石的政治而辞去了军事职务。

由此看来，这些西北军将领的投蒋，都有万不得已的苦衷，对于蒋介石并不是真心实意地诚服。

兵败如山倒。11 月 4 日，阎锡山、冯玉祥发表通电，声明"即日释权归田"。蒋介石哪里肯轻易放过他们，早把阎、冯二人列入"不能赦免"的名单之中，要求他们无条件下野出洋。蒋介石与张学良分了工，由张学良收编晋军，蒋介石收编西北军。

11 月 7 日，张学良在天津邀集晋军将领开会，决定将晋军改编为 4 个军，分别以商震、徐永昌、傅作义、杨爱源为军长。后来又编了一个护路军，以孙楚为军长；一个骑兵队，以赵承绶为司令；一个炮兵队，以周玳为司令。这样，张学良完成了对晋军的改编工作。

蒋介石也陆续完成对西北军的收容与改编。随后，委任刘峙为河南省主席，杨虎城为陕西省主席。至 11 月初，各地的军事收束大体完成。紧接着，蒋介石发布了通缉阎锡山、冯玉祥的通缉令，驱逐他们出国。

阎锡山、冯玉祥都不愿在这种情况下出国，但为形势所迫，阎锡山还是被迫躲入日本人占领的大连。冯玉祥先由大同北上，然后又秘密转回山西，在晋西南宋哲元部的防区稷山县待了下来。西北军经此大战终于烟飞云散，冯玉祥也彻底失去了枪杆子，但以此为契机，冯玉祥在政治上实现了自己一生重要的历史转折。

蒋介石终于赢得了这场战争，但是，他却无法消除由这场战争带来的国际与国内各方面的矛盾。他的政权仍旧处于巨大的危机之中。

中原大战以后，冯玉祥、李宗仁、阎锡山等人的势力都相继衰落，张学良则在九一八事变以后，代蒋受过，成了替罪羊。蒋介石终于建起了一支中国历史上最庞大的军队——国民党军，并将这支军队转化为他个人的工具。

中原大战以后，冯玉祥、李宗仁、阎锡山等人的势力都相继衰落，张学良则在九一八事变以后，代蒋受过，成了替罪羊。蒋介石终于建起了一支中国历史上最庞大的军队——国民党军，并将这支军队转化为他个人的工具。

中原大战终于以阎锡山、冯玉祥军的失败而告终。失败的原因还是各自保存实力的军阀意识作怪，尤其是阎锡山更是变化无常。开战以来，阎锡山把大本营设在石家庄，而本人则经常住在娘子关口的正太路总站，做着随时撤退的准备。当他得知东北军要出兵的消息时，急忙命令晋军向石家庄附近撤退，使得西北军左翼完全暴露在蒋军面前，最后遭蒋合围。张学良入关以后，阎锡山、冯玉祥以及汪精卫曾集中于石家庄商议应付办法。其时，冯玉祥与汪精卫都主张继续与蒋军较量，冯玉祥认为，当时反蒋军的力量尚能与蒋介石抗衡，主张将部队集结于黄河北岸，与蒋形成对峙局面，然后俟机行事。阎锡山害怕冯玉祥的军队占领晋南老巢，取他而代之，故而坚决主张散伙，下台认输，并反复强调："留得青山在，不怕没柴烧。"双方各执己见，会商遂没有结果。

失败以后，冯玉祥先在宋哲元部避风，后上泰山隐居读书。九一八事变以后，积极主张抗战，政治倾向日益进步。

李宗仁在中原大战中无奈何退回广西以后，蒋介石并未轻易放过他，一直命令湘粤部队向广西进攻，并令云南龙云的部队东下包围南宁，必欲置桂军于死地而后快。当时，李宗仁的确面临着巨大的困难，蒋军三面围攻广西，桂军人心涣散，连他的得力将领黄绍竑也心灰意冷，不想再干了。李宗仁明白，南宁乃广西根本，南宁不稳，今后将没有东山再起的基础，于是跟白崇禧达成一致意见，对来自湘、粤的进攻采取守势，而倾全力将滇军逐出广西。至1930年10月，李宗仁终于解了南宁之危。西线之围解除以后，李宗仁正待回师对付进入桂境的粤军，此时，广东与南京的蒋介石之间却因胡汉民事件出现新的矛盾，广东军队不仅从广西境内撤了出去，还派人到南宁与李宗仁商议共同反蒋之事。广西的危难自此便消除了。

　　九一八事变之后，粤桂曾联兵再次反蒋，蒋介石对粤桂采取分化瓦解政策，于 1932 年 9 月重新任命李宗仁为广西绥靖主任，白崇禧为军事委员会常务委员，李、白通电上任，桂系与蒋介石的对立终于消除，桂系军队复归"中央"领导。

　　老奸巨猾的阎锡山对于战败以后的出路作了精心安排。他一方面对外宣传要到美国或日本去，甚至还派人去绥远勘察去苏联的路线，做出一副出洋远行的模样；另一方面却对出逃天津、大连作了一系列布置，行动极为诡秘。对其属下，他细心地做了东山再起的准备工作，亲近文武僚属，按等级每人赠送钱财，有的 3 万元、2 万元、1 万元；有的 5000 元、3000 元不等，作为生活上的关怀安顿。他对他们说："我们是有办法的，不要以为就此完结了。"

　　阎锡山到天津以后，在日本租界内买了一所房子，对外挂起了"筹备出洋办公处"的牌子，混起了日子。蒋介石见阎锡山不走，天津离山西这么近，阎锡山留在天津跟留在山西无异，遂表示坚决不允许阎留在天津。张学良也认为如果阎锡山留在天津，自己对晋军更难节制，工作不好做。于是，蒋介石一面发动国民党驻山西省党部在山西掀起了反阎活动，公开揭露阎锡山在山西统治的罪恶；另一方面派出蓝衣社的特务日夜监视阎锡山在天津的寓所，弄得阎锡山神魂不安。张学良也不断从旁询问阎的出国日期，施加压力，迫阎离开天津。阎锡山知道天津不是久留之地，遂与日本人商量，转往大连。

　　阎锡山与当时日本驻沈阳的特务机关长土肥原贤二是日本士官学校的同学，阎锡山到天津后，日本人认为他是可以利用的人物，遂由土肥原出面，对阎锡山的家属和部下妥为安置，不仅对阎的住地给予保护，而且特许阎在家中架设军用电台，以便联系各地旧部，以图东山再起。阎锡山在天津不久，便由日本人派轮船送到大连。

　　当时，张学良负责改编晋军。他不想按照蒋介石的命令，将晋军彻底解决。根据他对阎蒋二人的长期观察，张学良也深知阎锡山斗不过蒋介石，但

1931 年元旦，（左至右）葛敬恩、何应钦、张学良、刘文岛、宋子文、陈调元、何成浚在南京阅兵。

他又不愿意看到蒋介石彻底消灭阎锡山，因而在处理阎锡山旧部的问题上，明显地照顾了晋军的利益，他不仅保留了晋军的原编制，而且将山西、绥远两省的省主席位置推荐给了阎锡山的部将商震和傅作义。山西军队被改编为四个军，由商震、徐永昌、傅作义、杨爱源分任军长，基本上保留了晋军的实力。

蛰居大连的阎锡山深知军权就是命根子。他担心自己远离山西，日久人心背离，军队失控。于是，他到大连不久便经常派遣亲信副官往来于大连、太原之间，并密示徐永昌、杨爱源等亲信将领，嘱他们紧密团结，控制各军军长、师长，等待日后晋军东山再起。阎锡山一面暗中控制操纵山西军队，一面与潜居上海的汪精卫派秘密联络，继续进行反蒋活动，同时又与日本人暗通声气，企图得到日本人支持，使自己能够重返山西。隐居大连的阎锡山在 1931 年 4 月 13 日的日记中写道："何谓智圆？初以为不必求解亦解，继则深求而不解，今则解之矣。打得过滚才叫圆。"的确，阎锡山虽蛰居大连却仍在中国的政治舞台上不住"打滚"。他知道，只有牢牢控制着山西军队，日本人才会支持他；又只有日本人支持他，他才能有机会再返山西，重整旗鼓；与汪精卫的联络则是为了减轻蒋介石对自己的注意和压力，创造回山西的条件。

机会终于被阎锡山等着了。1931 年 8 月 8 日，阎锡山乘坐日本人的飞机回到了山西大同。蒋介石闻讯大怒，立即命令何应钦、孔祥熙等致电阎锡山，要他迅速离晋，否则将采取严厉措施。与此同时，驻山西的中央军刘峙、韩复榘等将领也急电蒋介石，要求武力驱逐阎锡山出境。面对十分严重的事态，阎锡山并不慌张，稳住在五台山上。他的旧将，当时任晋军骑兵司令的赵承绶不无担心地问阎："你回山西，不怕蒋介石和张学良压迫吗？"阎锡山曾诡秘地一笑，答曰："恐怕不久全国就要行动起来，反对他们，他们将自顾不暇，对我也无可奈何。"

赵承绶初听了阎锡山的话还觉得甚是玄妙，不好理解，及至一个月以后，东北九一八事变发生，他才如梦方醒，感到事前阎锡山对日本人的行动必有所闻。正如阎锡山所料，九一八事变发生以后，原本紧锣密鼓准备压迫阎锡山出晋的蒋介石和张学良也的确再也顾不上理会阎锡山了。后来，据阎锡山的随从人员回忆说，日本人送阎回晋，曾要阎锡山到山西发动反蒋战争，以策应日本在东北的行动，而阎锡山也把日本人骗了，说是到山西后即发动反蒋战争，结果迟迟不见动静。其实，当时阎锡山也一时没有能力很快发动反蒋战争。不过，对于日本人为何送他回山西的事情，阎锡山本人一直讳莫如深，只字不提，局外人也只是猜测而已，真实情况如何，

至今仍不得而知。

　　九一八事变发生后，蒋介石调整了党内关系，首先缓和与汪精卫的矛盾，对阎锡山的敌视也有所松动，阎锡山立即抓住时机，多方活动多次请求国民党中央取消对他的通缉令。9月30日，国民党中央政治会议决定恢复阎锡山的自由，阎遂进一步多方打通关节企图东山再起，他不惜找人通过宋美龄的关系，向蒋介石疏通。1932年1月28日，蒋、汪合流，蒋介石回南京主持临时中央政治会议，改选汪精卫为行政院院长，蒋介石当选为军事委员会委员长。经过一系列形势变化和阎锡山的努力，蒋介石终于表示对阎"捐弃前嫌，团结御侮"，重新任命阎锡山为太原绥靖公署主任。阎锡山立即从河

中原大战结束后，蒋介石夫妇率文武官员盛情欢迎张学良夫妇莅临南京。在此期间，蒋介石、张学良结拜为金兰兄弟，宋美龄、宋霭龄拉着于凤至拜宋母为干娘，由此她们也做了干姐妹。少帅张学良偕妻子于凤至与蒋介石夫妇合影。

边村回到太原就职，蒋介石特派何应钦到太原监督以示郑重，蒋阎再度握手言和，阎锡山遂也再度统治山西。

张学良在中原大战中为蒋介石立下汗马功劳。为了酬答张学良，蒋介石在战后邀请张以国府委员身份到南京来。蒋派张群等人跑到济南迎接张学良，随后又亲自介绍张学良加入国民党，请张列席国民党四中全会，并由国民政府明令褒奖张学良。在与张学良的交谈中，蒋介石推心置腹地说："北方冯、阎等人脑筋都太陈旧，你是青年，有朝气。我们二人合作，就一定能把国家弄好。"在对于晋军与西北军的善后安排上，蒋介石也充分尊重张学良的意见，答应放手让张改编晋军。

张学良被老蒋的迷魂汤灌得微醺，决心与蒋介石真诚合作。他把东北的20多艘约3万多吨的舰船全部送给了蒋介石，又将一个炮兵旅，连同炮兵司令一块儿送给了蒋。同时，张学良还把自己最好的空军教官送到了蒋介石的航校；蒋的中央军校缺少装甲车和反坦克器材，向张学良借用，张学良将器材与教练一同交给了蒋。

当时，张学良在东北受到日本人的威胁，希望投靠蒋介石，以蒋介石的地位与实力统一中国，共御外侮，故而对蒋倚重过甚。张学良在南京列席了国民党四中全会以后，曾给东北的张作相去了一份电报，说："四中全会唯一成绩，即蒋氏能兼行政院长，大权集于一身，蒋氏能否以其治军之勇，在政治上转危为安，吾人刮目以待耳。"其实，蒋介石只是利用张学良的力量，实现其统一中国的野心，对于日本人的侵略企图蒋却并不打算直接对抗，蒋介石更看重的还是自己手中的权力。这一点大约直到九一八事变以后张学良才逐步认识清楚。

张学良引兵入关以后，日本人在东北的侵略活动却是有增无减，东北形势日益紧张。1931年7月，蒋介石宣布了他的"攘外必先安内"的政策主张，其时，张学良曾因东北局势紧张，派人向蒋介石请示。8月，蒋介石在致张学良的有名的"铣电"中称："无论日本军队此后在东北如何挑衅，我方应不予抵抗，力避冲突，吾兄万勿逞一时之愤，置民族国家于不顾。"

张学良自幼痛恨日本在中国东北的侵略行动，加上与日本有杀父之仇，故而是要抗日的。但同时，张学良又认为，日本军力强大，一旦爆发战争，日本将倾全国之兵而来，仅以东北一隅之力，打不过日本，徒然牺牲，要抗日也要尽中国全国之力，方能于事有济。张学良投靠蒋介石的重要原因之一也正在于此。所以，张学良忠实地执行了蒋介石为其规定的不抵抗主义政策，九一八以后更被人称为"不抵抗将军"。

九一八事变前，张学良根据蒋介石的旨意，致电东北政务委员会："一旦开战，东北必败，日本胜后，必要赔偿，所以无论日方态度如何，我方只能据理以争。"其时，张学良的东北军有 20 万左右的精锐之师已经入关，留在关外的只有十多万人，绝大多数是两团制的省防军，东北防务极为空虚。东北局势紧张时，张学良的部下曾多次建议调一部分部队出关，张学良没有采纳，从而使日本侵略者气焰嚣张，于 1931 年 9 月 18 日悍然进攻东北军北大营驻地，发动了震惊中外的九一八事变。

事件发生时，张学良正住在北平协和医院，得到消息以后，他召集在北平的东北军将领开会，说："日人图谋东北，由来已久，这次挑衅的举动，来势很大，可能要兴起大的战争。我们军人的天职，守土有责，本应和他们一拼，不过日军不仅是一个联队，它全国的兵力可源源而来，绝非我一人及我东北一隅之力所能应付，现在我们既已听命于中央，所有军事外交均系全国整个的问题，我们只应速报中央，听候指示。我们是主张抗战的，但须全国抗战；如能全国抗战，东北军在第一线作战，是义不容辞的。……总期这次的事件，勿使事态扩大，以免兵连祸接，波及全国。"

东北三省不战而陷，日本侵略者轻易地夺走我国 130 万平方公里的土地，我 3000 万同胞沦于敌手，处于水深火热之中。蒋介石是主要责任者，张学良也难辞其咎。张学良是主管东北、华北的军政大员，拥有几十万大军，守土有责，在为数不多的侵略者面前，竟拱手让出东北，其严重失职无可推卸。因此，张学良受到全国人民的谴责是必然的，他与蒋介石一样也患有恐日症，同时，考虑保护东北军的实力也是一个因素。

然而，东北失守使张学良遭到的打击比他预料的要大得多。他丢了十多万军队，在国内首屈一指的空军被日本消灭了。储存在东北的大量枪支弹药白白送给了日本人，位居全国第一、拥有 5 万工人的沈阳兵工厂也丢了，从国外进口的制造重炮的机器刚刚装好，就给了日本侵略者。就是张学良私人的财产也损失惨重，仅边业银行，在东北的资产就在 1000 万元以上，银行里还有张家寄存着的四五万两黄金以及大量古董。张学良大帅府的 6 个金库全被日本人打开，其损失难以估计。

更重要的损失是政治上的损失。从此，张学良替蒋介石背上了不抵抗的黑锅，顶上了"不抵抗将军"的恶名。东北失守后，迫于全国舆论压力，张学良不得不引咎辞职，蒋介石批准他辞去陆海空军副司令职，改任他为北平绥靖公署主任。张学良失去东北地盘，政治上相对独立、雄踞一方的优势没有了，入关的 26 万东北军也失去了东北雄厚的财政支持，军饷不得不依赖于蒋介石，如此，他不得不进一步依赖蒋介石及其国民政府，东北军的实力大大削弱。

九一八事变以后，日本的侵略野心不断膨胀，进一步窥视华北。1933年初，日军进攻热河，张学良指挥抵抗，终因热河防御薄弱，将领无心抗日而失败。日军占领承德，进抵长城各口，有直逼平津之势。张学良再次成为众矢之的，不得不再次请求辞职。3 月 9 日，蒋介石到保定见张学良，对他说："我已接到你的辞职电报，知道你的诚意和处境，现在情况是全国都在攻击我俩，我和你是同乘一舟，行将倾覆，若不先有一人下水，平息全国愤怒浪潮，难免同遭灭顶。"张学良立即答道："自然是我先下水，请委员长不必烦心。"张学良被免去一切职务，再一次充当了蒋介石的替罪羊。那天与蒋介石告别以后，张学良在专列上伏枕大哭，痛悔不已。此后，张学良出洋考察，蒋介石进一步控制了东北军主力。

中原大战取得胜利的蒋介石，踌躇满志，决定召开国民会议，制定训政时期约法。训政时期约法将实行总统制，根据建国大纲，由总统任命五院院长而统率之。也就是说，蒋介石希望进一步晋升总统之位，再次集党政军权

胡汉民（1879—1936），原名衍鸿，字展堂，号不匮室主，广东番禺人。中国国民党元老和早期主要领导人之一，也是国民党前期右派代表人物之一。

于一体，以独裁制而号令天下。

当时，担任国民党中常委员主席兼立法院院长的元老派胡汉民看出了蒋介石的意图，不乐意了。他认为，自古武人能在马上得天下，而没有文人就不能治天下。蒋介石收拾了各地方实力派以后，理应将政权交给像他这样的"文人"来治理。胡汉民在1930年11月召开的国民党三届四中全会上发言，打了一个比喻，说在欧战时有一个法国飞行员，在战斗中击落多架德国飞机，立了大功，战争结束时回到巴黎，受到盛大欢迎，当时开来一辆汽车请他坐，他认为自己会开飞机，汽车自是不在话下，遂要求自己开车。于是，他以开飞机的架势，驾着汽车横冲直撞，撞倒了五六十个欢迎者，弄得大家惊恐万状。胡汉民是把蒋介石比作了那个飞行员，认为蒋开过飞机以后，不该再要求开汽车了。

这时的蒋介石容不下胡汉民的指手画脚，他也不怕他是什么国民党元老，立即将他软禁起来，关押在南京汤山。1931 年 5 月，在蒋介石的主持下，召开了"国民会议"，通过了《中华民国训政时期约法》，蒋介石虽然没有立即当上大总统，却仍当国民政府主席，具有"总揽中华民国之治权"，以及宣战、媾和、缔约之大权，并决定政府预算。蒋介石的权力不受监督，故而实际上拥有比立宪君主更大的权力。与此同时，蒋介石手中的权力，是以军事力量为后盾的，所以任何竞争者都不能不甘拜下风。

1932 年 6 月，蒋介石主持下的国民党军事委员会颁发陆军师暂行编制表，统一编制，全国陆军分为 48 个军，每军两个师，共 96 个师。各军长直隶于军政部，各师长对军长负责，军长不得再兼师长。每师增设工兵、辎重、通信等特种营，以提高战斗力。当时，蒋介石统辖的军队约 100 万人。

至七七事变前夕，国民党军步兵迅速发展到 180 余个师另数十个旅；同时，陆军的特种兵也有所加强，编有 4 个旅另 20 个独立团，总兵力近 200 万。

中原大战后的蒋介石手中拥有了一支最庞大的军队，却实行对外妥协投降、对内顽固"剿共"的政策。此后的几年中，他一再发动规模浩大的"剿共"战争，企图以武力巩固他的独裁统治。毛泽东曾经评价说："红军的敌人国民党，它的情况是怎样呢？它是夺取了政权而且相对地稳定了它的政权的党。它得到了全世界主要反革命国家的援助。它已改造了它的军队——改造得和中国任何一个历史时代的军队都不相同，而和世界现代国家的军队却大体相同，武器和其他军事物资的供给比起红军来雄厚得多，而且其军队数量之多超过中国任何一个历史时代的军队，超过世界任何一个国家的常备军。它的军队和红军比较起来真有天壤之别。它控制了全中国的政治、经济、交通、文化的枢纽或命脉，它的政权是全国性的政权。"

经过不断的战争与演变，蒋介石终于建起了一支中国历史上最庞大的军队——国民党军。与此同时，他又已经将国民党军服务于国民革命的性质逐渐转化为他个人手中实现政治野心的工具，成为他在政治上投机进阶、战胜政敌的法宝，使国民党军堕落为一支新军阀军队。

# 后 记

　　本书虽为演义，实质只是在历史主线的描述之外，嫁接若干枝节与人物刻画，以使文字更为丰富、生动而已。对于历史真实的维护仍不敢有所疏忽。

　　学术界对于国民党建军历史的研究著作尚不多见，这本书或许可以作为这方面研究的一块引玉之砖。同时，也希望在学术研究之余，能与大众文化有所沟通，俾使书斋生活增添色彩，其余非所奢望也。感谢中国青年出版社的编辑同志给予我的一贯支持与帮助。

作者

1999 年 2 月于京郊青龙桥畔

# 再版后记

　　《国民党建军演义》一书的再版，已是 13 年以后了。回想当年写作这本书的往事，仍觉十分有趣。那时，在军事科学院一起工作的几位同事一块商议写一本《国民党军演义》，约 100 万字。因当时中国人民解放军战史已经出版，军史也在写作中，而国内尚无一本像样的国民党军史，考虑到由我们写国民党的正规军史也不大合适，遂决定先写一本"演义"，对国民党军的发展历史作一些粗略的梳理。我因出版《才智·胆略·人格的较量——战场上的毛泽东与蒋介石》一书，在大学也讲了好几年的中国近现代史的课程，故而领了第一部分——国民党建军初期的历史来写。领了任务以后，我立刻埋头苦干起来，几个月以后我便完成了初稿。再与同事沟通的时候，发现他们不是没写，便是刚动笔写了一点。大家又提出各种困难，提议终止这本书的写作计划。于是，我成了"孤军"。不得已，将书名改为《国民党建军演义》，由中国青年出版社出版了。

　　重读这本书的时候，仍然感慨颇多。中国现代历史上的这段军阀混战曾经给中国人民带来无比深重的灾难。"枪杆子里面出政权",也出军阀,这是中国历史最具有警示意义的"特色"之一。各路军阀在中国历史舞台上的丑恶表演,让我们更深切地体会到,生活在现在这样一个和平统一、繁荣富强的中国是多么的珍贵与幸福!维护国家的和平统一与持续发展是每个有良知的中国人最坚定的选择。也许这本书的再版意义也就在此了。另外,对于许多军事历史的爱好者来说,读一读这本书也是饶有兴味的。

最后,还是要感谢中国青年出版社的领导和编辑同志给予我的一贯支持与帮助。

作者
2012 年 6 月于京郊青龙桥畔